한용운의 채근담 강의

이 도서의 국립중앙도서관 출판시도서목록(CIP)는 e-CIP 홈페이지(http://www.nl.go.kr/cip.php)에서 이용하실 수 있습니다.(CIP제어번호: CIP2005000672)

한용운의 채근담 강의

이성원·이민섭 현대어 번역

필맥

한용운의 채근담 강의

지은이 | 홍응명
옮기고 해설한 이 | 한용운
현대어 교정 | 이성원, 이민섭

1판 1쇄 펴낸날 | 2005년 4월 20일
2판 5쇄 펴낸날 | 2023년 7월 15일

펴낸이 | 문나영

펴낸곳 | 필맥
출판신고 | 제2021-000073호
주소 | 경기도 고양시 중앙로 542, 910호
홈페이지 | www.philmac.co.kr
전화 | 031-972-4491
팩스 | 031-971-4492

ISBN 89-91071-16-3 (03190)

* 인쇄, 제작, 유통 과정에서 파본된 책은 구입하신 서점에서 바꾸어 드립니다.
* 이 책의 저작권은 필맥에 있습니다. 이 책의 전부 또는 일부 내용을 재사용하려면 반드시 사전에 필맥의 서면 동의를 받아야 합니다.

자신이 중심이 되어 사물을 변화시키는 사람은
얻어도 기뻐하지 아니하고 잃어도 근심하지 아니하며
대지 위를 마음껏 소요한다.
사물에 지배당하는 사람은
뜻대로 되지 않으면 미워하고 뜻대로 되면 애착을 가져
털끝만한 것에도 속박된다.

옮긴이 일러두기

만해 한용운은 《정선강의 채근담 精選講義 菜根譚》을 1915년에 저술하고 1917년에 신문관 新文館에서 발행했다. 《정선강의 채근담》은 몇 달 만에 매진되고 1921년 3월 21일 동양서원 東洋書院에서 재판을 냈다. 이 책 《한용운의 채근담 강의》는 신문관에서 발행한 초판을 원본으로 했다.

《정선강의 채근담》은 홍자성의 《채근담》을 한용운이 번역하고 해설한 책이지만 문장이 거의 한문으로 되어 있어 현대인이 읽기에 불편한 점이 많으므로 한글로 번역하고 현대 어법에 맞게 다듬었다.

원본인 《정선강의 채근담》의 구성은 《채근담》 원본대로 수성, 응수, 평의, 한적, 개론의 다섯 편으로 되어 있다. 《한용운의 채근담 강의》에서는 목차의 제목을 현대인이 알기 쉬운 뜻으로 바꾼 것 외에는 편집과 구성 상 변화를 주지 않고 원본에 충실하게 편집했다. 한문을 우리말로 번역하는 과정에서 논란이 될 만한 용어들과 본문 중의 익숙하지 않은 단어들을 오른쪽 하단에 설명해 놓았다.

한용운은 《정선강의 채근담》에서 광본을 기본으로 하면서 약본과 일일이 대조하여 다른 점을 본문의 각 글자 밑에 밝혔는데 이 책에서는 이것을 왼쪽 하단에 모아 놓았다.

한용운의 머리말

사람이 사물에게 부림을 받는다면 그것은 사물의 변지駢指[1]이지 사람이라 할 수 없습니다. 발가락이 서로 붙은 변지를 보고 그것을 불쾌히 여기지도 않는 사람이 어디 있겠습니까. 그런데도 변지가 있는 몸과 그것을 병으로 여기고 불쾌히 여겨야 할 정신까지 하나로 합쳐져 사물의 변지 노릇을 하면서도 통탄할 줄 모르니 어찌 이런 이치가 있을 수 있습니까. 사물에게 부림을 받게 된 사람은 후세에 올바른 인격으로 인정받지 못합니다.

사물의 변지 노릇을 하는 것은 통탄할 일이고 사물에게 부림을 받는 사람은 후세에 인격으로 대우받지 못한다면, 사람으로서 쓸모없는 발가락처럼 되어 사물의 변지 노릇을 하는 자들이 역사상에서 종적이 끊어진들 아까울 것이 무엇이겠습니까. 그런데 발가락처럼 될 뿐 아니라 변지 노릇까지도 남에게 뒤질세라 걱정하며 앞 다투어 하는 자들이 세상에 왜 이리도 많은지 모르겠습니다. 주체적으로 사물을 부릴 수 있는 사람이 이제는 봉황의 깃털이나 기린의 뿔처럼 찾아보기 어렵게 된 것도 불가사의한 일입니다.

세상에는 분에 넘치는 권력을 얻기 위해 남의 턱짓과 눈짓에 따라 허리를 만 번씩 굽히면서도 부끄러운 줄 모르는 자들이 있으니 이들은 권력을 위해 변지가 된 것입니다. 또 부정한 이익을 얻기 위해서 남이 한번 찡그리고 한번 웃는 얼굴빛에 따라 백 번이라도 온 몸을 다 바쳐 일을 하면서 만족하는 자들이 있으니 이

---

1) 駢指 변지_駢拇 변무라고도 함. 원래는 장자에 나오는 말로 다섯 발가락 중에서 엄지발가락과 둘째 발가락이 붙은 기형을 말함. 그런데 여기서는 '수레를 끌게 하기 위해 두 필의 말을 나란히 하여 멍에를 씌운다'는 변駢의 본래 뜻을 살려 사물에 사역당하는 인간을 비유하고 있다.

들은 이익을 위해 변지가 된 것입니다.

 사람들은 누구나 욕망을 가지고 있지만 욕망을 이기지 못하면 사람이 욕망의 부림을 받는 것이니 변지는 이상하게 여길 일도 못 됩니다. 그렇다면 이 세상의 수많은 값비싼 의관을 볼 때마다 좋아하는 자는 엄연히 인간은 인간이로되 그 정신은 한 번만이 아니라 이미 여러 번 변지가 된 것입니다. 그 정신은 마치 봄의 성벽에 떨어지는 꽃잎과 같고 급한 물살에 휩쓸려 내려온 돌과 같아 헤아려 볼 수도 없고 막을 수도 없는 것이니 이것은 욕망에 구속이 되어 스스로 사물에게 사역을 받는 것입니다.

 혹 이와 반대로 호탕함이 지나친 사람들이 있습니다. 만물을 추구[2]로 여기고 몸과 마음을 연기나 구름같이 덧없는 것으로 보는 이들이 그런 사람들입니다. 방랑을 능사로 삼고, 거칠고 정신이 나간 듯 사는 것을 지덕으로 삼아 세속을 떠나 돌아올 줄 모르고 정신을 놓아버리고 거두지 않습니다. 이것이 어찌 사람의 도리를 아는 것이겠습니까.

 이와 같이 인간세상에서 사물의 변지가 된 자와 호탕함이 지나친 자를 빼고 나면 사람이 거의 없을 지경입니다. "인간세상이여, 인간세상이여, 세상에 살면서 세상을 벗어나야 하고, 세상을 벗어나고도 세상에 살아야 하리로다" 하고 성인이 이미 말씀하셨습니다.

홍진이 가득한 속세에서 살아도 떠도는 구름이나 흐르는 강물에 대한 취미를 잃지 말고, 소슬하고 적막한 곳에서 지내면서도 천하를 구제할 뜻을 품고 지내야 하겠습니다. 곤궁하고 참담한 지경에 처해서도 솔개가 날고 물고기가 뛰어오르는 자연의 활기에 몸을 맡기고, 권력과 복락을 누리며 살 때에도 깊은 물 가까이에 다가가며 살얼음을 밟을 때처럼 경계를 늦추지 말아야 합니다. 자유롭되 방탕하지 않고 포용하되 집착하지 않고 천문과 지리를 살피고 마음을 편안히 가질 수 있다면 가는 곳마다 자유세계일 터이니 어느 때인들 마음대로 되지 않을 리 있겠습니까.

이와 같이 되려면 오직 정신을 수양하는 길밖에 없습니다. 근래에 정신수양을 부르짖는 사람이 줄을 잇는 것도 깊은 뜻이 있는 것입니다. 조선 정신계의 수양은 과연 어떠한지 물어봅시다. 사물의 변지가 되는 것을 면할 수 있는지, 호탕함이 지나치지 않는지, 가는 곳마다 어떤 세계인지, 나날이 어떤 시절인지, 정신수양의 길은 또 어떠한지. 인적 없는 산으로 고개를 돌리니 구름과 나무가 아득합니다. 이에 채근담을 강의합니다. 눈 속에 티끌 하나가 들어 있으면 공화[3]가 어지럽게 떨어집니다. 조선 정신계 수양의 길이 여기에 있습니다.

을묘년(1915) 6월 20일 한용운 씀

---

2) 芻狗 추구_짚으로 만든 개. 옛날 중국에서 제사 때 쓰던 물건이다. 제사가 끝나면 내버리므로 쓸모가 있을 때는 이용하고 쓸모가 없어지면 내버리는 물건을 비유.
3) 空華 공화_흐릿한 눈에 어른거리는 꽃 모양의 것. 번뇌를 일으키는 망상을 뜻하기도 함.

박한영의 추천사

　대지 위의 온갖 기암괴석들과 울창한 소나무들을 모두 모아 넓은 들판에 세워 놓고 사람들에게 가서 보라고 하면 너무 많은 데 질려 불평을 할 것이다. 온 하늘의 바람, 이슬, 눈, 달 등을 모두 거두어다가 오랜 시간 이어지게 하고 사람들에게 그런 곳에서 살게 하면 추위를 못 참고 모두 도망갈 것이다. 그러나 곡식이 풍성히 익어가고 온갖 나무들이 끝없이 펼쳐진 곳에서 울창한 녹음이 어느덧 낙엽 져 떨어지는 가을이 되어 문득 저 바위와 소나무를 보게 되면 그 삼엄한 기세와 짙푸른 색에 경탄을 자아내지 않겠는가. 우거진 나무도 우뚝 솟은 바위도 없는 번뇌의 산과 괴로움의 바다에서 저 바람과 이슬이며 눈과 달을 회상하면 찬 기운과 맑은 빛이 가슴속을 맑고 시원하게 해주지 않겠는가.

　하루는 만해가 참선의 바다에서 마음을 쉬다가 간간이 환초공이 지은 채근담을 풀이하여 책으로 내어서는 나에게 가져와 낮잠을 즐길 시간에 읽어보기를 권했다. 때는 바야흐로 단오라, 석류꽃이 붉은 빛을 토하고 하늘에서는 태양이 뜨거워 구산[1]의 녹음 속에 가만히 있어도 땀이 비오듯 하는데 이 산 밖의 재앙의 산과 고통의 바다에서는 오죽하겠는가. 천지의 나쁜 기운에 젖어 질병이 가득 찬 세계를 오가는 이들을 보니 석가여래가 지닌 연민의 마음을 갖지 않을 수 없다.

　이에 북쪽 창을 열고 상쾌한 기분으로 책을 펼쳐 읽어보았다. 처음에는 산그늘의 좁은 오솔길에서 산골바람과 처연한 비를 맞아 대응할 겨를이 없는 듯했다. 이윽고 반쯤 읽으니 신선이 산다고 하는 낭풍산[2]에 올라 봉래산[3]을 바라보는 듯하고, 거기에 우뚝 솟은 향기로운 누각과 은으로 지은 궁궐의 웅장한 모습을 보는 듯했다. 마침내 책을 덮고 사방을 바라보니 적막한 하늘에 서늘한 바람이 한점 이는데, 스스로 감화되었음을 비로소 깨달았다.

이 큰 세계에서 오로지 뜨거운 열기를 향해 치닫고 뜨거운 물을 밟는 일에 분주한 사람들이 수레를 돌려 푸른 강, 푸른 산들 사이로 되돌아가서 달을 마주보며 한번 읽고 바람을 맞으며 한번 읽고, 소나무를 어루만지며 한번 읽고, 돌을 쓰다듬으며 한번 읽어 본다면 부귀와 영화를 향한 마음이 순식간에 사라질 것이다. 고기 맛을 잊고 태허太虛의 근본으로 돌아가는 길이 여기 있을진저, 여기 있을진저.

을묘년 유월(榴月:5월) 상순 석전산인石顚山人[4].

---

1) 구산龜山__전북 고창군 구암사龜巖寺가 있는 산.
2) 낭풍산閬風山__곤륜산 위에 있는 산 이름으로 신선이 사는 곳이라고 함.
3) 봉래산蓬萊山__중국 동쪽 바다 가운데 있다고 하는 산으로 신선이 살고 불로초와 불사약이 있다고 함.
4) 석전 박한영(1870-1948)__석전은 호. 19세에 출가하여 백양사, 구암사를 거쳐 선암사에서 김경운에게서 법을 이어받았다. 1896년부터 백양사, 구암사, 화엄사 등에서 불법을 강의했고 1926년 안암동 개운사에 강원을 개설하여 불교계의 영재들을 배출했다. 구도의 무리를 많이 이끌었을 뿐만 아니라 이광수, 신석정, 서정주 등의 문인들에게도 큰 영향을 미쳤다. 한용운과는 불교의 유신운동과 불교의 정치적 간섭에 반대하는 운동에 힘을 같이 했다. 〈조선불교월보〉사장, 불교전문학교장 등을 역임했다.

차례

한용운의 머리말 ——— 7
박한영의 추천사 ——— 10

1 수양과 성찰 ——— 15
2 마음의 중심잡기 ——— 61
3 상상 속 토론회 ——— 129
4 여유로운 삶 ——— 165
5 세상을 살아가는 지혜 ——— 195

옮긴이 후기 ——— 586

범례

— 이 책의 원서는 명나라 만력[1] 시기의 사람 홍응명洪應明(자는 자성自誠, 호는 환초도인還初道人)의 저서로 일종의 자기 수양서이다. 정신 수양을 중심으로 하고 유불선儒佛仙의 정수를 선별하여 모아놓은 책이다.

— 제목을《채근담菜根譚》이라고 한 것에 대해서는 후대인의 이설이 있기는 하나 홍자성과 동시대의 사람 우공겸于孔兼이 홍자성의 부탁을 받고 써준 권두언에서 추측할 수 있다. 그 글에서 우공겸은 "채근菜根이라는 이름은 청빈한 곤궁과 계속적인 단련을 통해 나온 것이요 스스로 재배하고 관개하는 중에[2] 나온 것이니 그가 풍파에 시달리고 험난한 일을 겪었음을 알 수 있다"고 했다. 이로 미루어 홍자성이 글을 쓸 때의 처지를 생각해 책 이름을 지은 것을 알 수 있다.

— 채근담은 후대인이 임의로 간행하면서 광본廣本과 약본略本의 두 가지 판본이 생겨났다. 이 책은 그중 청나라 건륭[3] 시대에 승려 내림來琳이 간행한 광본을 위주로 하고 일본에서 널리 사용되는 약본을 종합 정선하여 편집했다. 판본에 따라 다르게 나온 글자는 일일이 본문 밑에 밝혔다.

— 이 책의 내용은 평이하게 설명하는 데 중심을 두고 윤색하지 않아 문체가 무미건조하므로 독자의 양해를 바란다.

---

1) 만력萬曆__명 나라 신종 때의 연호로 신종을 만력제라고도 부른다. 1573-1619.
2) 재배하고 관개했다栽培灌漑고 한 것은 홍자성이 초야에 은거하며 스스로 농사일을 할 만큼 어려운 시절을 보냈음을 뜻하는 것으로 보인다.
3) 건륭乾隆__청 나라 고종 때의 연호. 1736-1795.

一. 수양과 성찰 수성편 修省篇

수성修省이란 심신을 수양하고 성찰하는 것을 말합니다.

사람은 누구나 세상을 살면서 고귀하고 안락한 생활을 영위하여 원만하고 영원한 행복을 누리고자 하는 소망을 갖고 있습니다.

그러나 인간은 복잡한 우주만물과 어울려 자신과 외부 사물 간에 수많은 관계를 맺고 살아가기 때문에 상호 견제와 방해로 인해 그런 소망을 이루기가 매우 어렵습니다.

이렇게 어려운 일을 가고자 할 때는 먼저 주체적 관계형성의 기준점이 되는 자신의 심신을 수양하고 성찰하고 나서 외부 사물과의 관계를 조절하고 다스리는 것이 옳은 방법입니다. 외부 사물이 나에게 응답하는 것은 곧 외부 사물에 대한 나의 작용에 대한 반작용입니다.

그러므로 자신의 몸과 마음을 수성함은 모든 일의 근본이 됩니다.

1

순금이나 좋은 옥과 같은 인품을 만들기를 원한다면
뜨거운 불 속에서 단련되어야 한다.
천지를 들었다 놓을만한 업적을 이루기를 생각한다면
살얼음 위를 걷듯 해야 한다.

欲做精金美玉的人品　定從烈火中煅來,
_{욕주정금미옥적인품　정종열화중단래}

思立掀天揭地的事功　須向薄氷上履過.
_{사립흔천게지적사공　수향박빙상이과}

만해 강의

 순금과 좋은 옥은 뜨거운 불 속에서 충분한 단련을 받고 갈고 닦는 정성이 있어야 한 점의 흠도 없는 아름답고 귀한 그릇이 됩니다. 인품을 형성하는 일도 이와 같아서 금이나 옥처럼 단단하고 맑고 순수하며 아름다운 품격을 갖고자 하면 반드시 뜨거운 불과 같은 어렵고 위험한 역경 속에서 정신을 단련하고 의지와 기상을 연마하여, 나약한 감정에서 벗어나야 합니다.

 역사상 위대한 충국의 열사와 절개 있는 사람은 칼날을 밟고 뜨거운 피를 뿌리는 외롭고 고통스럽고 험난한 환경에서 나오고, 세상에 드문 영웅과 호걸은 구사일생의 어려움 속에서 생깁니다. 이와 반대로 힘들고 어려운 역경을 피하고 안일하고 쉬운 것만을 좋아하는 사람은 일개 나약한 자나 비루한 자가 될 뿐이지, 어찌 정금미옥 같은 인품을 기대할 수 있겠습니까.

 또 온 세상을 뒤흔들 큰 공을 세우려는 사람은 매사에 반드시 얇은 얼음 위를 밟고 지나가듯이 전전긍긍하며 극도의 신중을 다해야 합니다. 만일 일을 하는데 신중하지 못하고 경거망동하면 일이 실패하여 공을 이루지 못합니다.

精金美玉 정금미옥_순수하게 정련된 금과 아름다운 옥.
掀天揭地 흔천게지_하늘을 번쩍 들고 땅을 들어올림.

2

한 생각이 잘못되면 백 가지 행동이 잘못된다.
이것을 예방할 때는 바다를 건널 때 쓰는 부낭에
바늘구멍만한 틈도 없게 하듯이 해야 한다.
일만 가지 선함이 온전히 갖추어져야 비로소 일생에 부끄러움이 없다.
선善을 닦을 때는 구름을 찌를 듯한 높은 나무가
뭇 나무들에 기대어 지탱되듯이 해야 한다.

一念錯　便覺百行皆非　防之當如渡海浮囊　勿容一針之罅漏.
일념착　편각백행개비　방지당여도해부낭　물용일침지하루

萬善全　始得一生無愧　修之當如凌雲寶樹　須假衆木以撑持.
만선전　시득일생무괴　수지당여능운보수　수가중목이탱지

만해 강의

사람의 행위는 자신의 생각을 실행하는 것입니다. 그러므로 한 가지 생각이 잘못되면 백 가지 행위가 다 잘못됩니다. 잘못된 생각을 예방할 때는 바다를 건널 때 쓰는 튜브 같은 주머니인 부낭에 바늘구멍만한 틈도 없어야 하는 것처럼 해야 합니다. 부낭에 틈새가 하나라도 있으면 물이 스며들어 가라앉는 재난을 당할 것입니다. 사람의 생각도 이와 같아서 한 가지 생각이 잘못되면 수많은 악이 발생하여 과실을 범하게 되므로 생각을 엄밀히 방비하여 털끝만한 거짓도 일어나지 않게 해야 합니다.

또 사람이 만 가지 일을 실행하는 중에 하나라도 선하지 못한 것이 있으면 일생의 결점이 되어 자기 자신을 부끄럽게 할 것입니다. 그러므로 만 가지 선이 완전해서 하나의 불의도 없어야 일생에 조금도 부끄러운 일이 없을 것입니다. 그러므로 선을 닦되 구름을 찌를 듯한 높은 나무가 뭇나무에 의해 지탱되듯이 해야 합니다. 구름을 뚫고 오를 듯 높게 자란 나무를 여러 나무로 지탱하여 꺾어지지 않게 하면, 비바람이 아무리 몰아쳐도 키 큰 나무가 쓰러질 염려는 없을 것입니다. 선을 닦는 것도 이처럼 신중히 하고 잘 보호하여 완전하게 하면 백 년을 살아도 부끄러울 일이 없을 것입니다.

浮囊 부낭_ 물에 뜨기 위해 지니는 주머니. 즉 고무튜브와 같은 것.
罅漏 하루_ 갈라진 틈.
凌雲 능운_ 구름을 뚫고 하늘로 올라감.

3

바쁜 일은 한가할 때 미리 점검해두면
실수가 줄어든다.
행동할 때의 생각은 미리 행동하기 전부터 확고히 붙잡고 지키면
그릇된 마음이 절로 멎는다.

忙處事爲　常向閒中先檢點　過擧自稀,
망처사위　상향한중선검점　과거자희

動時念想　預從靜裡密操持　非心自息.
동시염상　예종정리밀조지　비심자식

만해 강의

바쁠 때에 할 일을 한가한 때에 미리 점검하고 숙고해 두면 실수가 줄어듭니다. 활동할 때에 떠오르는 생각을 평정 상태일 때부터 미리 수양하여 마음의 지향을 굳게 세워두면 그릇된 마음이 절로 사라집니다. 해야 할 일을 한가할 때에 미리 점검해두지 않고 있다가 갑자기 바쁜 일을 하게 되면 경황이 없어 실수를 낳게 됩니다. 고요할 때에 생각을 미리 잡아놓지 못하고 있다가 갑자기 활동할 때를 맞게 되면 감정과 욕망이 어지럽게 일어나 올바르지 못한 마음이 일어납니다.

過擧 과거_ 잘못된 행동.
操持 조지_ 조수操守와 같은 말. 마음속에서 확고히 지키고 지님. 정도正道를 변함없이 실천하는 일.

4

선을 행하되 자신을 높이며 남을 이기려 하고,
은혜를 베풀되 명예를 구하며 좋은 관계를 맺고자 하고,
수양을 하되 세상을 놀라게 하며 풍속을 해괴하게 하고,
절개를 세우되 남다른 면을 과시하며 기이함을 보이고자 하면,
이것들은 모두 선한 생각 속의 창칼이며 도리를 향한 길 위의 가시라서
은밀히 가지고 있기는 참으로 쉽지만 뽑아 없애기는 매우 어렵다.
이 찌꺼기들을 모조리 씻어내고 싹을 베어 없애야만
비로소 참된 본체의 본래 모습이 보인다.

爲善 而欲自高勝人, 施恩 而欲要名結好,
위선 이욕자고승인, 시은 이욕요명결호

修業 而欲驚世駭俗, 植節 而欲標異見奇,
수업 이욕경세해속 식절 이욕표이현기

此皆是善念中戈矛 理路上荊棘, 最易夾帶 最難拔除者也.
차개시선념중과모 이로상형극, 최이협대 최난발제자야

須是滌盡渣滓 斬絕萌芽 纔見本來眞體.
수시척진사재 참절맹아 재견본래진체

만해 강의

선을 행하는 것은 아름다운 일이지만 선을 빙자하여 자만심을 갖고 남을 이기려고 하면 이것은 자신의 위엄과 명성을 나타내고자 하는 욕심에 불과하므로 도리어 위선이 됩니다. 남에게 은혜를 베푸는 것은 아름다운 일이지만 은혜를 이용해 명예를 추구하고 좋은 관계를 맺고자 하면 이것은 은혜를 팔아서 명예와 좋은 관계를 사는 것이니 장사꾼의 영리 행위와 같은 것입니다. 수행을 하는 것은 아름다운 일이지만 당연히 해야 할 일을 하지 않고 세상을 놀라게 하는 기이한 일을 추구하면 이는 자기 몫의 의무를 다하는 것이 아니라 남에게 특별한 찬사를 받고 싶어 하는 영예심입니다. 절개를 세우는 것은 아름다운 일이지만 특이함을 과시하고 기괴함을 보여주고자 하면 이 또한 명성을 추구하는 사사로운 감정에서 나온 것입니다.

선행을 하는 것, 은혜를 베푸는 것, 수행하는 것, 절개를 세우는 것은 다 선량한 생각이고, 도리로 가는 길이나, 자신을 높이고 남을 이기려는 것, 명예를 추구하고 좋은 관계를 맺는 것, 세상을 놀라게 하는 것, 기이함을 과시하는 것은 다 창칼과 같이 선한 생각을 해치고 가시와 같이 도리를 향한 길의 장해물이 되는 것입니다. 이런 장해물은 몰래 가지고 있기는 매우 쉽고 뽑아 없애버리기는 아주 어려운 것이니, 그 찌꺼기를 다 씻어내고 싹을 잘라 없애야 비로소 순수한 선과 순수한 도리의 참된 본래 모습을 보게 될 것입니다.

駭俗 해속_세상을 놀라게 함.
理路 이로_이理는 천리天理, 논리論理로 해석할 수도 있지만 여기서는 선을 행하고, 은혜를 베풀고, 수양을 하고 절개를 세우는 일을 가리키는 것으로 보아 도리로 해석.
夾帶 협대_다른 물건과 섞어서 은밀히 휴대함.
滌盡 척진_다 씻어냄.
渣滓 사재_찌꺼기.
眞體 진체_참된 본체.

5

부귀를 가벼이 여길 줄 알아도
부귀를 가벼이 하는 마음은 가벼이 여기지 못하고
명예와 의리를 중요시 여길 줄 알아도
명예와 의리를 중요시 하는 마음까지 중요시 한다면,
이것은 현상 세계의 오염된 기운을 털어버리지 못한 것이요
마음속의 사소한 장애를 잊지 못한 것이다.
그것까지 뽑아버려 깨끗이 하지 못 하면
돌을 치웠으나 잡초가 다시 살아날까 두렵다.

能輕富貴　不能輕一輕富貴之心,
능경부귀　불능경일경부귀지심

能重名義　又復重一重名義之念,
능중명의　우부중일중명의지념

是事境之塵氛未掃　而心境之芥蒂未忘,
시사경지진분미소　이심경지개대미망

此處拔除不淨　恐石去而草復生矣.
차처발제부정　공석거이초부생의

만해 강의

사람들이 세상의 부귀는 뜬구름과 같이 가벼이 여길 줄 알지만 부귀를 가벼이 여기는 마음은 중요시하여 가벼이 여기지 못합니다. 명예와 의리를 소중히 여길 줄 알아도 명예와 의리를 소중히 여기는 생각까지 중요시 합니다. 그렇다면 이것은 현상 세계의 티끌을 떨어버리지 못하는 것이요 마음속의 장해물을 잊지 못하는 것입니다.

부귀영화를 가벼이 여김은 세상의 헛된 이익을 사양하는 청렴하고 도량이 넓은 일이요, 명예와 의리를 소중히 여김은 속세의 욕망을 떠난 강직하고 큰 뜻입니다. 그러나 부귀를 가벼이 하는 마음과 명예와 의리를 중히 하는 마음을 항상 가슴 속에 지녀 자부심을 간직하면, 이것은 광활한 현상 세계를 가로막는 오염된 기운과 같고 청정한 마음에 장애가 되는 장해물과 같습니다. 오염된 기운과 장해물을 제거해버리지 않으면 그 오염된 기운과 장해물이 점점 뻗어나가 마음과 현상 세계를 완전히 둘러싸게 됩니다. 이는 논밭을 깨끗이 하려고 자갈은 치웠지만 풀뿌리를 남겨서 풀이 다시 돋아나는 것과 같습니다. 사람은 부귀를 가벼이 여기되 부귀를 가벼이 여기는 마음까지 가벼이 여겨야 하며, 명예와 의리를 중요시 하되 명예와 의리를 중요시 하는 마음은 중요하게 여기지 말아야 합니다.

名義 명의__명예와 의리.
事境 사경__외부 현상세계.
塵氛 진분__오염된 기운. 氛은 기운.
心境 심경__마음의 세계. 즉 마음속.
芥蔕 개대__芥는 티끌 혹은 사소하다는 뜻. 蔕는 가시. 개대는 작은 가시란 뜻으로 사소한 지장을 뜻한다.

6

소란스러운 곳은 의지를 잃게 하는 곳이며,
너무 적막한 곳도 또한 마음을 메마르게 하는 곳이다.
그러므로 학자는 마음을 웅혼한 침묵에 머물게 하여
자신의 참된 본체를 편안하게 해야 하고,
또한 안정되고 즐거운 곳에 의지를 두어
자신의 원활한 마음의 작용을 잘 보호해야 한다.

紛擾固溺志之場　而枯寂亦槁心之地
분우고익지지장 이고적역고심지지

故學者當棲心元默　以寧吾眞體
고학자당서심원묵 이녕오진체

亦當適志恬愉　以養吾圓機.
역당적지염유 이양오원기

만해 강의

명리와 영화가 뒤엉켜 있는 곳은 의지를 꺾는 곳이며 너무 적막한 곳도 마음을 메마르게 하는 곳입니다. 소란함과 적막함이 다 치우치는 폐단이 있으므로 학자는 웅혼한 침묵에 마음을 깃들게 하여 본래 고요한 본체를 편안하게 해야 합니다. 이것은 소란스러움 때문에 의지가 꺾이는 병폐를 피하는 길입니다. 또 의지를 편안하고 즐거운 상태에 잘 맞추어야 자신의 활발한 원기를 기를 수 있습니다. 이것은 지나친 적막함 속에서 마음이 메마르게 되는 병을 막는 길입니다.

枯寂 고적_어떠한 흥취도 일어나지 않는 메마르고 적막한 곳.
元默 원묵_원은 크다는 뜻. 원묵은 큰 침묵. 즉 웅혼한 침묵.
恬愉 염유_염은 편안함. 유는 즐거움. 염유는 편안하면서 즐거운 상태.
圓機 원기_원활한 기機. 기機는 보통 사물이 발전하게 되는 내부적 원인을 말한다. 《열자列子》에서는 "만물은 모두 기機에서 나오며 모두 기로 돌아간다"고 했고 《회남자淮南子》에서는 "치治하고 난亂하게 되는 것이 기"라고 했다. 기의 원래 사전적 의미는 쇠뇌라고 하는 전투용 다연발 활에서 화살을 조준해서 발사시키기 위해 시위를 거는 장치를 말한다. 《설문해자說文解字》에서는 "발사하는 일을 맡은 곳이 기主發謂之機"라고 했다. 그 외에 움직임의 기축이 되는 곳을 뜻하기도 하고 사물 전체를 지배하는 사물의 가장 긴요한 곳을 의미하기도 한다. 불교에서는 자기의 심성 중에 있으면서 연緣을 만나면 발동되는 마음의 작용을 말한다. 《채근담》에서는 원기圓機, 심기心機, 기함機緘, 기취機趣의 형태로 사용되었다. 주로 현상계에 대응하는 마음의 작용이나 그 작용을 원활하게 만드는 내적인 상태를 뜻한다. 문맥에 따라 마음의 작용, 움직임, 기밀, 기미 등으로 번역했다.

7

일이 없으면 곧 잡된 생각이 있지나 않은지 살피고
일이 있으면 곧 경박한 의지가 있지나 않은지 살피고
뜻대로 되어 갈 때는 교만한 언사와 얼굴빛이 있지나 않은지 살피며
뜻대로 잘 되지 않을 때는 남을 원망하는 감정을 품고 있지나 않은지 살핀다.
이렇게 때때로 점검하여 많은 것은 적게 만들고 있는 것은 없애는 것,
이것이야말로 학문의 진면목이다.

無事　便思有閒雜念想否, 有事　便思有麤浮意氣否,
무사　편사유한잡념상부, 유사　편사유추부의기부

得意　便思有驕矜辭色否, 失意　便思有怨望情懷否,
득의　편사유기긍사색부, 실의　편사유원망정회부

時時檢點　至得從多入少　從有入無處　纔是學問的眞消息.
시시검점　지득종다입소　종유입무처　재시학문적진소식

만해 강의

사람이 일이 없이 한가히 지낼 때는 생각이 제멋대로이고 잡다하게 되기 쉬우므로 이럴 때에는 냉철히 반성하여 잡된 생각이 있지나 않은지 살핍니다. 일을 하고 있을 때에는 생각이 혼란스러워 정밀하게 살피지 못하고 경박한 객기로 허장성세를 부리기 쉬우므로 이럴 때는 돌이켜보아 경박한 의지와 객기가 있지나 않은지 살핍니다. 일이 잘 되어 모든 일이 뜻대로 될 때에는 의기양양하고 자부심이 넘쳐 자만하기 쉬우므로 이럴 때는 물러나서 자신에게 교만한 기색이 있지나 않은지 살핍니다. 뜻하는 일마다 번번이 실패하여 만사가 뜻대로 되지 않을 때에는 침울해지고 번민하여 하늘을 원망하고 남을 탓하기 쉬우므로 이럴 때는 자신을 돌아보고 원망하는 생각이 있지나 않은지 살핍니다.

  이와 같이 때때로 살피고 점검하여 만일 잡되고 경박하고 교만하고 원망하는 잘못이 있으면 곧 바로잡아야 할 것입니다. 잘못이 많은 것은 줄이고 잘못이 있는 것은 없게 만들어 지극히 선하고 허물이 없는 사람이 되도록 하는 것이 학문의 진면목입니다.

麤浮 추부_거칠고 가벼움.
意氣 의기_의지와 객기.

8

선비가 백절불굴의 참마음이 있어야

비로소 만 가지로 변하고도 끝이 없을 오묘한 쓰임이 있다.

士人有百折不回之眞心　纔有萬變不窮之妙用.

사인유백절불회지진심　재유만변불궁지묘용

만해 강의

　백절불굴의 참마음이란 자신에 대한 외부 사물의 반동력이 지속적이고 강력하여 나를 꺾고자 하는 시도가 거듭되더라도 그로 인해 생기는 곤란을 참아내고 처음 정한 뜻을 굽히지 않고 더욱 전진하는 참마음을 말합니다. 만변불궁의 오묘한 쓰임이란 자신의 목적을 이루기 위해 만 가지 형태의 다양한 방법을 시도하되 다함이 없는 오묘한 쓰임을 말합니다.

　선비가 세상을 살아가면서 일을 이루고자 할 때는 반드시 백절불굴의 참마음을 가져야 합니다. 곤란과 예기치 못한 장애로 수없이 꺾임을 당해도 추호도 굽히지 않는 참마음이 있으면 영원하고 위대한 성과를 낼 수 있을 것입니다. 영원하고 위대한 목적을 달성하고자 한다면 앞길이 멀고 시일이 오래 걸려, 그 사이에 상당히 다양한 방도를 구사해야 할 것입니다. 그러므로 백절불굴의 참마음이 있어야만 만변불궁의 오묘한 쓰임이 있을 수 있습니다. 사람이 정한 뜻이 없으면 일정한 목적이 없고 눈앞의 이해를 좇아 경박한 객기와 비루한 욕심만 금세 생겨났다가 금세 사라지고 의지가 아침저녁으로 변할 테니 일정한 목적을 달성하기 위해 응용하는 만변불궁의 오묘한 쓰임이 어떻게 있을 수 있겠습니까.

百折不回 백절불회 _ 백번 꺾여도 굽히지 않음.
萬變不窮 만변불궁 _ 만 가지로 변화시켜도 다함이 없음.

9

업적을 세우고 공을 세우려면 일마다 실질에 입각해야 한다.
만일 조금이라도 명성을 바라면 곧 그릇된 결과를 낳는다.
도를 배우고 덕을 닦음에는 생각마다 비어있는 곳에 기초를 두어야 한다.
만일 조금이라도 이익과 좋은 결과를 기대한다면 곧 세속의 감정에 빠진다.

立業建功　事事要從實地着脚　若少慕聲聞　便成僞果,
입업건공　사사요종실지착각　약소모성문　편성위과

講道修德　念念要從虛處立基　若稍計功效　便落塵情.
강도수덕　염념요종허처입기　약초계공효　편락진정

만해 강의

큰 공과 업적을 세우려는 사람은 어떤 일이든 실제 일을 실행하는 곳을 발판으로 삼아야 합니다. 만일 실제적인 곳을 떠나서 조금이라도 명예와 명성의 공허한 영화를 추구하면 진실한 공과 업적을 이루지 못하고 헛된 결과를 낳게 됩니다. 도와 덕을 배우고 익히는 사람은 생각마다 탐욕이 없이 마음이 비어있는 곳에다 기초를 세워야 합니다. 만일 마음을 겸허하게 가지지 않고 이익과 좋은 결과를 얻을 것만 기대하면 도리어 도와 덕에서 멀어지고 속세의 욕망에 떨어집니다. 그러므로 공과 업적을 세우려는 사람은 먼저 명예를 바라는 마음을 버리고, 도와 덕을 닦는 사람은 반드시 이익과 좋은 결과를 바라는 생각을 떨쳐버려야 합니다.

實地 실지_실질적인 곳.
講道 강도_도를 배우다.
塵情 진정_세속적인 감정.

10

잔인한 일을 차마 하지 못하는 마음 하나가
곧 백성과 만물을 살리는 뿌리이며 싹이요,
옳지 않은 일을 하지 않는 절개 하나가
곧 하늘과 땅을 지탱하는 기둥이며 주춧돌이다.
그러므로 군자는 한 마리 벌레나 개미도 차마 죽이지 못하고
한 오라기 실도 탐내지 않아야만
곧 백성과 만물에 생명을 주고 천지에 마음을 바로 세울 수 있게 된다.

一點不忍的念頭　是生民生物之根芽,
일점불인적염두　시생민생물지근아

一段不爲的氣節　是撑天撑地之柱石,
일단불위적기절　시탱천탱지지주석

故君子於一蟲一蟻　不忍傷殘　一縷一絲　勿容貪冒,
고군자어일충일의　불인상잔　일루일사　물용탐모

便可爲民物立命　天地立心矣.
편가위민물입명　천지입심의

만해 강의

살상을 차마 하지 못하는 한 번의 생각은 곧 백성과 만물을 생성하는 뿌리나 싹과 같고, 도리가 아닌 행위를 하지 않는 한 번의 절개는 천지를 지탱하는 기둥이나 주춧돌과 같습니다. 그러므로 도와 덕을 닦는 군자는 벌레나 개미 한 마리 같은 미물의 생명도 해치지 않고 실오라기 정도의 작은 물건도 탐내지 않습니다. 이것이 백성과 만물을 위하여 생명을 보존하고 천지처럼 참마음을 바로세우는 일입니다.

왜냐하면 벌레나 개미 한 마리도 해치지 않는 것은 하찮은 일이지만 측은히 여기는 마음이요 인仁에서 나온 싹이므로 이것을 길러 대인大仁으로 만들면 사람을 구제하고 만물을 이롭게 하는 자선이 되기에 충분하기 때문입니다. 또 실오라기 한 가닥도 탐내지 않는 것은 지극히 하찮은 행동이지만 부끄러움을 아는 마음이고 의義에서 나온 것이므로 이것을 실천하여 정의를 이루면 충분히 천지를 지탱하는 절개를 세울 수 있기 때문입니다. 이것이 어찌 백성과 만물에 생명을 주고 천지에 어진 마음을 세우는 길이 아니겠습니까.

氣節 기절_기개와 절개.
蟻 의_개미.
柱石 주석_기둥과 주춧돌.
一縷一絲 일루일사_삼실 하나와 명주실 하나.

11

학자가 행동할 때와 가만있을 때에 지조를 달리하고
시끄러운 곳과 고요한 곳에서 취향을 달리한다면,
이것은 단련이 미숙하여 마음과 정신이 혼탁하기 때문이다.
지조를 보존하고 함양하여
구름과 물이 고요히 멈춘 곳에서는
솔개가 날고 물고기가 뛰는 듯한 모습을 갖추고
비바람이 사납게 몰아치는 곳에서는
물결이 잔잔한 모습을 갖추면
비로소 어디에 거처하든 동일하고
어떤 변화에든 한결같이 대응하는 오묘함을 보리라.

學者動靜殊操　喧寂異趣, 還是煅煉未熟　心神混淆故耳.
학자동정수조 훤적이취 환시단련미숙 심신혼효고이

須是操存涵養　定雲止水中　有鳶飛魚躍的景象,
수시조존함양 정운지수중 유연비어약적경상

風狂雨驟處　有波恬浪靜的風光, 纔見處一化齊之妙.
풍광우취처 유파염낭정적풍광 재견처일화제지묘

만해 강의

도를 배우는 사람이 움직이고 고요한 때에 따라 지조를 바꾸고 시끄럽고 조용한 상황에 따라 취미를 바꾸어 시끄러울 때에는 분망해지고, 조용한 때에는 고요해지는 식으로 외부 환경에 따라 마음속의 지조가 변한다면 그것은 망령된 생각과 객기를 완전히 단련하지 못하고 마음과 정신이 혼탁하고 혼란하기 때문입니다.

  마음과 정신을 잘 함양하여 구름과 물이 멈춘 듯한 고요함 속에서는 솔개가 날고 물고기가 뛰노는 활발한 모습을 지니고, 비바람 몰아치는 요란한 곳에서는 잔물결 하나 일지 않는 차분한 모습을 지녀야 할 것입니다. 그렇게 되면 고요한 가운데서 시끄러움의 이치를 보고 시끄러운 가운데서 고요함의 이치를 보아, 상황에 따라 몸가짐을 달리하거나 시끄럽고 고요함에 따라 취향을 달리하는 잘못이 없어지게 될 것입니다. 여기에 모든 거처가 동일하고 모든 변화가 한결같은 오묘한 이치가 있습니다.

混淆 혼효__흐리고 어지러움. 혼탁함.
風狂雨驟 풍광우취__바람이 미친 듯이 불고 소나기가 갑자기 몰아침.
波恬浪靜 파염낭정__물결이 고요함.
處一化齊 처일화제__모든 거처와 모든 변화가 한결같음.

12

마음은 맑은 구슬이므로

물욕으로 마음을 막고 가리는 것은

맑은 구슬을 진흙과 모래에 섞는 것과 같아서 씻어내기가 오히려 쉽다.

그러나 감정과 인식으로 마음을 덮어 가리면

맑은 구슬에 금은을 입히는 것과 같아서 씻어내기가 매우 어렵다.

그러므로 배우는 사람은 더러운 병을 걱정할 것이 아니라

깨끗한 병이 고치기 더 어려움을 걱정해야 하며,

일의 장애를 두려워할 것이 아니라

이해의 장애가 더 해결하기 어려움을 두려워해야 한다.

心是一顆明珠,
심시일과명주

以物欲障蔽之　猶明珠而混以泥沙　其洗滌猶易,
이물욕장폐지　유명주이혼이니사　기세척유이

以情識襯貼之　猶明珠而飾以銀黃　其滌除最難.
이정식츤첩지　유명주이식이은황　기척제최난

故學者　不患垢病　而患潔病之難治
고학자　불환구병　이환결병지난치

不畏事障　而畏理障之難除.
불외사장　이외이장지난제

만해 강의

마음은 비어있고 영명해서 결함이 없는 맑은 구슬과 같습니다. 마음을 물욕으로 가려서 어리석게 만드는 것은 맑은 구슬에 더러운 진흙과 모래를 섞는 것과 같아서 씻어내기가 쉽습니다. 물욕이 본심을 가리면 잠시 어리석게 되지만, 잘못을 곧 깨달아 반성하고 수양하면 어두운 데서 벗어나 명철해지고 어리석음을 고쳐 지혜롭게 됩니다. 이것은 맑은 구슬에 묻은 모래를 씻어 버리는 것처럼 쉬운 일입니다. 그러나 감정과 인식에서 나온 지식이 마음에 들러붙어 잘못된 믿음과 오해가 생기면, 맑은 구슬을 은과 금으로 장식하는 것과 같아서 씻어 없애기가 매우 어렵습니다. 그러므로 학자는 물욕이라는 더러운 병을 근심하지 말고 감정과 인식으로 인한 마음의 청결한 병을 근심해야 하며, 일에 장애가 생김을 두려워하지 말고 이해에 장애가 생김을 두려워해야 합니다. 구구한 감정과 인식으로 깊고 미묘한 이치를 잘못 이해하여, 웅혼한 본체의 참모습을 잃는 것이 학자의 큰 병이니 경계하지 않을 수 없습니다.

顆 과__구슬을 세는 단위.
襯貼 츤첩__들러붙다.
銀黃 은황__은과 금.

13

육체로서의 나를 간파하면
곧 만물이 다 공허함을 깨달아 마음이 항상 비어 있게 된다.
마음이 비어 있으면 의리가 들어와 살게 된다.
성품과 천명으로서의 나를 제대로 인식하면
곧 모든 이치가 다 갖추어져 마음이 항상 진실하다.
마음이 진실하면 물욕이 들어오지 못한다.

軀殼的我　看得破　則萬有皆空　而其心常虛　虛則義理來居,
구각적아　간득파　즉만유개공　이기심상허　허즉의리래거

性命的我　認得眞　則萬理皆備　而其心常實　實則物慾不入.
성명적아　인득진　즉만리개비　이기심상실　실즉물욕불입

만해 강의

사람이 태어나기 전을 생각해도 육체가 없고, 죽은 뒤를 생각해도 역시 육체가 없습니다. 생존해 있는 현재를 보아도 홍안이 백발로 되고 쇠약해지고 병들어 건강을 지탱하지 못하여 육체가 일정하지 않습니다. 이렇게 육체로서의 나는 허망하여 진실하지 못함을 간파하면, 만물의 형체도 자신의 육체처럼 공허하게 여겨져 물질에 구속되지 않을 것입니다. 사람들이 자기의 육체를 위하기 때문에 갖가지 물욕이 생겨나 본심을 가립니다. 만일 육체로서의 자신을 꿰뚫어보아 만물이 모두 공허함을 알면 모든 물욕이 사라져 마음이 항상 비어 있게 되고 밝아질 것입니다. 마음이 비어 있으면 공명정대한 의리가 그 안에 자리 잡게 됩니다.

또 육체로서의 내가 어떻게 변하든지 본성의 진리는 천지의 밖에서 달리 시작과 끝을 찾을 수 없을 정도로 온갖 이치를 다 갖추고 온갖 일에 다 대응합니다. 이와 같은 성품과 천명으로서의 자신을 진실하게 깨달으면 모든 이치가 흡족히 갖추어져서 그 마음이 항상 진실하고, 마음이 진실하면 물욕이 뚫고 들어오지 못합니다. 세상 사람이 성품과 천명으로서의 자신을 알지 못하고 육체로서의 자신만을 탐애하여 온갖 물욕에 얽매여서 본심을 흐리게 만들고 있으니 참으로 슬픈 일입니다.

軀殼 구각__신체.

性命 성명__만물이 갖고 있는 각각의 성질. 타고난 성품. 하늘이 부여한 것을 명命이라 하고, 인간 개개인이 하늘로부터 부여받은 것을 성性이라고 한다. 즉 성과 명은 같은 것을 하늘天의 입장에서 보느냐 인간人의 입장에서 보느냐에 따라 달리 부르는 말이다.

14

내가 큰 화로와 거대한 대장간이 되면
단단한 쇠를 녹이지 못할까를 어찌 걱정하며,
내가 큰 바다와 긴 강이 되면
제멋대로 흐르거나 더러워진 강물을 용납하지 못할까를 어찌 걱정하리오.

我果爲洪爐大冶　何患頑金鈍鐵之不可陶鎔,
아과위홍로대야　하환완금둔철지불가도용
我果爲巨海長江　何患橫流汚瀆之不能容納.
아과위거해장강　하환횡류오독지불능용납

만해 강의

큰 화로와 거대한 대장간이라면 아무리 단단한 금이나 쇠라도 녹이며, 큰 바다와 긴 강은 제멋대로 흐르는 강이나 더러운 개천도 받아들입니다. 사람도 이와 같아서 위엄과 덕이 성대하여 마치 큰 화로와 거대한 대장간 같다면 단단한 금이나 쇠와 같이 어리석고 나쁜 사람이라도 어찌 감화시키지 못할 것이며, 도량이 넓어 큰 바다와 긴 강과 같다면 제멋대로 흐르는 강이나 더러운 개천과 같이 교만하고 속이기 잘하며 비뚤어진 자라도 어찌 용납하지 못하겠습니까. 세상 일이 내 마음대로 되지 않거든 남을 원망하지 말고 자신에게서 원인을 찾아야 할 것입니다.

洪爐大冶 홍로대야 _ 큰 화로와 거대한 대장간.
橫流汚瀆 횡류오독 _ 제멋대로 흐르는 강과 더러워진 도랑.

15

대낮에 남을 속이면 밤에 부끄러움에서 벗어나기 어려우며,
젊어서 뜻을 잃으면 늙어서 슬픔만 남는다.

白日欺人　難逃淸夜之愧赧,
백일기인　난도청야지괴란

紅顏失志　空貽皓首之悲傷.
홍안실지　공이호수지비상

만해 강의

대낮은 밖으로 복잡한 사물과 마주치고 안으로 갖가지 욕망이 일어나는 때입니다. 맑은 밤은 사방이 모두 조용하고 욕심이 가라앉아서 마음이 고요하고 기운이 맑아지는 때입니다. 대낮에 물욕에 이끌려 남을 속이고 나서 소리 하나 없이 청명한 밤에 욕망에 움직이지 않는 본심을 더듬어 혼자 생각하면 부끄러움이 일어 얼굴이 붉어질 것입니다. 또 기력이 왕성하고 정신이 맑은 젊은 시절에 뜻을 잃고 덕을 쌓지 못하면, 노쇠하여 백발이 성성한 늘그막에 후회를 감당 못하여 참담한 슬픔만 남습니다. 사람이 청명한 밤에 수치로 얼굴이 붉어지지 않으려면 대낮에 남을 속이지 말아야 하고, 흰머리가 되었을 때 슬픔에 젖지 않으려면 젊어서 뜻을 잃지 말아야 합니다.

清夜 청야_맑게 갠 밤.
愧赧 괴란_부끄러워 얼굴을 붉힘.
貽 이_남김.
皓首 호수_흰머리.

16

재물을 쌓는 마음으로 학문을 쌓고,

공명을 추구하는 집념으로 도와 덕을 추구하고,

처자를 사랑하는 마음으로 부모를 사랑하고,

벼슬과 지위를 지키고자 하는 책략으로 국가를 지켜야 한다.

앞의 것을 버리고 뒤의 것을 취함은

생각에는 단지 터럭만큼의 차이만 나지만

평범함을 초월하여 성스러움에 들어가는 것이어서,

인품이 하늘과 땅만큼의 차이가 나는 것이니,

사람이 마음을 돌리기에 어찌 전력투구하지 않으리오.

以積貨財之心　積學問,　以求功名之念　求道德,
이적화재지심　적학문　이구공명지념　구도덕

以愛妻子之心　愛父母,　以保爵位之策　保國家.
이애처자지심　애부모　이보작위지책　보국가

出此入彼　念盧只差毫末　而超凡入聖　人品且判星淵矣
출차입피　염려지차호말　이초범입성　인품차판성연의

人胡不猛然轉念哉.
인호불맹연전념재

만해 강의

재물을 쌓음과 공명을 추구함과 처자를 사랑함과 작위를 보전함은 세상의 사사로운 욕심이고 학문을 쌓음과 도덕을 추구함과 부모를 사랑함과 국가를 보전함은 사람이 마땅히 해야 할 도리입니다. 그러나 세상 사람들 중에는 사사로운 욕심이 몹시 강하여 해야 할 도리를 잊는 사람이 많습니다. 한번 마음을 돌려 재물을 쌓는 마음으로 학문을 쌓고, 공명을 추구하는 마음으로 도덕을 추구하고, 처자를 사랑하는 마음으로 부모를 사랑하고, 작위를 보전하는 마음으로 국가를 보전해야 할 것입니다.

  앞의 사사로운 욕심에서 벗어나 뒤의 해야 할 도리를 하는 것은 필부의 경지를 넘어 성인의 경지에 들어서는 것입니다. 사욕에서 나와 해야 할 도리로 들어가겠다는 생각은 극히 작은 차이에 지나지 않지만, 평범함을 뛰어넘어 성스러움에 들어가는 것이고 인품에 하늘과 땅 만큼의 차이가 생기는 것이니, 생각을 약간만 돌려 성인의 경지에 들어가는 일에 어찌 최선을 다하지 않을 수 있겠습니까.

判星淵 판성연_하늘에 있는 별과 땅에 있는 연못만큼의 차이. 즉 하늘과 땅만큼의 차이.
轉念 전념_생각을 바꾸다.

17

물욕의 길을 막을 수 있어야 비로소 도의의 문을 열 수 있고

세속의 짐을 어깨에서 내려놓아야 비로소 성현의 짐을 멜 수 있다.

塞得物慾之路　纔堪闢道義之門,
색득물욕지로　재감벽도의지문

弛得塵俗之肩　方可挑聖賢之擔.
이득진속지견　방가조성현지담

만해 강의

사물에 대한 욕심과 공공의 정의는 공존할 수 없고, 속세의 잡다한 일과 성현의 책무는 함께 할 수 없습니다. 그러므로 도의의 바른 문을 열고자 하면 먼저 물욕의 길을 막아야 하고, 성현의 책무를 맡고자 하면 반드시 속세에 물들어 쓸데없이 짊어진 짐을 어깨에서 내려놓아야 합니다.

挑 조_메다. 싸움을 돋우다의 뜻으로 쓰일 때는 도로 읽지만 짐을 메다의 뜻으로 쓰일 때는 조로 읽는다.
담 擔_짐.

18

편협하고 사사로운 성품과 감정을 변화시킬 수 있으면 그것이 큰 학문이요,
가정 내에서 불화를 사라지게 할 수 있으면 그것이 큰 경륜이다.

融得性情上偏私　便是一大學問,
융득성정상편사　편시일대학문

消得家庭內嫌隙　便是一大經綸.
소득가정내혐극　편시일대경륜

만해 강의

편협하고 사사로운 성품과 감정을 융화시켜 공평하게 하는 것이 바로 요즈음 말하는 덕육德育, 즉 덕을 기르는 것입니다. 사람이 지식을 키우고 몸을 튼튼히 하는 법을 아무리 잘 배워 익혀도, 덕을 원만히 기르지 못하여 마음 씀씀이와 일처리에 편협하고 사사로움이 많으면 그것은 근본이 없는 지엽적인 학문에 불과합니다. 그러므로 덕을 기르는데 힘써서 편협하고 사사로운 성정을 융화시키면 이것이 하나의 큰 학문이 됩니다. 또 나라를 다스리고 천하를 평안하게 하는 경륜도 가정을 다스리는 것에서 시작됩니다. 가족의 평화를 지켜 가정의 불화를 해소하면 이것이 하나의 큰 경륜이 됩니다.

嫌隙 혐극__서로 미워하여 틈이 생김.
經綸 경륜__포부를 갖고 세상을 다스림.

19

재주와 지혜가 영민한 자는 마땅히 학문으로써 조급함을 다스려야 하고,
기개와 절개가 과격한 자는 마땅히 덕성으로써 편벽됨을 융화시켜야 한다.

才智英敏者　宜以學問攝其躁,
재지영민자　의이학문섭기조

氣節激昻者　當以德性融其偏.
기절격앙자　당이덕성융기편

만해 강의

재주와 지식이 영민한 사람은 일에 대한 이해와 결단이 지나치게 빨라서 매사에 가볍고 조급하기 쉬우므로 학문을 두루 익혀 조급함을 다스려야 합니다. 기개와 절개가 지나치게 센 사람은 의협심과 기개가 너무 강해 매사에 편벽되기 쉬우므로 덕성을 길러 편벽됨을 융화시켜야 합니다.

攝其躁 섭기조_조급함을 다스리다.
融其偏 융기편_치우친 면을 융화시키다.

20

구름과 안개의 그림자 속에 참된 실체가 드러나면
비로소 형체가 질곡이 됨을 깨닫고,
짐승과 새의 울음소리 속에 자성의 소리를 들으면
비로소 감정과 인식이 창칼임을 깨닫는다.

雲烟影裡　現眞身　始悟形骸爲桎梏,
운연영리　현진신　시오형해위질곡

禽鳥聲中　聞自性　方知情識是戈矛.
금조성중　문자성　방지정식시과모

만해 강의

무형의 참 실체는 육체에 한정되어 있는 것이 아니어서 시간상으로는 영겁의 세월에도 변하거나 사라지지 않을 만큼 일관되고, 공간상으로는 우주에 가득 차서 없는 곳이 없을 만큼 두루 퍼져 있습니다. 그러므로 흰 구름, 푸른 연기의 그림자 속에서도 충분히 참다운 실체를 볼 수 있습니다. 만약 이 이치를 깨달아 구름과 안개의 그림자 속에서 참 실체가 드러나면 겉모습이 질곡과 같은 것임을 깨닫게 될 것입니다. 겉모습인 육체로 인하여 갖가지 욕심과 고통을 낳아 끝없는 부자유를 느끼는 것은 육체란 사람에게 질곡을 채운 것과 같기 때문입니다.

사람의 감정과 인식도 자성에서 나오는 것이기는 하지만, 넓고 텅 비어 담박해서 형상과 자취가 없는 자성의 본체는 한갓 감정과 인식에 한정된 것이 아닙니다. 모든 공간과 모든 사물에 드러나지 아니함이 없어서 뭇 새와 짐승들의 소리 가운데서도 족히 자성의 소리를 들을 수 있습니다. 만일 이러한 이치를 알면 감정과 인식이 창칼과 같음을 알 것입니다. 감정과 인식이 물욕과 망령된 감정에 의해 왜곡되어 희노애락 등의 차별심이 서로 충돌하여 수많은 번뇌를 낳는 것이 마치 창칼이 서로 대적하여 사람을 해치는 것과 같기 때문입니다.

이러한 어구들은 아무리 명확하게 해석을 하더라도 스스로 체득한 경지가 없으면 그 뜻을 충분히 깨닫지 못합니다. 무심히 넘기지 말고 그 현묘한 이치와 뜻을 잘 음미하면 수양의 참 맛을 알게 될 것입니다.

眞身 진신_참된 실체.
形骸 형해_육체.

21

탐욕이 처음 일어나는 곳에서 탐욕을 제거하면
어린 풀을 자르는 것처럼 일이 매우 쉽고,
하늘의 이치가 잠시 밝혀질 때를 타 하늘의 이치를 확충시키면
더러운 거울을 다시 닦는 것처럼 광채가 다시 새로워진다.

人欲從初起處翦除　便似新芻遽斬　其工夫極易,
인욕종초기처전제　편사신추거참　기공부극이

天理自乍明時充拓　便如塵鏡復磨　其光彩更新.
천리자사명시충척　편여진경부마　기광채갱신

만해 강의

탐욕은 한 사람의 사사로운 욕심을 말하고, 하늘의 이치는 사물의 공리公理를 말합니다. 탐욕을 막고 하늘의 이치를 보존함은 사람의 도리로서 당연히 해야 할 일입니다. 탐욕과 하늘의 이치의 구별은 생각의 차이에서 생기는 것이므로 탐욕이 처음 일어날 때 생각을 바꾸어 없애 버리면 새로 난 풀을 재빨리 베어 버리는 것과 같아서 일이 아주 쉽습니다. 아무리 완고하고 어리석은 사람이라도 때로는 본심에 들어 있는 하늘의 이치가 저절로 밝아지는 수가 있으므로 하늘의 이치가 잠깐 나타났을 때 확충하고 개발하면 더러운 때가 낀 거울을 닦는 것처럼 광채가 다시 새로워집니다.

翦除 전제__잘라 없앰.
乍明 사명__언뜻 밝아옴.
天理 천리__하늘의 이치.
充拓 충척__보충하고 넓힘.

22

남의 설명을 듣고 사리를 깨닫는 자는
깨달은 후에도 여전히 의혹이 남는다.
이것은 스스로 깨달아 명백히 아는 것보다 못하다.
의지과 흥미를 밖에서 얻는 자는
얻은 후에도 여전히 잃는 것이 있다.
이것은 스스로 얻어 편안한 것보다 못하다.

事理因人言而悟者　有悟還有迷　總不如自悟之了了,
사리인인언이오자　유오환유미　총불여자오지요료
意興從外境而得者　有得還有失　總不如自得之休休.
의흥종외경이득자　유득환유실　총불여자득지휴휴

만해 강의

사람이 사리를 깨닫되 남의 말에 의하여 깨닫는 사람은 깨닫기는 하지만 도리어 의심스러운 점이 남아서 스스로 깨달아 분명히 아는 것만 못합니다. 남의 설명을 듣고 사리를 깨닫는 사람은 남의 설명을 들을 때는 이해했다가도 남의 설명이 없는 곳에 이르면 곧 혼미해지지만 스스로 연구하여 깨달은 사람은 남의 설명이 있든 없든 항상 명백히 알고 있기 때문입니다.

또 의지와 흥미를 단지 외부 세계에서 얻는 사람은 외부 환경이 있어야만 의지와 흥미를 일으키고, 외부 환경이 없어지면 그 의지와 흥미가 곧 사라집니다. 이는 외부 환경이 없이 스스로 마음으로 의지와 흥미를 얻어서 항상 마음이 편안하고 여유 만만한 것만 못합니다. 예컨대 연회 석상에 기녀들을 모아 놓고 음주가무로 주흥이 일어 즐겁게 지내다가 주연이 파해 술도 깨고 손님들도 돌아가 쓸쓸한 정경이 빈창에 비치면 조금 전의 흥이 재처럼 식어 도리어 기분이 처량해집니다. 이것은 외부의 환경에 따라 생겼다 사라지는 흥이기 때문이다.

이것이 어찌 처량한 곳에서 평온하고 담박한 뜻을 가지고, 쓸쓸한 때에 여유 있고 한가로운 흥을 일으켜 외부 세계에 구속되지 않는 흥취의 편안함만 하겠습니까.

休休 휴휴_편안하고 한가한 모습.

二. 마음의 중심잡기 응수편應酬篇

응수란 일체의 현상계에 접촉하고 대응하는 것을 말합니다. 사람은 사회적 동물이라서 고립되어 살 수 없으므로 사회의 온갖 관계가 나의 활동에 동반하여 생겨납니다. 이렇게 나와 관계되는 복잡한 사물에 대응하는 길을 알지 못하면 복잡다단하고 예측 불가능한 덧없는 세상을 어떻게 안전히 살아가겠습니까. 사물과 사물 사이의 관계에서 생기는 행복과 고통의 발생과 소멸이 일정하지 않으니 대응의 길을 연구하지 않을 수 없습니다.

1

나를 잘 지키려면 참된 주재主宰가 있어야 한다.

참된 주재가 없으면 일을 만날 때마다 거꾸러지기 일쑤니

무엇으로 하늘을 떠받치고 땅을 딛는 지주砥柱로 삼겠는가.

세상일에 능숙히 대응하기 위해서는 원기圓機가 있어야 한다.

원기가 없으면 접하는 일마다 장애를 만날 것이니

어떻게 하늘을 운행시키고 땅을 운전시킬 큰 경륜을 세울 수 있겠는가.

操存　要有眞宰　無眞宰　則遇事便倒　何以植頂天立地之砥柱,
조존　요유진재　무진재　즉우사편도　하이식정천입지지지주

應用　要有圓機　無圓機　則觸物有碍　何以成旋乾轉坤之經綸.
응용　요유원기　무원기　즉촉물유애　하이성선건전곤지경륜

만해 강의

지주砥柱는 천지를 떠받치고 있는 산을 말합니다. 옛날에 부주산不周山이 천지를 떠받치고 있었는데, 공공共工씨와 대정大定씨가 싸우다 공공씨의 머리로 부주산을 들이받았다고 합니다. 그래서 산이 무너지고 하늘이 기울어졌답니다. 여와女媧 씨가 이것을 보고 오색五色의 돌을 갈아 허물어진 곳을 고쳤다는 전설이 있습니다. 여기에서 부주산을 지주라고 합니다.

사람이 자기 자신을 굳게 지키고 수양하는 데는 참된 마음의 주재가 있어야 합니다. 참된 마음의 주재가 없으면 뜻이 일정하게 서있질 않고 소란하고 산만해져서 무슨 일을 만나든 그 일에 얽매여 끌려 다니고 그 일에 걸려 거꾸러집니다. 그러니 어떻게 천지를 떠받치는 지주와 같이 꺾이지 않고 흔들림 없는 뜻과 기개를 심고 세울 수 있겠습니까. 또 세상사에 대응할 때는 원기가 있어야 합니다. 원기가 없으면 편협하고 꽉 막힌 사람이 되어 어떤 상황에 부딪치든 장애물을 만날 것입니다. 이래서야 어떻게 천지를 운행시키는 큰 경륜을 세울 수 있겠습니까.

사람은 태산처럼 확고부동한 참 주재를 세워 어떠한 곤란과 유혹을 만나도 동요되지 말아야 하며 세상사에 대응할 때는 원기를 잘 응용하여 어떠한 어려움을 만나더라도 막힘없이 헤쳐 나가야 합니다.

操存 조존__지조를 지킴. 여기서는 존재의 중심을 확고히 잡는 것을 말함.
眞宰 진재__도가에서 많이 쓰는 개념으로 우주의 주재라는 뜻. 주재는 우주의 운행이나 마음의 변화에서 구심점 되는 것을 말함.
圓機 원기__원활한 마음의 작용. 이 글에서 주재와 원기는 서로 대칭이 되는 말로 마치 구심력과 원심력이 동시에 작용하여 원운동을 일으키듯이 중심을 잡는 일(주재)과 천변만화하는 경륜(원기)이 동시에 필요함을 강조하고 있다. 27쪽 참조.

2

사군자가 세상을 살아가면서

남들에게 기쁨과 노여움을 쉽게 품지 말아야 한다.

기쁨과 노여움을 쉽게 품으면 남이 속마음을 샅샅이 엿보게 된다.

외부 사물에 지나친 애증을 품지 말아야 한다.

애증이 지나치면 의기와 정신이 모두 외부 사물의 지배를 받게 된다.

士君子之涉世,
사군자지섭세

於人不可輕爲喜怒　喜怒輕　則心腹肝膽　皆爲人所窺,
어인불가경위희노　희노경　즉심복간담　개위인소규

於物不可重爲愛憎　愛憎重　則意氣精神　悉爲物所制.
어물불가중위애증　애증중　즉의기정신　실위물소제

만해 강의

사군자는 세상을 살아가면서 타인에게 기쁨이나 분노를 함부로 드러내서는 안 됩니다. 조금 유쾌한 일이 있다 해서 기쁜 빛을 나타내고 약간 불쾌한 일이 생겼다고 해서 노여운 빛을 나타내면, 남들이 밖으로 드러나는 기색을 보고 그 속마음을 낱낱이 들여다보게 됩니다. 또한 외부 사물에 대해서는 지나친 애증을 품지 말아야 합니다. 애증이 편중되어 애정에 집착하거나 증오심이 지나치면 감정이 자유롭지 못하게 되어 의기와 정신이 외부 사물의 지배를 받게 됩니다.

士君子 사군자_교양과 인격이 높은 사람.
涉世 섭세_세상을 살아감.
意氣 의기_의지와 기개.

3

마음이 맑아서 언제나 명경지수와 같으면
세상에 혐오할 일이 절로 사라지고.
의지와 기운이 화평해서 언제나 좋은 날씨와 같으면
세상에 미워할 사람이 절로 사라진다.

心體澄徹　常在明鏡止水之中　則天下自無可厭之事,
심체징철　상재명경지수지중　즉천하자무가염지사

意氣和平　常在麗日光風之內　則天下自無可惡之人.
의기화평　상재여일광풍지내　즉천하자무가오지인

만해 강의

티끌 하나 없는 맑은 거울과 물결 하나 없는 고요한 물은 사물을 그대로 비추어 줍니다. 물체가 길든 짧든 아름답든 추하든 제 모습 그대로 비추어줍니다. 사람의 마음도 청정하고 투명하기가 이러한 명경지수와 같아서 모든 진리를 훤히 비추어 좋고 싫은 감정에 구속되지 않으면 세상에 거리낄 일이 없습니다.

또 맑은 날씨와 따뜻한 바람은 만물을 성장시켜 난초든 가시나무든 가리지 않고 성장을 도와줍니다. 사람의 의지와 기운도 조화롭고 평등하여 선하든 악하든 옳든 그르든 모두 포용하고 너그러이 받아준다면 세상에 미워할만한 사람이 없습니다. 그러므로 사람은 항상 마음을 맑고 투명하게 하고 의지와 기운을 평화롭게 하여 외부 사물에 대한 치우치고 집착하는 마음을 버려야 합니다.

心體 심체__마음의 본체. 즉 마음.
澄徹 징철__맑고 투명함.

4

시비곡직이 교차하는 곳에서는 조금이라도 견강부회해서는 안 된다.

조금이라도 견강부회하면

무엇을 따르고 무엇을 피해야 할지 바른 판단을 할 수 없게 된다.

이해득실에 너무 밝아서는 안 된다.

너무 밝으면

무엇을 취하고 무엇을 버려야 할지 판단하는 데

사사로운 욕심이 개입하게 된다.

當是非邪正之交　不可少遷就　少遷就　則失從違之正,
당시비사정지교　불가소천취　소천취　즉실종위지정

值利害得失之會　不可太分明　太分明　則起趨避之私.
치이해득실지회　불가태분명　태분명　즉기추피지사

만해 강의

의리에 대하여 시비곡직이 나뉘는 지점에서는 억지로 끌어다 맞추지 말고 속히 결정하여 그른 것과 나쁜 것을 버리고 옳은 것과 바른 것을 택해야 합니다. 만일 속히 정하지 못하면, 옳은 것을 따르고 그른 것을 멀리하는 정도正道를 벗어나게 됩니다.

  그리고 사욕에 대하여 이해득실이 만나는 지점에서는 너무 따지고 비교하여 이득만을 취하고 손해라고 버려서는 안 됩니다. 사욕에 따른 이득은 간혹 의리에 해를 끼칠 수 있기 때문입니다. 만일 의리를 생각하지 않고 이해득실만 계산하면 사욕을 따르고 정의를 멀리하는 마음을 낳기 때문입니다. 그러므로 사욕에 따른 이해득실은 계산하지 말고 의리의 시비곡직을 가려야 합니다.

遷就 천취_ 견강부회하여 억지로 맞추는 것.
從違之正 종위지정_ 따르고 어김을 바르게 함.
趨避 추피_ 향하는 것과 피하는 것. 취사取捨.

5

쉬파리가 천리마에 붙어 달리면 빠르기는 하지만
엉덩이에 붙어간다는 수치를 벗기 어렵다.
담쟁이가 소나무에 의지하여 오르면 높이 오르기는 하지만
남에게 의지해서 기어오른다는 수치를 면하지 못한다.
그래서 군자는 풍상을 끼고 살지언정
새나 물고기가 사람에 빌붙듯 하지 않는다.

蒼蠅附驥　捷則捷矣　難辭處後之羞,
창승부기　첩즉첩의　난사처후지수

蔦蘿依松　高則高矣　未免仰攀之恥,
조라의송　고즉고의　미면앙반지치

所以君子　寧以風霜自挾　毋爲魚鳥親人.
소이군자　영이풍상자협　무위어조친인

만해 강의

쉬파리가 천리마의 꼬리에 붙어 하루에 천리를 가면 속도가 매우 빠르기는 하지만 자신의 힘으로 가는 것이 아니고 피동적으로 가는 것이니 말에 붙어서 간다는 수치를 떨쳐 버리기 어렵습니다. 담쟁이가 키 큰 소나무에 의지하여 높이 올라가면 매우 높이 오르기는 하지만 이것은 스스로 서는 것이 아니라 남에게 의지해 있는 것이니 소나무에 의지해 기어오른다는 수치를 면하지 못합니다.

 사람도 마찬가지입니다. 속 좁은 졸장부와 아첨하는 소인배들은 제 자신의 자유를 희생시키고 노복들과 같은 안색과 행동으로 한때의 권세가들에게 아부하며 부당한 영리를 얻기를 도모합니다. 이들이 설령 한때나마 욕망을 달성하더라도 남의 꼬리에 붙고 남에게 의지해 기어오르는 수치에서 벗어나지 못할 것입니다. 그러므로 군자는 차라리 찬 바람, 모진 서리와 같은 가난과 곤란을 견디고 송백과 같은 의기와 절개를 지킬지언정 어린 물고기나 새가 사람에게 빌붙어 연민을 구하는 것같이 권세와 부귀에 아부하여 일시적인 은총을 구하는 짓은 하지 않습니다.

蒼蠅 창승_쉬파리.
驥 기_천리마, 준마.
蔦蘿 조라_메꽃과의 덩굴 풀.
仰攀 앙반_의지하여 오름.

6

좋아하고 싫어하는 마음이 너무 분명하면 사물과의 관계가 소원해지며
현명함과 어리석음을 구별하는 마음이 너무 분명하면
사람들과 친해지지 못한다.
그러므로 사군자는 안으로는 엄밀하고 명확해야 하지만
밖으로는 원만하고 너그러워야 한다.
그렇게 해서 좋은 것과 추한 것이 균형을 이루게 하고
현명한 자와 어리석은 자 모두가 이로움을 누리게 하면
그것이 바로 만물을 낳고 기르는 생성의 덕이 된다.

好醜心太明　則物不契，　賢愚心太明　則人不親,
호추심태명　즉물불계　현우심태명　즉인불친

士君子須是內精明而外渾厚　使好醜兩得其平　賢愚共受其益,
사군자수시내정명이외혼후　사호추양득기평　현우공수기익

纔是生成的德量.
재시생성적덕량

만해 강의

아름다운 것을 좋아하고 추한 것을 싫어하는 마음이 너무 명백하면 사물에 대한 구별이 너무 심해서 모든 사물과 어울리지 못합니다. 어진 이를 사랑하고 어리석은 이를 미워하는 마음이 너무 분명하면 사람에 대해 꺼리는 것이 많아서 많은 사람과 어울리지 못합니다.

　그러므로 군자는 마땅히 속으로는 엄밀하고 명확하게 해서 좋고 나쁘고 어질고 어리석음을 명확히 분간하되 겉으로는 원만하고 너그럽게 평등히 대우해야 합니다. 그래야 아름답고 추한 사물이 평형을 이루고, 어질고 어리석은 사람이 모두 이익을 누리게 됩니다. 이것이 일체 만민과 만물을 낳고 자라게 하는 생성의 덕입니다.

不契 불계__관계를 맺지 않음. 즉 관계가 소원해짐.
德量 덕량__덕의 도량.

7

사군자가 만민을 구제하고 만물을 이롭게 할 때는
내실에 힘써야지 명성을 탐해서는 안 된다.
명성을 탐하면 덕이 손상된다.
사대부가 나라를 걱정하고 백성을 위할 때는
마음을 다해야지 말을 앞세워서는 안 된다.
말이 앞서면 비난을 받게 된다.

士君子　濟人利物　宜居其實　不宜居其名　居其名　則德損.
사군자　제인이물　의거기실　불의거기명　거기명　즉덕손

仕大夫　憂國爲民　當有其心　不當有其語　有其語　則毀來.
사대부　우국위민　당유기심　부당유기어　유기어　즉훼래

만해 강의

사군자가 사람을 구제하거나 사물을 이롭게 할 때는 실제 그 일을 하면 그만이지 명예를 추구하지 말아야 합니다. 명예를 추구하면 겸양의 미덕이 훼손됩니다. 사대부가 나라를 걱정하고 백성을 위할 때는 마음을 다해야지 말을 앞세우면 안 됩니다. 말을 앞세워 "내가 나라를 근심하는 충신이며 백성을 위하는 지사"라고 자찬하면 말만 앞세운다는 비난을 받게 됩니다.

濟人利物 제인이물__사람을 돕고 만물을 이롭게 함.
毁 훼__비방.

8

남들이 내 앞에서 칭찬하는 것이

뒤에서 헐뜯는 일이 없는 것만 못하며

사람을 사귈 때 잠깐 사귀며 환심을 사는 것이

오래 사귀도록 싫어하지 않는 것만 못하다.

使人有面前之譽　不若使其無背後之毁,
사인유면전지예　불약사기무배후지훼

使人有乍交之歡　不若使其無久處之厭.
사인유사교지환　불약사기무구처지염

만해 강의

남을 대할 때 가식적이고 위선적인 태도를 취하거나 일시적인 은혜를 베풀면 그 자리에서는 그가 나를 좋게 말할 것입니다. 그러나 겉으로 보이는 위선과 잠시의 은혜는 한결같은 신의에서 나온 것이 아니기 때문에 결국에는 뒤에서 헐뜯는 말이 나오게 됩니다. 겉으로 꾸미는 행동으로 눈앞에서 칭찬을 하는 말을 듣는 것은 일관된 신의를 지켜 뒤에서 헐뜯는 일이 없게 하는 것만 못합니다.

 벗을 사귈 때 처음부터 거짓으로 꾸며 잘 대접하면 잠시나마 환심은 얻을 수 있겠지만 이 같은 겉치레는 경애하는 마음이 실제로 담긴 것이 아니라서 오랫동안 함께 지내다보면 반드시 꺼리는 마음이 생깁니다. 겉치레로 사람을 사귀며 환심을 얻는 것은 존경과 사랑을 실천하며 오래도록 함께 있어도 싫증나지 않게 하는 것만 못합니다.

乍交 사교_잠시 동안의 교제.

9

인심을 잘 계도하려면
잘 알고 있는 곳에서 시작하여 점차 열리게 해야지
막힌 곳을 억지로 열려고 해서는 안 된다.
풍속을 잘 바꾸려면
쉬운 곳에서 시작하여 점차 바꾸어나가야지
어려운 것을 함부로 바로잡으려고 해서는 안 된다.

善啓迪人心者　當因其所明而漸通之　毋强開其所閉,
선계적인심자　당인기소명이점통지　무강개기소폐

善移易風化者　當因其所易而漸反之　毋輕矯其所難.
선이역풍화자　당인기소이이점반지　무경교기소난

만해 강의

어리석은 사람의 마음을 계도하여 현명하게 만들려는 사람은 자명한 곳에서 시작해서 점차적으로 깨우치게 해야지 꽉 막힌 곳을 억지로 깨우쳐 주려고 해서는 안 됩니다. 아무리 어리석은 사람이라도 마음속에 이미 깨우치고 있는 것이 전혀 없는 경우는 없습니다. 그러므로 먼저 그의 마음속에서 깨우치고 있는 곳을 출발점으로 하여 차츰 계도해나가면 깨우치고 통달하게 만드는 성과를 쉽게 얻을 수 있습니다. 그러나 만일 그의 지혜가 꽉 막혀 있고 닫혀 있는 것을 억지로 깨우쳐주려고 하면 끝내 효과를 볼 수 없을 것입니다. 예컨대 어린 아이에게 나이에 맞는 교육을 하지 않고 철학이나 화학과 같이 깊고 이해하기 어려운 학문을 먼저 가르치면 아무 효과가 없는 것과 마찬가지입니다.

낡은 구습을 혁파하고 새로운 법을 만들어 일반의 풍습을 고치려고 하는 사람은 반드시 작고 쉬운 일부터 먼저 바꾸어나가야 합니다. 그리고 나서 점차 중대하고 어려운 일까지 바꾸어나가야지 고치기 어려운 일을 경솔하게 바로잡으려 하지 말아야 합니다. 근세에 새로 복속시킨 나라의 국민을 동화시키려 하는 정치가가 그 나라의 고유한 관습을 중요하게 여기는 까닭이 여기에 있습니다.

啓迪 계적_계도하고 이끎.
移易風化 이역풍화_풍습을 옮기고 바꿈.

10

자신의 욕망은 멋대로 하도록 놓아두어서는 안 되고

반드시 억제하는 방법으로 억눌러야 한다.

오직 참을 인忍자 한 자에 그 길이 있다.

남의 욕망은 함부로 떨쳐버려서는 안 되고

반드시 순응하는 방법으로 길들여야 한다.

오직 용서 서恕자 한 자에 그 길이 있다.

그런데 요즘 사람들은 모두 자기 욕망을 용서恕로써 충족시키고

남의 욕망은 참음忍으로써 억누르려 하니, 이것을 어찌 옳다 하겠는가.

己之情欲不可縱　當用逆之之法　以制之　其道只在一忍字.
기지정욕불가종　당용역지지법　이제지　기도지재일인자

人之情欲不可拂　當用順之之法　以調之　其道只在一恕字.
인지정욕불가불　당용순지지법　이조지　기도지재일서자

今人皆恕以適己　而忍以制人毋乃不可乎.
금인개서이적기　이인이제인무내불가호

만해 강의

자신의 욕망은 제멋대로 날뛰지 못하도록 막는 방법을 써서 억제해야 하므로 억제하는 길은 오직 참을 인忍자 한 자밖에 없습니다. 개인의 욕망을 제멋대로 하도록 놓아두면 순리를 배반하고 음란하고 나쁜 일에 빠지기 때문입니다. 그러므로 인내함으로써 자신의 욕망을 억제하여 순리에 따라야 합니다.

남의 욕망은 거역하지 못하는 것이므로 따라주어 조화롭게 해야 합니다. 조화의 길은 오직 용서 서恕자 한 자밖에 없습니다. 모든 사람의 욕망을 거역하면 인덕을 잃고 원한을 사게 되기 때문입니다. 그러므로 너그러이 용서함으로써 사람들의 욕망을 순조롭게 하여 인덕을 길러야 합니다.

요즈음 사람은 이와 반대로 너그러움으로 자기의 욕망을 따르고 인내로 남의 욕망을 억누르고자 하니, 어찌 옳다고 할 수 있겠습니까.

恕以適己 서이적기_용서로써 나에 맞춤.
忍以制人 인이제인_참음으로써 남을 통제함.

11

따지기를 좋아하는 것이 현명한 것이 아니다.

잘 따질 줄도 알고 잘 따지지 못하기도 하는 것을 현명함이라고 한다.

반드시 이기는 것이 용기가 아니다.

이길 줄도 알고 이기지 못할 줄도 아는 것을 용기라고 한다.

好察非明　能察能不察之謂明,
호찰비명　능찰능불찰지위명

必勝非勇　能勝能不勝之謂勇.
필승비용　능승능불승지위용

만해 강의

지혜롭다는 것은 세상사에 따져보아야 할 일과 따지지 말아야 할 일을 판단할 줄 아는 것입니다. 만일 따져보아야 할 일과 따지지 말아야 할 일을 판단하지 못하고 어느 일에나 냉정하게 따지길 좋아하면 이것은 지혜롭다고 할 수 없습니다. 따져야 할 일은 따지고 따지지 말아야 할 일은 따지지 않는 것이 현명한 것입니다.

큰 용기는 설욕하기 위해 적을 이기기도 하고, 모욕을 참기 위하여 자신을 이기기도 하는 것입니다. 만일 설욕과 인내의 득실을 조절하지 못하고 순간적인 객기에 의지해 무조건 적을 이기려고만 하면 이것은 큰 용기가 아닙니다. 적을 이겨 설욕할 줄도 알고 적을 이기지 못하여 모욕을 참을 줄도 아는 것이 큰 용기입니다.

한마디로 말해서 살피고 살피지 못함을 자유자재로 함을 현명함이라고 하고, 이기고 이기지 못함 사이를 마음대로 소요함을 용기라고 합니다.

好察 호찰__살펴 따지기를 좋아하다.

12

시대의 흐름을 따르면서도 시대를 잘 구제하는 것은
산들바람이 불어와서 무더위를 몰아내는 것과 같다.
세속에 섞여 있으면서도 세속을 벗어날 수 있는 것은
희미한 달빛이 가벼운 구름을 환히 비추는 것과 같다.

隋時之內善救時　若和風之消酷暑,
수시지내선구시　약화풍지소혹서

混俗之中能脫俗　似淡月之映輕雲.
혼속지중능탈속　사담월지영경운

만해 강의

시대를 구제한다는 것은 혼란한 시대의 대세를 돌려 백성과 사물을 구제하는 것입니다. 시대의 대세를 돌리려 하는 사람은 종종 당시 대세의 반대편에 서서 완전히 대립되는 행동만 하다가 일이 생각대로 되지 않으면 극단적인 실패를 불러오기 쉽습니다.

예를 들어 종속적인 사회를 돌이키고자 하는 사람은 반드시 그 사회의 반대편에 서서 종속적 사상을 통렬히 비판하고 독립정신을 불러일으킬 것입니다. 그러면 그것은 한 사람의 힘으로 사회 전체에 대항하는 싸움이니, 광란하는 강물을 돛단배 한 척으로 거슬러 올라가려는 것과 같아 감당하기 어렵습니다. 그래서 간혹 참담한 곤경과 격렬한 분노를 참지 못하여 온갖 박해를 받거나 자결하는 등의 참극을 낳아 마음속에 품은 모든 일이 수포로 돌아갑니다.

그 결의에 찬 의지는 감탄할 만하지만 이것은 얕은 생각에서 나온 개인적 자기결단에 지나지 않는 것이라서 시대를 구하는 큰 공을 이루지 못합니다. 잠시 불만을 참고 시류를 따르면서 권도(權道, 정도가 여의치 않은 경우에 우회해 목적을 실현하는 방법)를 잘 활용하여 점차적으로 시대를 구제하면, 산들바람이 혹서를 쫓는 것처럼 급박한 폐단이 없어져서 부지불식간에 목적을 이루게 될 것입니다.

또 세속을 벗어나고자 하는 사람이 속세에서 멀리 떨어져 홀로 깨끗하기만 바라면 도리어 고결함에 집착해 특별한 체하는 세속의 태도에 빠지기 쉽습니다. 그러므로 세속에 섞여 살면서도 세속에 물들지 말아야 희미한 달빛이 가벼운 구름을 환히 비추는 것과 같이, 현란한 빛을 내지 않는 탈속의 도인道人이 될 수 있을 것입니다.

13

세상에 들어가 활동하려는 자는
우선 세상 밖의 정취를 잘 알고 있어야 한다.
그렇지 않으면 혼탁한 속세의 인연을 벗어날 방법이 없다.
세상 밖으로 나가 세속에 물들지 않으려는 자는
우선 속세의 달콤한 맛에 대해 익숙히 알고 있어야 한다.
그렇지 않으면 한적 속의 씁쓸한 맛을 참지 못한다.

思入世而有爲者　須先領得世外風光　否則無以脫垢濁之塵緣.
사입세이유위자　수선영득세외풍광　부즉무이탈구탁지진연

思出世而無染者　須先諳盡世中滋味　否則無以持空寂之苦趣.
사출세이무염자　수선암진세중자미　부즉무이지공적지고취

만해 강의

세간에 들어가서 의미 있는 일을 하고자 하는 사람은 명예, 이익, 쾌락, 욕망에 빠지기 쉽습니다. 그러므로 먼저 담백하고 적막한 출세간의 풍취를 체득하지 못하면 혼탁한 속세의 온갖 인연에서 헤어나지 못하게 됩니다. 세간을 떠나 세상 일에 물들고 집착함이 없고자 하는 사람은 먼저 세상에 물들고 집착하게 만드는 달콤함에 대해 다 알고 난 후 그것이 집착할 만한 것이 못됨을 깨달은 후에야 세상 밖의 적막함에 들어가 각종의 집착에서 떠날 수 있습니다. 만일 세간의 달콤함을 맛보지 못하면 세상 밖에서 느끼는 적막함의 쓴 맛을 참아내지 못할 것입니다.

적막함의 쓴 맛이란 적막함의 풍취를 분명히 알지 못하면 이것이 도리어 괴로움이 되는 것을 말합니다. 번잡한 생활을 해본 사람은 한적한 곳에서 사는 것을 즐기겠지만 번잡한 생활을 해보지 못한 사람이 한적한 곳에 가면 도리어 무료하고 답답한 괴로움만 느낄 것입니다. 그러므로 세간의 달콤한 맛을 알지 못하고 적막한 곳에 처하게 되면 도리어 쓰게 느껴져서 이러한 상태를 오래 유지하지 못합니다.

塵緣 진연__세속의 인연.
諳 암__알다.
空寂 공적__비어 있고 적막함.

14

사람을 사귐에는 나중에 가서 쉽게 소원해지는 것보다는
처음에 친해지기 어려운 것이 낫다.
일을 처리함에는 뒤에 가서 공들여 지켜내기 보다는
서툴더라도 처음에 조심하는 것이 낫다.

與人者　與其易踈於終　不若難親於始,
여인자　여기이소어종　불약난친어시

御事者　與其巧持於後　不若拙守於前.
어사자　여기교지어후　불약졸수어전

만해 강의

남과 사귈 때 끝에 가서 소원해지기 쉬운 것은 처음에 가리지 않고 대강대강 사귀기 때문입니다. 그래서 관계가 오래 가지 못하고 쉽게 멀어집니다. 처음에 친하기 어려운 것은 벗의 지혜와 덕을 가려서 쉽게 교제를 허락하지 않기 때문입니다. 이같이 벗을 가려서 사귀는 사람은 처음에는 친해지기 어렵지만 한번 친교를 맺으면 나중에 쉽게 멀어지지 않습니다. 그러므로 사람을 사귀는 도리는 끝에 가서 쉽게 멀어짐이 처음에 친해지기 어려움만 못한 것입니다.

 일을 처리할 때 이미 진행된 후에 구차스럽게 기교를 다해 유지하게 되는 것은 처음에 경솔히 시작했기 때문입니다. 사람이 일에 대해 깊이 알지 못하고 멀리 내다보지 못해서 사리판단을 확실히 하지 못하고 사후대책을 미리 마련해 놓지 못한 채 경솔히 일을 진행시키다가 실패에 이르게 되면 구차스럽게 미봉하고 기교를 다해 유지하게 됩니다. 이보다는 차라리 서툴더라도 처음에 잘 지켜내어 동기가 유발되길 기다리는 것이 낫습니다.

易踈 이소_쉽게 소원해짐.
御事 어사_일을 부림. 즉 일을 처리함.
巧持 교지_공들여 지킴.
拙守 졸수_솜씨없이 서툴게 지킴.

15

공명과 부귀가 사라지는 길을 곧장 따라가 그 끝을 관조하면
탐내는 마음이 절로 가벼워진다.
재난과 곤궁함이 어디에서 오는지 그 유래를 따져보면
원망하는 마음이 절로 사라진다.

功名富貴　直從滅處　觀究竟　則貪戀自輕,
공명부귀　직종멸처　관구경　즉탐련자경

橫逆困窮　直從起處　究由來　則怨尤自息.
횡역곤궁　직종기처　구유래　즉원우자식

만해 강의

아무리 대단한 공명과 부귀라도 사람이 죽고 형세가 변화하면 사라져 없어집니다. 공명과 부귀가 소멸하는 곳을 따라가 최후의 상태를 바라보면 얻은 것은 언젠가 반드시 잃게 된다는 무상함을 깨달아 부러워하고 탐내는 마음이 절로 가벼워집니다. 뜻밖의 재난과 억울한 곤궁도 그것이 생겨난 연원을 따라가 원인을 연구하면 모두 자기 스스로 불러온 것이지 남의 잘못이 아님을 알게 됩니다. 그것을 깨닫고 나면 하늘을 원망하고 남을 탓하는 마음이 절로 사라집니다. 그러므로 공명과 부귀에 욕심내지 말고 재난과 곤궁에 원망을 두지 말아야 합니다.

直從 직종_곧장 따라가다.
究竟 구경_끝.
貪戀 탐련_탐하고 좋아하는 마음.
橫逆 횡역_역경에 처함.

16

세상 모든 일에 대해서는

때로는 힘껏 감당해야 하고

때로는 거기에서 기꺼이 벗어날 줄도 알아야 한다.

감당하지 못하면 세상을 경영하는 일이 안 될 것이며,

벗어날 줄 모르면 세상을 초월한 넉넉한 마음을 갖지 못한다.

宇宙內事　要力擔當　又要善擺脫,
우주내사　요역담당　우요선파탈

不擔當　則無經世之事業,　不擺脫　則無出世之襟期.
불담당　즉무경세지사업　불파탈　즉무출세지금기

擺脫 파탈__열어서 벗어남.
襟期 금기__마음속. 금회襟懷.

만해 강의

사람은 세상의 모든 일들을 다 자기 힘으로 감당하고, 또 초월하기도 해야 합니다. 자기 힘으로 감당하면 아무리 위대하고 어려운 일이라도 스스로 용감히 실행하여 최후의 성공을 남에게 넘기지 않게 될 것입니다. 프랑스의 나폴레옹 황제는 "나의 사전에 불가능이란 없다"고 했습니다. 이것은 세상사에 두려워할 일도 곤란한 일도 없고 모두 사람이 감당할 만하다는 자신감을 표현한 것입니다. 나폴레옹도 7척도 안 되는 육신에 백 년도 안 되는 명운을 타고났음은 남과 다를 것이 없는데, 천하의 큰 사업을 혼자 감당한 것은 어떤 기백이었겠습니까? 이것이 세상사를 자기 힘으로 감당한 한 예입니다.

세상사를 기꺼이 초월하면 아무리 좋은 일에도 탐내어 집착하는 욕심이 생기지 않습니다. 그러면 약간의 기미에도 물러날 줄 알아 최후의 화를 면합니다. 한나라 장량이 한 고조 유방을 섬겨 천하를 얻게 한 후에는 인간세상을 떠나 신선인 적송자赤松子를 따라가 선계에서 노닒으로써 노후의 화를 면했습니다. 창해滄海 역사에게 철퇴를 쥐어주고 진 시황을 호시탐탐 노리다 박랑사博浪沙에서 습격하게 하고, 장막 안에서 짜낸 계략으로 천리 밖에서 승리를 얻어 희대의 대업을 이룬 만고의 호걸 장량이 부귀와 공명을 헌신짝같이 버리고 신선을 쫓아 솔잎을 먹고 샘물을 마시니, 얼마나 도량이 큽니까? 이것은 세상사를 초월한 한 가지 예입니다.

세상사를 감당하지 못하면 두렵고 위축되어 한 세상을 경영하는 큰일을 할 수 없고, 영리를 초월하지 못하면 항상 영리에 얽매여 속세에서 벗어난 청정한 마음을 가질 수 없습니다.

17

사람을 대할 때 다함이 없는 넉넉한 은혜와 예의를 갖추면
인심이 항상 내게서 떠나지 않고,
일을 처리할 때 다함이 없는 넉넉한 능력과 지혜를 발휘하면
예상치 못한 화를 예방할 수 있다.

待人　而留有餘不盡之恩禮　則可以維繫無厭之人心,
대인　이류유여부진지은례　즉가이유계무염지인심

御事　而留有餘不盡之才智　則可以隄防不測之事變.
어사　이류유여부진지재지　즉가이제방불측지사변

만해 강의

남을 대할 때 처음에는 은혜를 베풀고 예의를 갖추다가 후에 은혜와 예의를 계속 보이지 않으면 그 사람이 은혜와 예의를 입을 가망이 없음을 알고 물러가 버리기 쉽습니다. 만일 다함이 없는 넉넉한 은혜와 예의를 베풀어 남들의 기대를 항상 저버리지 않으면 변함이 없는 인심을 얻을 수 있습니다.

　일을 처리할 때 한꺼번에 능력과 지혜를 다 써 버리고 다시 준비하지 않으면 다른 일에 대응할 여력이 없을 것입니다. 만일 다함이 없는 넉넉한 재주와 지혜를 비축해두면 뜻밖의 사태를 당하더라도 쉽게 화를 막고 실패를 면할 수 있습니다.

有餘不盡 유여부진＿넉넉하여 다 없어지는 일이 없음.

18

원수가 쏘는 화살은 피하기 쉬우나

은혜를 베푸는 사람이 찌르는 창은 막기 어려우며,

고난 중의 함정은 피하기 쉬우나

즐거운 때의 함정은 벗어나기 어렵다.

仇邊之弩易避　恩裏之戈難防.
구변지노이피　은리지과난방

苦時之坎易逃　樂處之阱難脫.
고시지감이도　낙처지정난탈

仇邊 구변＿원수의 곁.
恩裏之戈 은리지과＿은혜 속의 창.

만해 강의

원수는 나를 해치려고 하므로 원수의 화살이 날아오지 않을지 걱정하며 재앙의 기미를 항상 신중히 살피게 됩니다. 그러므로 원수의 화살은 피하기 쉽습니다. 그러나 은혜 속에 감춰진 재앙의 기미는 얼른 눈치 채기 어렵기 때문에 방어하기 어렵습니다. 원수에게 나를 쏠 활이 있는 것은 누구나 아는 사실이지만, 은혜 속에 창이 있다는 것은 무슨 뜻이겠습니까? 예컨대 주인이 노비에게 은혜를 베푸는 것은 종으로 하여금 충성과 근면을 다하게 하기 위해서입니다. 노비가 은혜에 감동하여 충성과 근면을 다하면 부지불식간에 자유의 인권을 잃게 됩니다. 이것은 주인의 은혜 속에 인권을 빼앗는 창이 들어있는 것입니다. 장군이 병사에게 큰 상을 내리는 것은 병사로 하여금 죽음을 무릅쓰고 용맹을 다하게 하기 위해서입니다. 병사가 은혜를 갚기 위해 자신의 행복과 권리를 희생하는 것은 장군의 은혜 가운데 생명을 빼앗는 무기가 들어 있기 때문입니다. 또한 남의 은총을 독차지할 때는 다른 사람의 시기와 질투를 입어 뜻밖의 참화를 당하기 쉽습니다. 이와 같은 화가 모두 은혜 속에 숨어있지만 이것을 깨닫는 사람이 적기 때문에 은혜 속의 무기는 막기 어려운 것입니다.

고통스러운 함정은 피하기 쉬우나 쾌락의 함정은 벗어나기 어렵습니다. 곤궁함과 구속의 고통은 다 사람을 괴롭게 하는 함정과 같은 것이지만, 항상 조심하면 그와 같은 재앙의 함정을 피하기는 쉽습니다. 그러나 부귀공명과 술, 여색의 쾌락을 즐기는 사람은 한때의 욕망에 빠지게 되며, 부귀공명 속에 시기와 다툼을 일으키는 함정이 있고 술과 여색이 있는 곳에는 몸을 망치는 함정이 있음을 깨닫지 못합니다. 그리하여 점차 깊이 빠져 들어가 재앙과 해악에서 벗어나지 못합니다. 그러므로 사람은 남의 은총을 탐내지 말아야 하고, 쾌락이 있는 곳에서 항상 근신해야 합니다.

19

남들과 잘 어울리지 못하는 사람은 뜻이 맞기도 어렵지만 갈라서기도 어렵다.
남들과 잘 어울리는 사람은 친해지기 쉽지만 헤어지는 것도 쉽다.
그러므로 군자는 차라리 완고한 태도 때문에 남들에게 꺼림을 받을지언정
아부하는 태도로 마구 용납해서는 안 된다.

落落者難合　亦難分,　欣欣者易親　亦易散,
낙락자난합 역난분 흔흔자이친 역이산

是以君子　寧以剛方見憚　毋以媚悅取容.
시이군자 영이강방견탄 무이미열취용

만해 강의

낙락落落이라 함은 성품이나 행동이 바르고 기품이 엄격하여, 남과 사귈 때 신의를 지키고 털끝만큼도 아첨하지 않아서 허물없이 사귀기 어려운 것을 말합니다. 교제에 낙락한 사람은 아부하는 일이 없어서 친해지기 어렵지만, 한번 친해지면 신의를 지켜 경솔히 교제를 끊지 않기 때문에 또한 헤어지기도 어렵습니다. 반대로 즐거운 기분으로 남들과 잘 어울리는 사람은 아첨으로 남의 기분을 돋우어 주고 교제의 신의를 생각하지 않으며 일시적인 이해를 따라 가까워지기도 하고 멀어지기도 합니다. 그런 사람은 친해지기도 쉽지만 멀어지기도 쉽습니다.

그러므로 군자는 강직함 때문에 아첨꾼들에게 꺼림을 받는 낙락한 사람이 될지언정, 남의 기분에 맞추어주는 말로 남들과 쉽게 어울리는 흔흔欣欣한 사람이 되지 말아야 합니다.

落落 낙락__서로 잘 어울리지 못함.
欣欣 흔흔__흔欣은 기뻐함. 흔흔欣欣은 기분좋게 사람들과 잘 어울림. 혹은 만족스러워 하는 모습.
剛方 강방__강하고 바름.
媚悅 미열__아첨하며 즐거워함.

20

의지와 기운은 천하 만물과 서로 맞추기를
봄바람이 뭇 사물을 깨워 자라게 하듯 해야 할 것이요
조금이라도 막힘이 있어서는 안 된다.
속마음은 천하 만물과 서로 훤히 비추기를
가을 달이 만물을 비추듯 할 것이요
조금이라도 애매한 데가 있어서는 안 된다.

意氣與天下相期　如春風之鼓暢庶類　不宜存半點隔閡之形,
의기여천하상기　여춘풍지고창서류　불의존반점격애지형

肝膽與天下相照　似秋月之洞徹群品　不可作一毫曖昧之狀.
간담여천하상조　사추월지통철군품　불가작일호애매지상

만해 강의

의지와 기운은 털끝만큼도 사사로운 치우침 없이 융화하고 소통하여, 세상의 모든 사람들과 서로 돕고 함께 즐기기를 기약하되, 화창한 봄바람이 뭇 생명체를 깨워 자라나게 하는 것같이 조금도 막히는 형상이 없게 해야 합니다. 속마음은 속으로 숨기는 것이 조금도 없이 광명정대하여, 모든 사람들과 서로 비추어주되, 밝은 가을달이 만물을 환히 비추는 것과 같이 하여 털끝만큼도 애매모호한 일이 없게 해야 합니다.

期 기__만나다. 맞다. 회會, 합슴과 같은 뜻.
鼓暢 고창__깨워 일으켜 자라게 함.
隔閡 격애__막고 닫음.
肝膽 간담__속마음.
洞徹 통철__환히 비침.

21

벼슬길이 비록 화려해도
항상 자연속의 풍미를 생각하면
권세에 매인 마음이 절로 가벼워지며,
세상살이가 비록 번잡해도
항상 샘가의 풍경을 생각하면
탐욕의 마음이 절로 담박해진다.

仕途雖赫奕　常思林下的風味　則權勢之念自輕,
사도수혁혁　상사임하적풍미　즉권세지념자경

世途雖紛華　常思泉下的光景　則利欲之心自淡.
세도수분화　상사천하적광경　즉이욕지심자담

만해 강의

벼슬길이 비록 화려하나 항상 고결한 산림의 풍미를 생각하면 사고가 담박해져서 권세를 쫓는 생각이 저절로 가벼워집니다. 속세의 길이 비록 현란하나 항상 조용하고 깨끗한 샘터의 경치를 생각하면 마음속이 맑아져서 이익을 탐하고 욕망에 집착하는 마음이 저절로 엷어집니다.

赫奕 혁혁__빛나고 큼.
紛華 분화__어지럽고 화려함.

22

혼잡한 곳에서 몇 마디의 맑고 시원한 말을 내놓으면
한없는 살생의 계기를 없앨 수 있고,
궁벽한 길 위에서 약간의 뜨거운 정열을 발휘하면
삶의 의지를 많이 심고 가꿀 수 있다.

從熱鬧場中　出幾句淸冷言語　便掃除無限殺機,
종열뇨장중　출기구청냉언어　편소제무한살기

向寒微路上　用一點赤熱心腸　自培植許多生意.
향한미로상　용일점적열심장　자배식허다생의

만해 강의

불꽃처럼 치열하고 우레처럼 소란스럽게 부귀와 권세가 지배하는 곳에서는 명예와 이익에 대한 탐욕과 위세에 대한 질투가 분분히 생겨 살벌한 재앙의 기운이 감돕니다. 이같이 부귀와 권세가 난무하는 곳에서 맑고 고요한 말 몇 마디로 명예와 이익에 대한 탐욕과 위세에 대한 질투를 소멸시키면 한없는 재앙의 살기를 없앨 수 있습니다. 가난하고 미천한 사람은 곤궁을 못 견뎌 절망하고 낙심해서 살아갈 의지를 잃기 쉽습니다. 가난하고 미천한 처지에 있더라도 뜨거운 정열을 조금만 발휘하여 용감히 활동하면 절망과 낙심을 떨치고 일어나 삶의 의지를 키워나갈 수 있습니다. 그러므로 사람은 부귀와 권세를 누리고 있더라도 항상 냉정하고 담박한 정서와 취미를 알고 있어야 하고, 빈한하고 미천한 처지에 있더라도 항상 활발한 기상과 도량을 길러야 합니다.

熱鬧 열뇨_혼잡하고 떠들썩함.
寒微 한미_빈한하고 지위가 낮음.
心腸 심장_감정이 우러나는 속마음.

23

담박함을 지키려면 농염한 곳에서 시험을 거쳐야 하고,

안정됨을 유지하려면 어지러운 경지를 거치고 돌아와야 한다.

그렇지 않으면 지조도 확고하지 못하고

응용함도 원만하지 못하여

일단 농염한 곳에 가까이하거나 어지러운 곳에 오르게 되면

최고의 선사라도 다시 하급의 속된 선비가 될 수 있다.

淡泊之守　須從濃艷場中試來　鎭定之操　還向紛紜境上勘過,
담박지수 수종농염장중시래 진정지조 환향분운경상감과

不然　操持未定　應用未圓,
불연 조지미정 응용미원

恐一臨機登壇　而上品禪師　又成一下品俗士矣.
공일림기등단 이상품선사 우성일하품속사의

만해 강의

사람이 한적한 산림 속에 있으면 담박한 뜻과 정취를 지키기 쉽지만, 농염한 부귀를 누리고 있으면 탐욕이 생겨서 담박한 절개를 보존하기 어렵습니다. 또 조용한 때에는 지조를 지키기 쉽지만, 떠들썩하고 복잡한 때에는 이 생각 저 생각이 떠올라 안정되기 어렵습니다. 그러므로 담박한 절개를 알고자 하면 농염한 곳에서 시험을 거쳐보아야 합니다. 농염한 부귀 가운데서 시험하여 털끝만큼도 탐욕에 물들지 않으면 이것이 진정한 담박함입니다.

안정된 지조는 소란한 곳에서 검증해 보면 알 수 있습니다. 소란한 곳에 있어도 조금도 망상이 일어나지 않으면 이것이 확실히 안정된 지조입니다. 스스로 다스린 지조와 절개가 완전히 안정되지 못하고 대응이 원만하지 못한 사람은 한 번 호화로운 처지에 놓이고 소란한 단상에 오르면 금세 지조를 지키지 못하게 됩니다. 예컨대 맑고 한적한 곳에 있을 때는 담박한 지조를 지키고 조용한 때에는 뜻을 안정시키던 최고 경지의 선사가 대단한 부귀 속에서는 탐욕을 품고 소란한 곳에서는 같이 분망해져 하찮은 속인이 되기도 합니다. 그러므로 사람은 유사시에 잘못을 면하고자 하면 일이 없을 때 수양에 힘써야 합니다.

濃艶 농염__담박淡泊함의 반대 개념으로 명예와 부귀영화에 대한 탐욕에 물든 상태를 뜻함.
操持 조지__마음에 확고하게 지닌 뜻. 올바른 길을 가며 변함이 없는 마음. 지조, 절개.

24

문제가 없을 때에도 유사시처럼 항상 방비하면
뜻밖의 사태를 막을 수가 있고,
유사시에도 문제가 없을 때처럼 침착하면
당면한 위험을 면할 수 있다.

無事　常如有事時隄防　纔可以彌意外之變,
무사　상여유사시제방　재가이미의외지변

有事　常如無事時鎭定　方向以銷局中之危.
유사　상여무사시진정　방향이소국중지위

만해 강의

사람들은 아무 일이 없이 한가한 때에 방심하고 조그만 준비도 없다가 뜻밖의 일을 당하면 당황하여 사태에 대처하지 못합니다. 아무 탈이 없을 때라도 유사시에 방어할 준비를 해놓으면 뜻밖의 사태를 막을 수 있습니다. 또 문제가 발생했을 때에 문제에 함몰되거나 혹은 당황하여 올바른 처리를 못하면, 그 일 자체에서 해악이 생기기 쉽습니다. 그러므로 문제가 발생하여 바쁜 때라도 냉정히 판단하면 문제가 없고, 한가한 때와 같이 침착하게 일을 다루면 눈앞에 닥친 해악을 없앨 수 있습니다.

彌 미_피함. 그치게 함.
銷 소_사라지게 함.

25

세상을 살면서 남이 내 은혜에 감동하게 하는 것이
바로 원망을 사라지게 하는 길이며
일을 당하여 남을 위해 해악을 제거해 주는 것이
바로 이익을 거두는 기회이다.

處世　而欲人感恩　便爲斂怨之道,
처세　이욕인감은　편위염원지도

遇事　而爲人除害　卽是導利之機.
우사　이위인제해　즉시도리지기

만해 강의

세상을 살면서 남에게 은혜를 베풀어 그 사람이 내 은혜에 감동하게 하는 것은 남을 위해 은혜를 베푼 것이기 이전에 나에 대한 남들의 원한을 사라지게 하는 길입니다. 왜냐하면 내가 남에게 은혜를 베풀면 그 사람이 내게 감사한 마음을 표하고 원한을 품지 않을 것이기 때문입니다. 그러므로 남에게 은혜를 베푸는 것은 곧 간접적으로 자기를 이롭게 하는 것입니다.

문제가 생겼을 때 남을 위하여 해악을 제거해 주는 것은 남을 위하는 것이기 이전에 나에게 이익을 가져오는 계기가 됩니다. 왜냐하면 내가 남의 해를 제거해주면 남이 또한 나의 해를 제거해 줄 것이기 때문입니다. 그런데 요즘 사람들은 남에게 조그만 은혜를 베풀거나 혹은 남을 위해 작은 노력을 하고도 반드시 크게 생색을 내니, 이것이 어찌 잘못된 생각이 아니겠습니까.

斂怨 염원__원한을 거두다.
導利 도리__이익을 유도하다.

26

몸가짐을 태산이나 구정九鼎과 같이 하여 확고부동한 자세를 취하면
실수가 저절로 줄어든다.
일을 처리할 때는 낙화유수처럼 여유 있게 하면
흥취가 항상 넘칠 것이다.

持身　如泰山九鼎　凝然不動　則愆尤自少,
_{지신　여태산구정　응연부동　즉건우자소}

應事　如流水落花　悠然而逝　則趣味常多.
_{응사　여유수낙화　유연이서　즉취미상다}

만해 강의

태산은 중국의 오악 즉 다섯 명산의 하나이고, 구정은 하夏나라 우왕禹王이 중국 전체의 쇠붙이를 모아 만든 솥입니다. 둘 다 매우 크고 무거워서 쉽게 움직이지 못합니다. 사람이 몸가짐을 바로 하되 태산이나 구정과 같이 정중하고 확고히 하여 경거망동하지 않으면, 경솔해서 낭패를 보는 실수가 저절로 줄어들 것입니다. 사물을 대할 때는 흐르는 물과 같이 막힘이 없게 하고 지는 꽃과 같이 우아하고 여유 있게 하면 번뇌와 근심이 사라져 유유자적한 흥취가 더욱 살아날 것입니다.

凝然 응연__꼼짝 안하고 있는 모양.
悠然 유연__한가하고 침착한 모양.

27

군자는 바위처럼 엄격하다.

그래서 친해지기 어려움을 두렵게 여겨

밝은 구슬을 괴물로 여기고 칼을 대보려는 흑심을 품는 자가 적지 않다.

소인은 기름처럼 교활하다.

그래서 쉽게 영합함을 즐겨

해로운 독을 단 엿처럼 생각하고 손가락에 묻혀보고자 하는 자가 적지 않다.

君子嚴如介石　而畏其難親　鮮不以明珠爲怪物　而起按劍之心,
군자엄여개석　이외기난친　선불이명주위괴물　이기안검지심

小人滑如脂膏　而喜其易合　鮮不以毒螫爲甘飴　而縱染指之欲.
소인활여지고　이희기이합　선불이독석위감이　이종염지지욕

만해 강의

군자는 바른 마음과 원대한 생각을 가지고 있고 기상에 위엄이 있으므로 바라보면 우뚝 솟아 있는 단단한 바위와 같습니다. 그래서 친해지기 어려움을 꺼려서 시기하고 해치려고 하는 자가 많습니다. 비유해서 말하면 좋은 구슬을 괴물로 오해하고 칼을 들어 제거해 버리려는 것과 같습니다. 소인은 아첨하기 좋아하고 행동이 교활하여 상대하기가 미끄러운 기름과 같습니다. 그러므로 가까이 어울리기 쉬움을 흡족히 여겨 친밀한 정을 맺었다가는 나중에 해를 입습니다. 비유해서 말하면, 독사의 독을 단 엿으로 잘못 알고 손에 묻혀 맛보려고 하는 것과 같습니다. 그러므로 사람을 사귀는 일은 신중해야 합니다.

介石 개석＿굳은 바위.
按劒 안검＿칼을 손으로 쓰다듬음.
毒螫 독석＿독.

28

일을 대할 때 시종일관 침착하게 대하면
헝클어진 실타래처럼 엉킨 일도 마침내 실마리가 열린다.
사람을 대할 때 조금도 속이거나 숨김이 없으면
산도깨비처럼 교활한 자라도 성실한 태도를 보이게 된다.

遇事　只一味鎭定從容　縱紛若亂絲　終當就緒,
우사　지일미진정종용　종분약난사　종당취서

待人　無半毫矯僞欺隱　雖狡如山鬼　亦自獻誠.
대인　무반호교위기은　수교여산귀　역자헌성

만해 강의

나쁜 일을 당했을 때 한결같이 침착하게 순서에 따라 처리하면 아무리 실타래처럼 복잡하게 얽힌 일이라도 마침내 순서대로 정리됩니다. 남을 대할 때 조금도 거짓이나 숨김이 없이 진실하고 정당하게 대하면 아무리 산도깨비 같이 교활한 사람이라도 결국에는 성실한 태도를 보일 것입니다.

就緖 취서__성공의 실마리가 열림.
矯僞 교위__속이고 꾸밈.

29

마음이 봄바람처럼 따뜻하면
주머니 속에 먼지만 가득해도
오히려 의지할 데 없는 이들을 동정하며,
기개가 가을 강물처럼 맑으면
사는 집이 사방 벽으로 간신히 바람만 막는 정도라도
왕후장상을 우습게 여긴다.

肝腸煦若春風　雖囊乏一文　還憐煢獨,
간장후약춘풍　수낭핍일문　환련경독

氣骨淸如秋水　縱家徒四壁　終傲王公.
기골청여추수　종가도사벽　종오왕공

만해 강의

간장肝腸은 마음과 생각을 뜻합니다. 마음과 생각의 온화하기가 모든 것을 낳아 기르는 봄바람과 같으면, 비록 가난하여 주머니 속에 동전 한 닢 없더라도 외로운 이들의 곤궁함을 걱정해주게 됩니다. 기개가 맑고 높아서 티끌 한 점 없는 가을 강물 같으면, 궁핍하여 가진 것 없이 그저 사방 벽으로 간신히 가린 정도의 집에 살아도 왕이나 높은 벼슬아치의 부귀를 오히려 업신여기게 됩니다.

煦 후__따뜻하게 함.
煢獨 경독__늙어 의지할 곳이 없는 사람.
氣骨 기골__의기와 지조. 기개.

30

천금을 써서 현자나 호걸들과 어울리는 일이

어찌 반 바가지의 좁쌀을 베풀어

굶주린 사람을 구하는 일과 같을 것인가.

천 개의 기둥을 세워 귀한 손님을 대접하는 일이

어찌 서까래 몇 개분의 이엉을 얹어

가난하고 외로운 선비를 살게 해주는 일과 같을 것인가.

費千金　而結納賢豪　孰若傾半瓢之粟　以濟飢餓之人,
비천금　이결납현호　숙약경반표지속　이제기아지인

構千楹　而招來賓客　孰若葺數椽之茅　以庇孤寒之士.
구천영　이초래빈객　숙약즙수연지모　이비고한지사

만해 강의

천금이라는 거액의 돈을 써서 호화로운 잔치를 열거나 값진 선물을 보내 온 세상의 어진 선비나 시대의 호걸과 어울려 지내는 일이 좋은 일이기는 합니다. 그러나 거기엔 얼마간의 사치심과 체면을 차리는 마음이 섞여 있어 순수한 미덕이라고 볼 수 없습니다. 좁쌀 반 바가지라도 나누어 주어 굶주리는 사람을 구제함은 진정한 자비의 마음입니다. 그러므로 천금을 써서 현자나 호걸과 어울리는 사치나 체면치레는 좁쌀 반 바가지를 베풀어 굶주린 사람을 구제하는 진실한 자비의 덕보다 못합니다.

천 칸의 넓은 집을 짓고 수많은 귀빈을 초대해서 융숭하게 대접하는 일이 훌륭한 일이기는 합니다. 하지만 여기에는 위세나 명망을 생각하고 명예와 이익을 꾀하는 마음이 있어서 순수하게 인심을 베푸는 일이라고 할 수 없습니다. 서까래 몇 개분의 이엉을 얹어 의지할 데 없는 곤궁한 선비를 보호하는 것이 진심어린 자선입니다. 그러므로 천 칸의 집을 지어 빈객을 초대해서 명망을 도모함이 서까래 몇 개분의 이엉을 얹어 외롭고 곤궁한 선비를 돌보아주는 자비심만 못합니다.

하루에 천금을 낭비하여 호방함을 자랑하면서도 굶주리는 친척은 돕지 않고, 금빛 누각과 새하얀 휘장으로 화려함을 자랑하면서도 곤궁한 이웃을 돌보지 않는 부자나 귀인은 반성해야 합니다.

楹 영_기둥.
葺 즙_지붕을 임.
椽 연_서까래.
庇 비_감쌈.

31

은혜를 파는 것은 덕을 갚는 후의만 못하고,

분한 마음을 설욕하는 것은 부끄러움을 잘 참는 높은 뜻만 못하다.

명예를 추구하는 것은 명성을 멀리하는 자적함만 못하고,

감정을 억지로 억누르는 일은 곧은 마음의 진실됨만 못하다.

市恩　不如報德之爲厚, 　雪忿　不如忍恥之爲高,
시은　불여보덕지위후　　설분　불여인치지위고

要譽　不如逃名之爲適, 　矯情　不如直節之爲眞.
요예　불여도명지위적　　교정　불여직절지위진

만해 강의

사사로이 은혜를 베풀어 남에게 작은 혜택을 안겨주는 것은, 오랜 은덕을 갚아 인정을 두텁게 하는 것만 못합니다. 대체적인 이해득실을 고려하지 않고 사소하고 사사로운 분풀이를 하는 경솔한 행동은, 한때의 치욕을 참아 견디어 장기적으로 좋은 결과를 기다리는 높은 식견만 못합니다. 명예를 추구하는 욕심은 명성을 멀리하는 유유자적함만 못합니다. 마음속에서 자연스럽게 우러나오는 감정을 억지로 억눌러 겉으로 꾸며 보이려는 것은 솔직 담백한 진실된 모습만 못합니다.

市恩 시은_은혜를 팖. 곧 남에게 은혜를 베풀고 자기가 이익을 얻고자 하는 일.
爲適 위적_자적함.
矯情 교정_마음속에서 자연스럽게 우러나오는 감정을 억눌러 겉에 드러내지 않는 것.

32

이미 망친 일을 되살리려는 사람은
낭떠러지에 가까이 간 말을 부리는 것처럼
채찍을 함부로 휘두르지 말아야 하며,
거의 완성을 눈앞에 둔 사람은
여울을 거슬러 배를 끌어올리듯
잠시도 노를 멈추어서는 안 된다.

救旣敗之事者　如御臨崖之馬　休輕策一鞭,
구기패지사자　여어임애지마　휴경책일편

圖垂成之功者　如挽上灘之舟　莫少停一棹.
도수성지공자　여만상탄지주　막소정일도

만해 강의

  이미 실패한 일을 되살리려는 사람은 위험한 절벽 위에 선 말에 경솔히 채찍을 휘두르지 않는 것 같이 해야 합니다. 천 길 낭떠러지에 가까이 있는 말은 최대한 신중하게 천천히 나아가게 해야 하기 때문입니다. 만일 경솔하게 채찍질을 하여 급히 말을 몰았다가는 멍에가 벗겨지고 실족하여 깊은 낭떠러지로 떨어질 것입니다. 이미 실패한 일을 구제하는 것도 이와 같아서 졸속하게 일을 처리하다가 실패에 실패를 거듭하면 구제할 여지가 없게 됩니다. 그러므로 서두르다 일에 차질을 낳는 실수를 저지르지 않도록 조심해야 합니다.

  성공을 거의 눈앞에 둔 사람은 급한 여울을 거슬러 올라가는 배를 타고 갈 때 한 순간도 노를 멈추지 말아야 하는 것과 같이 해야 합니다. 배를 몰아 급한 여울을 거슬러 올라가려면 끌어올리는 노력을 쉼 없이 계속해야지, 한번이라도 노를 멈추면 그만큼 아래로 떠내려가서 상류에 이를 수 없기 때문입니다. 거의 이루어진 일을 완성할 때도 이같이 나태해지지 말고 더욱 맹렬히 노력하여 결실을 맺어야 할 것입니다.

挽 만_당기다. 끌다.
灘 탄_여울. 물살이 빠른 곳.
停一棹 정일도_노젓기를 한 번 멈추다.

33

젊은이는 기세등등하지 못할까 염려할 것이 아니라,

너무 기세등등하여 허점이 많을 것을 항상 염려해야 한다.

따라서 조급한 마음을 억제해야 한다.

노인은 진중하지 못할까 염려할 것이 아니라,

지나치게 진중해서 위축되고 소극적이 될 것을 염려해야 한다.

따라서 나태한 기질을 떨쳐버려야 한다.

少年的人　不患其不奮迅　常患以奮迅而成鹵莽　故當抑其躁心,
소년적인　불환기불분신　상환이분신이성노망　고당억기조심

老成的人　不患其不持重　常患以持重而成退縮　故當振其惰氣.
노성적인　불환기부지중　상환이지중이성퇴축　고당진기타기

만해 강의

사람이 일을 할 때는 기세 좋게 분발하는 용기가 없으면 겁을 먹고 위축되어 진척이 없습니다. 또 몸가짐을 진중히 하는 인내력이 없으면 경거망동하여 실수가 많습니다. 그러므로 과감함과 진중함을 둘 다 갖추어야 합니다. 그러나 혈기 왕성한 젊은이는 기세 좋게 행동할 용기가 없을 염려는 없지만, 항상 용기가 지나쳐 일을 조악하게 만들 우려가 있습니다. 그러므로 젊은이는 마땅히 경망되고 조급한 마음을 억제해야 합니다. 원기가 쇠퇴한 노인은 진중함은 충분하나 그것이 항상 지나쳐 도리어 위축될 염려가 있습니다. 그러므로 노인은 반드시 나태한 기질을 떨쳐내야 합니다.

奮迅 분신 _ 분발하여 일어나 기세가 대단함.
鹵莽 노망 _ 소홀함.
躁心 조심 _ 성급한 마음.
持重 지중 _ 몸가짐을 진중히 함.

三. 상상 속 토론회 評議篇

평의는 원저자인 홍자성이 자기 마음속에서 연 이상적인 토론회입니다. 여기서 홍자성은 우주 안의 천태만상의 현상들을 의제로 제출한 후 충분한 토론과 공정한 의결을 거쳐 토론을 마무리짓고 그 결과를 독자 여러분께 전하여 그것이 통과되고 시행되기를 기다립니다.

1

사물로는 하늘과 땅, 해와 달만큼 큰 것이 없으나,
두보는 "해와 달은 새장 속의 새이고,
하늘과 땅은 물위의 부평초"라고 말했다.
인간의 일로는 나라를 선양하고 정복하는 것만큼 큰 일이 없으나,
소강절은 "요임금과 순임금은 석 잔 술을 사양하듯 나라를 선양했고
탕 임금과 무왕은 바둑을 한 판 두듯이 정벌했다"고 말했다.
사람은 이처럼 마음과 시야만 가지고서도
천지사방을 삼켰다 토했다 하고 천 년의 시간을 오르내린다.
일이 닥쳐올 때는 큰 바다에 거품이 이는 듯하고,
일이 지나갈 때는 넓은 하늘에서 그늘이 사라지듯 하며,
스스로 만 가지 변화를 만들어 내면서도
티끌 하나 움직이지 않게 된다.

物莫大於天地日月　而子美云　日月籠中鳥　乾坤水上萍,
물막대어천지일월　이자미운　일월농중조　건곤수상평

事莫大於揖遜征誅　而康節云　唐虞揖遜三杯酒　湯武征誅一局棋,
사막대어읍손정주　이강절운　당우읍손삼배주　탕무정주일국기

人能以此胸襟眼界　吞吐六合　上下千古,
인능이차흉금안계　탄토육합　상하천고

事來如漚生大海　事去如影滅長空　自經綸萬變　而不動一塵矣.
사래여구생대해　사거여영멸장공　자경륜만변　이부동일진의

만해 강의

사물이 아무리 많아도 하늘, 땅, 해, 달보다 큰 것이 없는데 당나라 시인 두보는 "해와 달은 새장 안의 새요, 천지는 연못 속의 부평초"라고 했습니다. 다른 사람의 눈에는 하늘과 땅, 해와 달이 매우 커 보이지만 두보의 눈에는 아득한 우주 안을 오가는 해와 달이 마치 새장 안의 작은 새처럼 보이고, 광막한 우주 공간에 떠 있는 하늘과 땅이 물 위에 떠 있는 부평초같이 보였던 것입니다.

인간의 일은 제위를 양위하고 다른 나라를 정벌하며 적을 살육하는 일보다 큰 일이 없는데, 송나라 시인 소강절은 "요 임금과 순 임금이 양위한 것은 석 잔 술이요, 은나라의 탕왕과 주나라의 무왕의 정벌은 한 판의 바둑"이라고 했습니다. 요 임금과 순 임금의 선양이란 요 임금이 순 임금에게, 순 임금이 우 임금에게 양위한 일을 말한 것이고, 탕왕과 무왕의 정벌이란 은나라 탕왕이 하나라의 걸왕을 내쫓고, 주나라 무왕이 은나라 주왕을 멸망시킨 일을 말하는 것입니다. 평범한 사람의 생각에는 양위하는 일과 정벌하는 일이 극히 중대하게 보이지만, 소강절의 배포로 보면 요순의 선양이 마치 석잔 술을 주고받음과 같고 탕왕과 무왕의 정벌이 마치 바둑 한 판 두는 것과 같았던 것입니다.

사람이 이같이 넓은 마음과 확 트인 시야로 천지사방의 넓은 공간을 삼키고 뱉으며 천만년의 역사를 오르내려 치우치고 막힘이 없으면 문제가 닥쳐와도 큰 바다에 작은 물거품이 생긴 것 같고, 일이 끝나 없어져도 그림자가 넓은 하늘에서 사라져 없어지는 것처럼 여기게 됩니다. 그리하여 일들이 닥치고 지나감에 조금도 집착하지 않고 일을 처리해나갈 때 천 가지 만 가지로 변화를 보여도 본연의 성품은 털끝만큼도 흔들리지 않습니다.

子美 자미_당나라 시인 두보. 康節 강절_송나라 시인 소강절. 六合 육합_천지와 사방.

2

바르게 처신하며 세상을 살아나가려면 외부 환경에 따라 변해서는 안 된다.
큰 불이 쇠를 녹여도 맑은 바람처럼 의연해야 하며,
매서운 서리가 만물을 시들게 해도 부드러운 바람처럼 온화해야 하며,
하늘이 흐려지고 흙비가 내리는 상황이 되어도 해가 밝게 비추는 것과 같고,
사나운 파도가 바다를 뒤엎더라도 지주가 우뚝 솟아있는 것과 같아야 한다.
이와 같아야 우주적인 참다운 인품이라 할 수 있다.

持身涉世　不可隨境而遷,
지신섭세　불가수경이천

須是大火流金　而淸風穆然　嚴霜殺物　而和氣藹然,
수시대화유금　이청풍목연　엄상살물　이화기애연

陰霾翳空　而慧日朗然　洪濤倒海　而砥柱屹然,
음매예공　이혜일낭연　홍도도해　이지주걸연

方是宇宙的眞人品.
방시우주적진인품

만해 강의

바르게 처신하며 세상을 살아나가려면 외부 환경에 따라 마음을 바꾸어서는 안 됩니다. 뜨거운 불길에 쇠와 돌이 녹아내리는 듯한 고통스러운 상황에 놓이더라도 맑은 바람과 같이 담담한 마음을 유지해야 합니다. 늦가을의 찬 서리가 만물을 시들게 한 것처럼 황량한 상황에 놓이더라도 봄의 따뜻한 기운과 같이 화평한 기상을 가져야 합니다.

흙먼지가 하늘을 가린 것처럼 앞을 예측할 수 없는 상황에 놓이더라도 태양이 찬연히 빛나는 것처럼 밝은 지혜를 비추어야 합니다. 또 성난 파도가 바다를 뒤엎는 것같은 도도한 세태가 세상을 잘못된 길로 이끌어가더라도 자신의 굳은 의지가 천지를 지탱하는 산처럼 흔들리지 말아야 합니다. 이것이 외부 환경에 좌우되지 않는, 절대적으로 신뢰할 수 있는 우주적인 참된 인품입니다.

藹 애 _ 온화함.
陰霾 음매 _ 하늘이 흐려지고 흙비가 내림.
翳空 예공 _ 하늘을 가림.
慧日 혜일 _ 태양과 같은 지혜.
砥柱 지주 _ 하남성 섬주陝州에서 동쪽으로 사십 리 되는 황하의 중류에 있는 주상柱狀의 돌. 위가 판판하여 숫돌 같으며 격류 속에서 우뚝 솟아 꼼짝도 하지 않으므로 난세에 처하여 의연히 절개를 지키는 선비의 비유로 쓰임.

3

인격을 형성함에는 속세에서 벗어날 필요가 있지만
그렇다고 해서 반대로 속세를 바로잡으려고 해서는 안 된다.
일을 처리함에는 시대의 흐름에 맞출 필요가 있지만
그렇다고 해서 시류를 추종하는 마음을 가져서는 안 된다.

作人 要脫俗 不可存一矯俗之心,
작인 요탈속 불가존일교속지심

應事 要隨時 不可起一趨時之念.
응사 요수시 불가기일추시지념

만해 강의

인격을 형성하려면 세속적 사고와 감정에서 벗어나 속세의 더러움에 물들지 말아야 하지만 시류를 거슬러 속세를 고치려고 해서는 안 됩니다. 속세의 흐름을 거슬러 속세를 바로잡고자 하면 돌출적인 행동을 해서 시기심을 유발하고 화를 입을 수 있습니다. 일을 처리할 때는 시의적절한 대응을 해야 하지만 시류를 쫓아가려고 해서는 안 됩니다. 시류를 쫓아가려고 하면 아부하는 태도를 보이게 되어 비루하다는 비난을 받게 됩니다.

作人 작인_인격을 형성함.
矯俗 교속_풍속을 바로잡음.
應事 응사_일에 대응함.
趨時 추시_세태를 따라감.

4

남을 비방하는 것은 좋지 않은 일이다.

그러나 비방을 받은 사람은

한 번 비방을 받을 때마다 한 번 더 자신을 성찰하여

나쁜 점을 버리고 좋은 점을 키우게 된다.

남을 속이는 것은 복 받을 일이 아니다.

그러나 속임을 당한 사람은

한 번 속을 때마다 한 번 더 자신의 도량을 키워

화를 바꾸어 복으로 만든다.

毀人者不美　而受人毀者遭一番訕謗
훼인자불미　이수인훼자조일번산방

便加一番修省　可以釋惡　而增美,
편가일번수성　가이석악　이증미

欺人者非福　而受人欺者遇一番橫逆
기인자비복　이수인기자우일번횡역

便長一番器宇　可以轉禍　而爲福.
편장일번기우　가이전화　이위복

만해 강의

남을 비방하는 것은 좋지 않은 일이지만 남에게서 비방을 받은 사람은 비방을 받을 때마다 비방을 받은 일로 인하여 경각심을 갖고 조심하며 잘못된 점을 고치는 데에 힘쓰게 됩니다. 그러므로 행동을 신중히 하고 자신을 성찰하여 점점 잘못을 범하지 않게 됩니다. 이렇게 하여 비방을 받은 원인이 된 과거의 잘못을 버리고 성찰과 수양을 통해 좋은 점을 쌓아가게 됩니다. 남을 속이는 것은 복 받을 일이 못되지만 남에게 기망을 당한 사람은 기망을 당할 때마다 기망당한 일로 인하여 인내심을 키우고 자기를 단련하게 됩니다. 그리하여 기망당한 화를, 도량을 크게 하는 복으로 바꾸게 됩니다.

訕謗 산방_비방.
釋惡 석악_악을 버림.
器宇 기우_타고난 기품이나 재능.

5

하늘이 사람에게 화를 내릴 때는
반드시 먼저 작은 복을 주어 교만하게 만든다.
따라서 복이 왔을 때에는 기뻐만 할 것이 아니라
다른 것을 함께 보고 받아들여야 한다.
하늘이 사람에게 복을 내릴 때는
반드시 먼저 작은 화를 내려 경계하게 한다.
따라서 화가 닥쳐왔을 때는 근심만 할 것이 아니라
다른 것을 함께 보고 헤쳐 나가야 한다.

天欲禍人　必先以微福驕之　所以福來　不必喜　要看他會受,
천욕화인　필선이미복교지　소이복래　불필희　요간타회수

天欲福人　必先以微禍儆之　所以禍來　不必憂　要看他會救.
천욕복인　필선이미화경지　소이화래　불필우　요간타회구

만해 강의

하늘天이란 만물 위에서 만물을 안배하는 기능을 하는 주재主宰가 있다고 보고 그 주재를 가리키는 말입니다. 그 주재가 사람에게 큰 화를 내리려고 하면 먼저 작은 행운을 주어서 교만한 마음을 일으킵니다. 마음이 교만해져서 악한 일을 자행하면 반드시 예측하지 못한 큰 화를 입게 됩니다. 복이 내게 올 때 무턱대고 좋아만 할 것이 아니라 그 복을 잘 통찰한 후에 받아들여야 합니다. 하늘이 큰 복을 내려줄 때는 먼저 경미한 화를 내려 경각심을 갖게 합니다. 조심하고 면밀하게 잘 살피면 원만하게 큰 복을 누리게 될 것입니다. 따라서 화가 내게 오더라도 근심하지 말고 그 화를 잘 통찰한 후에 조심스럽게 곤경을 헤쳐 나가야 할 것입니다.

儆 경＿경계하다. 경警과 같은 글자.

6

인품을 형성할 때 한결같이 진솔하면
자신을 아무리 숨겨도 드러나게 된다.
마음을 둘 때 조금이라도 깨끗하지 못한 마음이 있으면
일처리가 아무리 공정해도 사사로움이 개입하게 된다.

作人　只是一味率眞　蹤跡雖隱還顯,
작인　지시일미솔진　종적수은환현

存心　若有半毫未淨　事爲雖公亦私.
존심　약유반호미정　사위수공역사

만해 강의

인품을 형성할 때 한결같이 진솔하여 거짓이 없으면 하는 일이 공명정대하여 세간의 이목에 드러나게 됩니다. 그리하여 심산유곡에 은거하더라도 명망이 세상에 널리 알려지게 됩니다. 마음을 함양할 때 털끝만큼이라도 투명하지 못하고 욕심이 섞이게 되면 공적인 일을 하더라도 사사로운 감정이 개입됩니다. 그러므로 인품과 인격은 진솔해야 하고 마음과 생각은 맑고 깨끗해야 합니다.

雖隱還顯 수은환현_비록 숨겨도 다시 드러남.
雖公亦私 수공역사_비록 공정해도 또다시 사사롭게 됨.

7

빈천한 처지에서 남에게 교만한 태도를 취하는 것은
비록 허세이기는 하지만 그래도 약간의 협기는 있다.
영웅이 세상을 속이는 것은
비록 위용이 당당한 듯 보일지라도 약간의 진심도 없다.

貧賤驕人　雖涉虛憍　還有幾分俠氣,
빈천교인　수섭허교　환유기분협기

英雄欺世　縱似揮霍　全沒半點眞心.
영웅기세　종사휘곽　전몰반점진심

만해 강의

가난하고 미천한 사람이 다른 사람을 대할 때 기개를 내세워 남에게 교만하게 대하는 것은 비록 실제의 힘이 밑받침되지 않은 허장성세이지만 그래도 얼마간 의협의 기상이 있다고 할 수 있으니 아부하고 굽실거리는 태도와는 거리가 멉니다. 그러나 영웅이 자신의 재능을 과시하며 세상을 기만하는 것은 겉으로는 대단해 보일지 몰라도 약간의 진실한 마음도 없어서 결국에는 훌륭한 미덕을 손상시킵니다.

憍 교__교만하다. 驕와 같은 글자.
揮霍 휘곽__기세가 빠르고 세참.

8

거문고, 책, 시, 그림이

훌륭한 선비에게는 성품과 영혼을 기르는 도구가 되지만

보통 사람에게는 한낱 감상거리에 불과하다.

산천, 구름, 자연은

덕이 높은 사람에게는 학식을 늘리는 도구가 되지만

속인俗人에게는 한낱 구경거리에 불과하다.

모든 사물은 정해진 품격이 따로 있는 것이 아니라,

사람의 식견에 따라서 높아지기도 하고 낮아지기도 한다는 것을 알 수 있다.

그러므로 책을 읽고 사물의 이치를 연구할 때는

정취를 깨닫는 것을 첫째로 삼아야 한다.

琴書詩畵　達士以之養性靈　而庸夫徒賞其跡像,
금서시화　달사이지양성령　이용부도상기적상

山川雲物　高人以之助學識　而俗子徒玩其光華,
산천운물　고인이지조학식　이속자도완기광화

可見事物無定品　隨人識見　以爲高下,
가견사물무정품　수인식견　이위고하

故讀書窮理　要以識趣爲先.
고독서궁리　요이식취위선

만해 강의

청아한 거문고 음률, 좋은 책과 시, 훌륭한 그림은 우아하고 한적한 정취가 있는 것입니다. 도량이 넓은 선비는 이런 정취를 체득해서 자신의 영혼을 잘 함양하지만 용렬한 사람은 그 소리와 모습만을 감상할 뿐입니다. 또 산의 고요함, 강의 흐름, 구름의 형성과 소멸, 사물의 변천은 기이하고 오묘한 이치와 작용을 드러냅니다. 재능이 뛰어나고 의지가 강한 사람은 이러한 이치와 작용을 보고 학식을 늘리는 데 도움을 받지만 저속한 사람은 겉모습의 화려함만 구경합니다.

거문고, 시, 글, 그림을 놓고 훌륭한 선비는 성품과 영혼을 함양하여 정신 수양의 도구로 삼지만 용렬한 사람은 단지 그 겉모습만 구경해 몰취미한 오락의 도구로 여깁니다. 산천과 구름과 사물은 누구에게나 같은 것이지만, 덕이 높은 사람은 그것이 학식을 늘리는 천연의 교과서임을 알아보지만 범속한 사람은 화려한 겉모습에만 눈이 팔려 정신이 깃들지 않은 구경거리로만 여깁니다. 이런 관점에서 보면 사물에는 정해진 품격이 있는 것이 아니고 다만 사람의 식견에 따라 높고 낮음의 차이가 생기는 것입니다. 따라서 책을 읽고 이치를 연구할 때는 참 정취를 체득하는 것을 최우선의 과제로 삼아야 합니다.

達士 달사_통달한 선비라는 뜻이지만 군자, 사군자 등과 마찬가지로 덕이 높은 사람을 일반적으로 지칭하는 용어.
跡像 적상_흔적과 형상.
高人 고인_재주가 뛰어난 사람. 혹은 덕이 높은 사람.

9

젊고 건강한 사람일수록 매사에 의지력을 가지고 임해야 하는데
도리어 의지가 약해 한갓 물 위에 뜬 물오리와 같이 가벼우니
어떻게 창공을 향해 나래를 활짝 펼 수 있을까.
늙고 쇠약한 사람일수록 매사에 감정에 얽매이지 말아야 하는데
도리어 감정에 얽매여 수레 끌채에 묶인 말처럼 이러지도 저러지도 못하니
어떻게 속박에서 벗어나 자유로울 수가 있을까.

少壯者　當事事用意　而意反輕
소장자　당사사용의　이의반경

徒汎汎作水中鳧而已　何以振雲霄之翮,
도범범작수중부이이　하이진운소지핵

衰老者　事事宜忘情　而情反重
쇠로자　사사의망정　이정반중

徒碌碌爲轅下駒而已　何以脫韁鎖之身.
도녹록위원하구이이　하이탈강쇄지신

만해 강의

젊고 원기왕성한 사람은 무슨 일에든 용감하게 추진하는 의지력을 발휘해야 합니다. 그런데 도리어 일에 대한 의지가 약해 시간만 끌고 있으면 물결 따라 떠다니는 물오리처럼 시류에 따라 휩쓸려 다니기만 할테니 어떻게 날개를 펴고 하늘을 나는 대붕과 같이 원대한 사업을 도모할 수 있겠습니까.

　노쇠한 사람은 세상일에 대한 감정과 욕심을 버려야 합니다. 그런데 도리어 감정에 매이고 욕심에 사로잡히면 낑낑대며 소금 수레를 끄는 망아지처럼 세속의 굴레에 매이게 될테니 어떻게 물욕에 얽매이는 신세에서 벗어나 세속을 초월한 대자유를 얻겠습니까.

雲霄 운소_높은 하늘.
翮 핵_깃촉.
轅下駒 원하구_끌채 밑의 망아지. 그 망아지는 힘이 약해 수레를 잘 끌 수 없다. 사람이 힘이 모자라서 망설이고 있는 상태를 말함.
鞿鎖 강쇄_고삐와 쇠사슬.

10

학이 닭의 무리와 함께 있으면 뛰어남에서 대적할 자가 없겠지만
한 걸음 나아가 큰 바다 위를 나는 대붕과 비교해 보면 아주 볼품이 없다.
더 나아가 높은 하늘을 나는 봉황은 너무 높아서 따라갈 수가 없다.
따라서 도의 경지에 이른 사람은 언제나 없음과 같고 비어있음과 같으며
덕이 높아도 자랑하지 않는다.

鶴立鷄群　可謂超然無侶矣
학립계군　가위초연무려의

然進而觀於大海之鵬　則渺然自小,
연진이관어대해지붕　즉묘연자소

又進而求之九霄之鳳　則巍乎莫及,
우진이구지구소지봉　즉외호막급

所以至人常若無若虛　而盛德多不矜不伐也.
소이지인상약무약허　이성덕다불긍불벌야

만해 강의

학이 닭의 무리에 섞여 있으면 긴 다리와 높은 목 때문에 우뚝 솟아 짝이 될 만한 상대가 없지만 큰 바다 위를 나는 붕새에 비교하면 아주 작습니다. 붕새는 《장자》의 〈소요유〉편에 나오는 새입니다. "북해에 물고기가 있으니 이름을 곤鯤이라 한다. 곤의 등은 길이가 몇천 리인지 알 수 없다. 곤이 변하여 붕鵬이라는 새가 된다. 붕의 크기도 몇천 리인지 알 수 없다"고 했습니다. 더 나아가 학을 봉황에 비교하면 빼어난 자태를 도저히 따라갈 수가 없습니다.

사람의 일도 이와 같아서 작은 것 아래 더 작은 것이 있고 큰 것 위에 더 큰 것이 있습니다. 그러므로 아무리 학식과 재능이 뛰어나도 교만해질 수 없는 것입니다. 도인의 경지에 이른 사람은 항상 재능이 없는 것처럼 처신하고 마음을 다 비운 사람 같아서 거의 자아를 잊은 상태에 도달해 있습니다. 덕이 높은 사람은 자신의 업적이나 재능을 자랑하지 않고 자만심이 없습니다.

侶 려_벗.
渺然 묘연_지극히 작은 모양.
九霄 구소_아주 높은 하늘. 하늘을 중앙과 동서남북, 동남, 서남, 동북, 서북으로 나누어 9가지로 봄.
巍 외_높음.
至人 지인_도의 경지에 이른 사람.
伐 벌_자랑함.

11

나방이 불에 뛰어들면 불이 나방을 태우니,

화가 미치는 데 원인이 없다고 말하지 말라.

씨를 심으면 꽃이 피고 꽃에서 다시 열매가 맺으니,

복이 오는 데는 원인이 있음을 알아야 한다.

蛾撲火　火焦蛾　莫謂禍生無本,
아박화　화초아　막위화생무본

果種花　花結果　須知福至有因.
과종화　화결과　수지복지유인

만해 강의

나방이 날아다니다 등불에 스스로 달려들면 불은 나방을 태웁니다. 나방이 불에 타죽는 화는 불에 뛰어들어 생긴 것이므로 재앙이 이유 없이 닥친 것이라고 말할 수 없습니다. 사람의 재앙도 악의 원인을 심어서 스스로 불러들이는 것입니다.

  열매가 꽃나무의 씨가 되고 그 씨가 자라서 꽃이 피고 꽃은 열매를 맺습니다. 열매를 맺는 복은 씨를 심은 것이 원인이 되어 생겨난 것입니다. 행복이 오는 것도 원인이 있음을 알아야 합니다. 행복은 선의 씨앗을 심어서 스스로 얻는 것입니다.

蛾 아_나방.

12

가을벌레든 봄새든 한결같이 우주의 오묘한 작용에 통하는 것인데
어째서 하릴없이 슬프다느니 기쁘다느니 하는 감정을 일으키는가?
오래된 고목이든 새로 피어난 꽃이든 한결같이 살고자 하는 의지를 지닌 것인데
어찌하여 멋대로 흉하다느니 예쁘다느니 하며 구별 짓는가?

秋蟲春鳥　共暢天機　何必浪生悲喜,
추충춘조　공창천기　하필낭생비희

老樹新花　同含生意　胡爲妄別媸姸.
노수신화　동함생의　호위망별치연

만해 강의

가을벌레의 울음소리와 봄새의 지저귀는 소리는 둘 다 하늘의 오묘한 작용에 통하는 것입니다. 그런데 사람은 가을벌레의 울음소리를 듣고 슬픔을 느끼고 봄새의 지저귀는 소리를 듣고는 기쁨을 느낍니다. 다 같은 하늘의 작용인데 사람이 쓸데없이 기쁨이니 슬픔이니 하는 구별을 짓습니다.

오래된 고목의 모습이나 막 피어난 꽃의 발랄한 모습은 모두 생명의 의지를 지닌 것입니다. 그런데 사람은 고목을 보고는 흉하다고 생각하고 새로 핀 꽃을 보고는 예쁘다고 생각해 똑같은 생명의 의지에 멋대로 차이를 둡니다. 그러므로 통달한 사람은 모든 사물을 동일하게 보며 평등한 영역에 놓습니다.

暢 창__통하다.
天機 천기__우주의 생멸하고 변화하는 모든 과정에 감추어진 은밀한 작용.
媸姸 치연__추함과 예쁨.
胡爲 호위__어찌하여 ~일 것인가.

13

모든 세상이 같은 수레의 바퀴자국 같아서 원래 막히고 트임의 차이가 없다.

만물은 일체를 이루어 원래 너와 나의 구분이 없다.

그런데 사람들이 진실에 어둡고 허망한 것을 좇아서,

평탄한 길 위에 제 스스로 함정과 장애물을 만들고

굴 안에 들어가 제 스스로 울타리를 치니 참으로 개탄할 일이다.

萬境一轍　原無地着箇窮通
만경일철　원무지착개궁통

萬物一體　原無處分箇彼我,
만물일체　원무처분개피아

世人　迷眞逐妄　乃向坦途上　自設一坎坷,
세인　미진축망　내향탄도상　자설일감가

從空洞中　自築一藩籬　良足慨哉.
종공동중　자축일번리　양족개재

만해 강의

모든 세상이 각각 다르지만 참된 뜻은 다 같아서 한 수레에서 나온 바퀴자국처럼 원래 막히고 트이는 차이가 없습니다. 만물이 서로 다르지만 원리는 하나이므로 남과 나의 구분이 따로 없습니다. 그런데 세상 사람들은 유일무이한 참마음을 보지 못하고 분별하는 망령된 생각을 일으킵니다. 그래서 평탄한 길 위에 막히고 통함을 구별하는 함정을 만들어 놓고, 텅 빈 공간에 남과 나를 가르는 울타리를 세우니 참으로 개탄할 일입니다.

一轍 일철_같은 수레의 바퀴자국이라는 뜻. 같은 이치.
坦途 탄도_평탄한 길.
坎坷 감가_길을 험하게 만드는 함정과 장애물.
藩籬 번리_울타리

14

큰 공과 원대한 계획은 항상 여유 있고 안정된 사람에게서 나오므로
절대로 바쁘게 지내지 말아야 한다.
좋은 징조와 큰 복은 너그럽고 후한 가정에 모여드는데
어찌 각박하게 할 것인가?

大烈鴻猷　常出悠閑鎭定之士　不必忙忙,
대열홍유　상출유한진정지사　불필망망

休徵景福　多集寬洪長厚之家　何須瑣瑣.
휴징경복　다집관홍장후지가　하수쇄쇄

만해 강의

여유 있고 안정된 사람은 뜻밖의 재난을 당해도 당황해서 허둥대지 않고 태연자약하고 활달하면서도 세밀하므로 위대한 사업과 원대한 지략을 이루어 냅니다. 그러므로 분망하고 조급하여 여유와 침착함을 잃어서는 안 됩니다. 분망하고 성마른 사람은 깊이 생각하고 멀리 내다보질 못해 큰 공을 이루거나 원대한 계획을 세울 수 없습니다.

도량이 넓고 성품이 온후한 사람은 남의 과실을 관대히 용서하고 곤궁하고 위급한 처지의 사람을 도와주어 자선의 따뜻한 기운이 넘쳐흐르는 까닭에 좋은 징조와 큰 복을 가져오게 됩니다. 그러니 무엇 하러 엄밀히 따지고 가혹하게 세상을 대하겠습니까. 사소한 문제까지 일일이 따지는 사람은 원망을 사서 상서로운 결과를 보지 못합니다.

大烈 대열＿큰 사업, 큰 공.
鴻猷 홍유＿큰 지략.
悠閑 유한＿한가함.
鎭定 진정＿마음이 안정되어 평정을 유지함.
景福 경복＿큰 복.
瑣瑣 쇄쇄＿잘고 작은 모양. 사소한 일에 까지 일일이 따지는 각박함.

15

가난한 선비가 즐거이 남을 돕는다면
그것은 본연의 심성에서 우러나온 은혜이다.
시끄러운 곳에서 도를 배울 수 있다면
그것은 마음의 바탕에서 이루어지는 공부이다.

貧士肯濟人　纔是性天中惠澤,
빈사긍제인　재시성천중혜택

鬧場能學道　方爲心地上工夫.
요장능학도　방위심지상공부

만해 강의

부유한 사람이 가난한 사람을 도와주는 것도 은혜이기는 하지만 이것은 자신에게 재물이 남아서 돕는 것입니다. 가난한 사람이 남의 가난을 보고 도와주는 것은 재물이 남아서가 아니라 순전히 어질고 자상한 타고난 품성에서 우러나온 은혜입니다. 조용한 곳에서 도를 배우는 것도 공부이나 이것은 외부 환경의 도움을 받아 도를 배우는 것입니다. 시끄러운 시장바닥에서 도를 배우는 것은 절실하고 돈독한 마음의 바탕에서 이루어지는 공부입니다.

性天 성천_하늘에서 부여받은 본연의 성품.
鬧場 요장_시끄러운 장소.
心地 심지_마음의 바탕.

16

인생을 오로지 욕망에 얽매어 놓으면 마소처럼 남의 고삐에 매여 지내고
매나 개처럼 남의 채찍이나 받으며 살게 된다.
생각이 청명하여 담담하고 욕심이 없으면
천지도 나를 흔들지 못하고 귀신도 나를 부리지 못하는데
하물며 모든 사소한 사물이야 오죽하겠는가.

人生只爲欲字所累　便如馬如牛　聽人覊絡　爲鷹爲犬　任物鞭笞,
인생지위욕자소루　편여마여우　청인기락　위응위견　임물편태

若果一念淸明　淡然無欲,
약과일념청명　담연무욕

天地也不能轉動我　鬼神也不能役使我　況一切區區事物乎.
천지야불능전동아　귀신야불능역사아　황일체구구사물호

만해 강의

소나 말은 사람의 보살핌을 받고 싶어서 굴레를 기꺼이 쓰고 사람을 위해 일하는 수고를 마다하지 않습니다. 매나 개도 보살핌을 받기 위해 사냥꾼의 채찍을 감당하며 사냥꾼을 위해 일합니다. 인생도 이와 같아서 욕망에 얽매이게 되면 마소와 같이 남이 씌우는 굴레를 기꺼이 써서 일신의 자유를 상실하고 매나 개처럼 남의 채찍을 받으며 굴욕을 감내합니다. 그러니 욕망의 해악이 어찌 비통하지 않겠습니까. 만일 한번 마음을 청명하게 갖고 탐심을 말끔히 없애면 천지도 나를 좌지우지 못하고 귀신도 나를 부리지 못하는데 하물며 사소한 일체 사물이 나를 어찌 구속하겠습니까.

羈絡 기락_ 굴레와 고삐.
鞭箠 편태_ 채찍.

17

보통 사람들은 순탄한 환경에서 즐거움을 느끼지만
군자는 역경에서 즐거움을 누린다.
보통 사람들은 뜻대로 되지 않을 때 근심하지만
군자는 일이 뜻대로 진행될 때 우려한다.
대체로 보통 사람들의 걱정이나 즐거움은 감정에 따라 달라지지만
군자의 걱정과 즐거움은 이치에 따라 달라진다.

衆人以順境爲樂　而君子樂自逆境中來,
중인이순경위락　이군자락자역경중래

衆人以拂意爲憂　而君子憂從快意處起,
중인이불의위우　이군자우종쾌의처기

蓋衆人憂樂以情　而君子憂樂以理也.
개중인우락이정　이군자우락이리야

만해 강의

　보통 사람들은 모든 일이 마음먹은 대로 되는 순조로운 상태를 좋아하지만, 군자는 반대로 일이 뜻대로 안 풀리는 역경을 즐깁니다. 예를 들어 우매한 임금은 오직 자신의 명령에만 따르고 조금도 거역하지 않는 아첨하는 신하를 좋아하지만, 현명한 임금은 곧은 말로 간하며 끝까지 물러서지 않는 충직한 신하를 좋아합니다.

　또 보통 사람들은 자신의 뜻에 어긋나는 일이 생기면 걱정하지만, 군자는 이와 반대로 일이 뜻대로 될 때 근심합니다. 보통 사람 중에서도 용렬한 무리는 놀며 나태하게 지내는 것을 좋아하고, 착한 일을 권하고 나쁜 일을 말리는 좋은 벗을 피합니다. 그러나 덕을 닦는 군자는 선을 권하는 충고를 좋아하고, 아첨하고 기분을 맞추어 주는 부류를 경계합니다.

　보통 사람들의 근심과 즐거움은 그때그때의 개인감정에 따른 것이지만, 군자의 근심과 즐거움은 불변의 보편적 도리에 따른 것이므로 걱정과 기쁨의 영역이 상반되게 나타납니다.

拂意 불의__뜻에 거스름.
憂樂以情 우락이정__근심과 기쁨이 감정에 따른다.

四. 여유로운 삶 한적편 閒適篇

한적에는 마음의 한적과 외부 환경의 한적이 있습니다.
외부 환경의 한적이란 번잡한 도시에서 멀리 떨어진 자연으로 돌아가는 것을 말합니다.
마음의 한적은 시끌벅적한 길거리든 총알이 빗발치는 전쟁터든 주위 환경에 관계없이
마음속의 여유를 잃지 않고 번뇌에 조금도 얽매이지 않는 것을 말합니다.
마음의 한적을 택할지 외계의 한적을 택할지는 각자의 능력과 의지에 따라 다를 것입니다.
다만 어느 쪽이든 사람이 세상을 살면서 한적의 정취를 알지 못하면
세상을 살아가면서 어떤 일을 하든지 주변 사물의 주인이 되지 못하고
항상 사물의 부림을 받아 고뇌가 많은 고달픈 생활을 하게 됩니다.
그러니 어찌 세계 밖의 세계에 서서 만사를 포괄하는 큰 걸음을 내딛을 수 있겠으며
티끌 하나 묻지 않은 크나큰 쾌락을 누릴 수 있겠습니까.

1

기를 수 있는 용은 진짜 용이 아니며
잡아둘 수 있는 호랑이는 진짜 호랑이가 아니다.
그래서 직위와 봉록으로 영예와 출세를 원하는 사람을 거느릴 수는 있지만
담박한 취미와 무욕의 마음을 가진 사람을 잡아두지는 못한다.
가혹한 형벌은 부귀영화와 이익을 추구하는 무리에게는 효과가 있지만
표연히 세상 욕심을 멀리하는 사람에게는 아무 영향도 미치지 못한다.

龍可豢　非眞龍, 虎可搏　非眞虎,
용가환 비진룡 호가박 비진호

故　爵祿可餌榮進之輩　必不可籠淡然無欲之人,
고　작록가이영진지배　필불가농담연무욕지인

鼎鑊可及寵利之流　必不可加飄然遠引之士.
정확가급총리지류　필불가가표연원인지사

餌 이__미끼로 낚음.
榮進之輩 영진지배__영예와 출세를 바라는 무리.
寵利 총리__영화와 이익.
遠引 원인__욕심을 멀리함.

만해 강의

용을 기를 수 있다면 그것은 진짜 용이라고 할 수 없습니다. 진짜 용은 사람이 길러주길 원치 않을 것입니다. 호랑이를 잡아둘 수 있다면 그것은 진짜 호랑이가 아닙니다. 진짜 호랑이는 사람이 씌우는 굴레를 받아들이려 하지 않을 것입니다. 사람도 마찬가지여서 직위와 봉록을 욕심내는 사람은 참된 사람이 아닐 것입니다. 옛날에 죄인을 큰 솥에 넣어 삶아 죽이는 형벌이 있었는데 이것을 정확鼎鑊이라고 합니다. 정확처럼 잔인한 형벌을 두려워 하는 사람은 도에 통달한 선비라고 할 수 없습니다. 관직과 봉록은 출세와 영예를 추구하는 사람에게는 미끼가 되지만 마음이 담박하여 탐욕이 없는 사람에게는 통하지 않습니다. 영예와 출세를 추구하는 사람은 오직 이익만 탐하기 때문에 좋은 미끼로 물고기를 낚듯이 관작과 봉록의 이익으로 그의 의지를 매수하여 부도덕하고 파렴치한 환경으로 몰고 가도 반성할 줄 모릅니다. 담박하고 욕심이 없는 사람은 관작과 봉록을 뜬구름처럼 여기고 절개와 지조를 지키므로 구차하게 관작과 봉록에 얽매이는 일이 없습니다.

　잔혹한 형벌은 이익과 영화를 추구하는 사람들에게는 효과를 발휘하겠지만 표연히 세속의 욕심에서 멀리 떠난 선비에게는 아무런 영향도 미치지 못합니다. 왜냐하면 영화와 이익을 탐하는 무리는 의리를 배반하고 사사로운 욕심을 따라 질투하고 경쟁하는 중에 격렬한 참극을 만들어내기도 하여 간혹 혹독한 형벌을 받게 되지만 표연히 세상 욕심에서 멀리 떠난 선비는 영화와 이익을 멀리 하여 세상 밖에서 노닐므로 형벌을 입는 일이 없기 때문입니다. 예전부터 영화도 이익도 욕심내지 않는 의인들도 가혹한 형벌을 입는 일이 있기는 하지만 일반적인 것은 아니고, 또 원인을 깊이 살펴보면 미리 일의 징조를 살펴 예방조치를 잘 취하지 못한 책임이 있다고 할 수 있습니다.

2

초연한 늙은 학은 비록 굶주려도 마시고 먹음에 여유가 있으니,
어찌 닭이나 오리처럼 악착스럽게 먹을 것을 가지고 다투리오.
고고한 소나무는 비록 늙더라도 솔잎 우거진 나무 끝이 제 모습 그대로이니
어찌 복숭아나 오얏나무처럼 화려한 꽃으로 요염함을 다투리오.

昂藏老鶴　雖饑　飮啄猶閒　肯同鷄鶩之營營　而競食,
앙장노학　수기　음탁유한　긍동계목지영영　이경식

偃蹇寒松　縱老　丰標自在　豈似挑李之灼灼　而爭姸.
언축한송　종로　봉표자재　기사도리지작작　이쟁연

만해 강의

초연한 늙은 학은 굶주려도 품위를 잃지 않고 우아함을 지켜 닭이나 오리처럼 구차하게 먹이를 가지고 다투지 않습니다. 고고한 소나무는 오래 되어도 청초하고 고고한 기상을 지닌 본모습을 간직하여 붉은 복숭아꽃, 흰 살구꽃처럼 겉으로 드러나는 화려함을 다투지 않습니다. 사람의 경우도 이와 같아서 도량이 넓은 대장부와 의지가 굳은 남자는 부귀영화를 하찮게 여깁니다.

昂藏 앙장_높이 우러러보고 깊이 감추어둔다는 뜻으로 무리에 섞이지 않는 존재를 뜻함.
鷄鶩 계목_닭과 집오리.
營營 영영_여기저기 분주히 왕래하는 모양. 혹은 악착같이 이익을 추구하는 모양.
偃蹇 언축_고고하여 꺾이지 않는 모습.
丰標 봉표_우거진 나뭇가지.
灼灼 작작_꽃이 화려하게 핀 모습.

3

꽃과 버들잎이 난만한 때에 우리 마음이 흡족하고,
생황소리와 노랫소리가 울려 퍼지는 곳에서 흥취를 느끼지만,
이것은 우주조화가 만들어낸 하나의 환영에 불과하며
사람 마음속의 방탕한 생각에 불과하다.
나뭇잎이 지고 들풀이 마른 뒤에
소리도 거의 없고 취미도 담박한 곳에서 한 소식을 듣게 되는 것,
이것이야말로 음양의 조화를 불러일으키는 풀무이며
사람과 만물의 존재의 근원이다.

吾人適志於花柳爛熳之時　得趣於笙歌騰沸之處
오인적지어화류난만지시　득취어생가등비지처

及是造化之幻境　人心之蕩念也,
급시조화지환경　인심지탕념야

須從木落草枯之後　向聲希味淡之中　覓得一些消息,
수종목락초고지후　향성희미담지중　멱득일사소식

纔是乾坤的橐籥　人物的根宗.
재시건곤적탁약　인물적근종

만해 강의

꽃이나 버들잎은 한때 화려함을 자랑하지만 가을바람을 견디지 못하고 곧 시들어버립니다. 흥겨운 악기소리와 노랫소리는 흥취를 불러일으키지만 그 흥취가 얼마나 지속되겠습니까? 이것들은 다 우주조화 속의 하나의 환영에 불과한 것입니다. 이와 같은 환영의 세계, 즉 꽃과 버들이 난만하고 악기소리와 노랫소리가 울려 퍼지는 곳에서 마음이 흡족해지고 흥취가 일어나면 마음속에 방탕한 생각이 일어납니다. 그러므로 환영의 세계가 아니라 초목이 시들고 노랫소리도 끊기며 취미가 담박해진 곳에서 마음의 흡족함과 흥취를 얻고 그 외에 따로 하나의 참 소식까지 얻을 수 있다면 이것은 우주조화의 원동력이고 사람과 만물의 존재의 근원이 됩니다.

適志 적지__뜻에 맞음.
笙 생__생황. 대나무로 만든 관악기의 한 종류.
橐籥 탁약__대장간의 풀무. 여기서는 우주의 변화를 일으키는 원동력이라는 뜻.
根宗 근종__근본.

4

육신이 유한하다는 진리를 깨달으면
온 세상의 부질없는 인연이 절로 사라지고,
깨달음을 얻어 정욕을 품지 않는 경지에 이르면
마음이 달과 같이 밝아진다.

看破有盡身軀　萬境之塵緣自息,
간파유진신구 만경지진연자식

悟入無懷境界　一輪之心月獨明.
오입무회경계 일륜지심월독명

만해 강의

사람의 육신은 반드시 소멸해버립니다. 이 사실을 깨달으면 자기 육신과 관련된 생사고락에 대한 집착이 홀연 사라지고 세상사의 온갖 인연이 절로 없어져 어디에도 얽매이지 않는 큰 인격을 형성하게 됩니다. 또 깨달음을 얻어 정욕을 품지 않는 경지에 이르면 마음이 밝아져서 어지러운 망상이 없어집니다.

心月 심월_마음을 밝고 원만한 달에 비유한 표현.

5

흙바닥에 돌베개만 놓인 찬바람 부는 집에서 이불을 덮고 자면 꿈속에서도 상쾌하다.
보리밥에 콩나물국만 차린 간소한 식사를 마치고 젓가락을 놓으면 입안이 향기롭다.

土床石枕冷家風　擁衾時　夢魂亦爽,
토상석침냉가풍　옹금시　몽혼역상

麥飯豆羹淡滋味　放箸處　齒頰猶香.
맥반두갱담자미　방시처　치협유향

만해 강의

흙으로 침상을 만들고 돌을 베개로 삼는 검소한 가풍을 지키는 사람은 잠 잘 때 꿈속의 혼도 맑고 깨끗하여 세속의 욕망이 조금도 일어나지 않습니다. 보리밥과 콩나물국의 담박한 맛을 즐기는 사람은 식사를 마치고 수저를 내려놓을 때 입안에 향기가 남아 비린내가 나지 않습니다. 그러니 사람이 어찌 청렴함을 소중히 여기지 않을 수 있겠습니까.

擁衾 옹금__이불로 몸을 덮음.
爽 상__시원함.
放箸 방시__젓가락을 내려놓다.

6

화려한 것에 대해 말하기 싫어하는 사람이
화려한 것을 보고는 좋아하는 경우가 있고,
담박한 것에 대해 말하기 좋아하는 사람이
담박한 곳에 가면 싫어하는 경우가 있다.
혼탁함과 담박함의 구분을 모두 일소하고,
좋아하고 싫어하는 감정을 없애 버려야
번화한 것을 잊을 수 있고 담박함을 즐길 수 있다.

談紛華而厭者　或見紛華而喜　語淡泊而欣者　或處淡泊而厭,
담분화이염자　혹견분화이희　어담박이흔자　혹처담박이염

須掃除濃淡之見　滅却欣厭之情　纔可以忘紛華　而甘淡泊也.
수소제농담지견　멸각흔염지정　재가이망분화　이감담박야

만해 강의

화려한 것에 대해 담론하기를 싫어하는 사람이 화려한 것을 보고 좋아하는 경우가 있습니다. 이것은 화려한 것을 진정으로 싫어하는 태도가 아닙니다. 담박한 일에 대해 말하기를 좋아하는 사람이 담박한 곳에 처하면 도리어 싫어하는 경우가 있습니다. 이것은 담박함을 진정으로 좋아하는 태도가 아닙니다. 그러므로 혼탁함과 담박함에 대한 구분을 하지 않고 좋고 싫음의 감정을 버려야만 화려함을 잊고 담박함을 즐길 수 있습니다.

談紛華而厭 담분화이염_화려한 것에 대해 말하기 싫어하다.
掃除濃淡之見 소제농담지견_농염함과 담박함이라는 견해를 모두 쓸고 닦아서 없앰.

7

부귀한 사람이 일생 동안 누린 영화는
죽을 때 연연하는 마음을 증가시킨다.
이것은 마치 무거운 짐을 진 것과 같다.
가난한 사람이 일생 동안 겪은 청렴한 고난은
죽을 때 싫어하는 마음에서 벗어나게 해준다.
이것은 마치 무거운 형틀을 벗는 것과 같다.
실로 생각이 여기까지 미친다면
탐욕과 애착으로 향한 머리를 다른 데로 돌리고
근심과 고통으로 찡그린 눈썹을 얼른 펴게 될 것이다.

富貴的一世寵榮　到死時　反增了一個戀字　如負重擔,
부귀적일세총영　도사시　반증료일개련자　여부중담

貧賤的一世淸苦　到死時　反脫了一個厭字　如釋重枷,
빈천적일세청고　도사시　반탈료일개염자　여석중가

人誠想念到此　當急回貪戀之首　而猛舒愁苦之眉矣.
인성상념도차　당급회탐련지수　이맹서수고지미의

만해 강의

사람들은 충분한 부귀를 누리며 영화롭게 사는 삶에 탐닉하고 집착합니다. 따라서 부귀를 누리며 모든 욕망을 만족시키던 사람이 죽을 때가 되면 과거의 영화가 모두 사라지지만 부귀에 대한 집착은 더 강해져서 마치 무거운 짐을 진 것처럼 괴로워하게 됩니다.

반면에 사람들은 빈천하여 청렴한 고난 속에 사는 삶을 싫어합니다. 따라서 빈천한 환경에 처하여 고통스러워하던 사람이 죽음에 이르면 생전의 괴로움을 기피하던 감정에서 벗어나 무거운 형틀을 벗는 것처럼 홀가분해집니다.

이렇게 죽음에 이르면 영화와 고난을 좋아하고 싫어하는 감정이 바뀌게 되는 것을 알 수 있습니다. 사람의 생각이 여기에 이르면 부귀가 집착할만한 것이 못된다는 점, 빈천이 싫어할만한 것이 아니라는 점을 깨닫게 될 것입니다. 그러므로 영화를 탐애하는 마음을 돌려 비굴하게 아첨하는 일을 그칠 것이며, 청빈한 고난을 근심하여 찡그린 이마를 속히 펴고 담박하고 조용한 지조를 지켜야 할 것입니다.

枷 가_죄수의 목에 씌우는 형틀. 칼.
猛 맹_급히.

8

사람의 일생은 큰 창고의 쌀과 같고, 눈앞에 번쩍이는 번갯불 같고,
벼랑 끝에 걸쳐 있는 썩은 나무와 같고, 바다의 큰 파도와 같다.
이것을 깨닫는다면 어찌 슬프지 않고 즐겁지 않겠는가.
어찌 이 사실을 깨닫지 못하고 삶을 탐하여 근심하는 마음을 가지며,
어찌 이 사실을 중시하지 않고 헛된 삶의 부끄러움을 남길 것인가.

人之有生也
인지유생야

如太倉之粒米　如灼目之電光　如懸崖之朽木　如逝海之巨波,
여태창지입미　여작목지전광　여현애지후목　여서해지거파

知此者　如何不悲　如何不樂,
지차자　여하불비　여하불락

如何看他不破　而懷貪生之慮
여하간타불파　이회탐생지려

如何看他不重　而貽虛生之羞.
여하간타부중　이이허생지수

만해 강의

넓은 우주에서 사람이 살아가는 것을 보면 그 모습은 몹시 작고 위태로우며 그 기간은 매우 짧고 변화무쌍하여 오래 지속되지 못합니다. 겨우 칠 척의 몸으로 무한한 우주공간에 거처하는 모습이 커다란 창고 안에 들어있는 한 알의 쌀알 같습니다. 백 년의 인생도 영원한 시간에 비하면 한 순간에 번쩍 지나가는 번개와 같습니다. 또 위태로움으로 치자면 절벽에 걸려있는 썩은 나무와 같고 변화무쌍함으로 보자면 바다에서 출렁이는 파도와 같습니다.

 이 같은 인생의 무상함을 알면 어찌 슬프지 않겠습니까. 하지만 또 이같이 무상한 가운데 다행히 삶을 누리고 있다는 것을 생각하면 어찌 즐겁지 않겠습니까. 어찌 이같이 무상함을 간파하지 못하고 부질없이 삶에 집착하여 구차히 죽음을 회피하겠습니까. 이같이 무상한 가운데 다행히 삶을 누림을 소중히 여겨 위대한 덕을 세우고 위업을 이루어 아름다운 향기를 만고에 남기는 일에 힘쓰지 않고 어찌 허송세월하다 부끄러운 일생을 마치겠습니까.

灼目 작목_눈앞에서 번쩍임.
懸崖 현애_벼랑에 매달림.
逝海 서해_바다 위를 지나감.

9

동해에 일정한 파도가 있다는 말을 들어본 적이 없으니
세상사에 무슨 분개할 일이 있겠는가.
북망산에 빈 땅이 남아 있는 것을 본 적이 없으니
인생사에 찡그릴 일도 없다.

東海水　曾聞無定波　世事何須扼腕,
동해수　증문무정파　세사하수액완

北邙山　未省留閒地　人生且自舒眉.
북망산　미성유한지　인생차자서미

만해 강의

동해 바다에는 천파만파가 일어났다 물러났다 하여 일정한 파도가 없습니다. 세상사도 이와 같아서 수많은 나라와 역사의 흥망성쇠가 변화무쌍하게 전개되므로 한순간의 운명이 영원히 계속되리라고 기대할 수 없습니다. 그러니 일시적으로 뜻을 이루었다고 해서 어찌 오만해질 수 있겠습니까.

   북망산北邙山에는 수많은 무덤이 연이어 있어 주검이 매장돼 있지 않은 공터가 없습니다. 이것을 보면 죽지 않은 사람은 없다는 것을 알 수 있습니다. 언젠가는 죽게 됨을 안다면 살아생전의 일에 대해 지나친 근심을 느낄 필요가 없다는 것을 깨닫게 됩니다. 그러므로 마땅히 찡그린 얼굴을 펴고 마음을 편안히 가져야 할 것입니다.

扼腕 액완_팔을 걷어붙이고 분격함.
北邙山 북망산_중국 낙양성 밖에 있는 산. 묘지로 유명해서 묘지의 뜻으로 쓰임.

10

천지도 쉬는 일이 없고 일월도 쉬지 않고 차고 이지러지는데
하물며 구구한 인간세상에서
모든 일이 원만할 수 있겠으며
언제나 한가할 수 있겠는가?
다만 바쁜 가운데 잠시나마 한가함을 지향하고
부족한 곳에서도 만족할 줄 알면,
부림과 따름이 내게 달려 있게 되며,
일함과 쉼을 자유자재로 하게 된다.
그렇게 되면 만물의 조화로도 나한테
일함과 쉼을 논하지 못할 것이며,
이지러짐과 가득 참을 비교하지 못할 것이다.

天地尙無停息　日月且有盈虧,
천지상무정식 일월차유영휴

況區區人世　能事事圓滿　而時時暇逸乎,
황구구인세 능사사원만 이시시가일호

只是向忙裡偸閒　遇缺處知足
지시향망리투한 우결처지족

則操縱在我　作息自如　卽造物不得與之論勞逸較虧盈矣.
즉조종재아 작식자여 즉조물부득여지논노일교휴영의

만해 강의

하늘과 땅도 항상 움직여 잠시도 멈춰 있는 일이 없고 해와 달도 차고 이지러져서 언제나 둥글고 밝지는 못합니다. 하물며 사람이 어찌 복잡한 이 세상에서 하는 일마다 부족함 없이 원만하길 바랄 수 있겠으며 백 년을 사는 사이에 조금의 분망함도 없이 한가하기를 바랄 수 있겠습니까. 다만 번망한 가운데 여유를 찾고 부족한 곳을 만나도 만족할 줄 알면 번망함과 한가함, 부족함과 원만함이 모두 내 안에서 자유자재로 조절될 것입니다. 그리하면 만물을 조화롭게 만드는 하늘의 기교로도 나에게 일하고 쉼을 논하지 못하고 차고 이지러짐을 비교하지 못할 것입니다. "행동을 자유자재로 하며 엎어지고 넘어져도 한결같다縱橫自在 顚倒一如"는 말이 바로 이것입니다.

停息 정식__머무르고 쉼.
盈虧 영휴__가득 참과 이지러짐.
偸閒 투한__바쁜 가운데 틈을 냄.
操縱 조종__부림과 추종하여 따름.
作息 작식__일함과 쉼.
論勞逸較虧盈 논노일교휴영__일하고 쉼을 논하고 차고 이지러짐을 비교함. 즉 내가 하는 일에 대해 왈가왈부함.

11

깨달음은 먼 곳에 있지 않고,

취흥을 얻는 데는 많은 것이 필요한 것이 아니다.

쟁반만한 연못이나 주먹만한 돌 사이에도

만 리 산천의 형세가 있고,

짧은 글에도 옛 성현의 마음이 완연히 나타나 있다.

이것을 깨닫는 것이 훌륭한 선비의 안목이고 통달한 사람의 마음이다.

會心不在遠　得趣不在多,
회심부재원　득취부재다

盆池拳石間　便居然有萬里山川之勢,
분지권석간　편거연유만리산천지세

片言隻語內　便宛然見千古聖賢之心,
편언척어내　편완연견천고성현지심

纔是高士的眼界　達人的胸襟.
재시고사적안계　달인적흉금

만해 강의

마음속에서 이치를 깨닫는 길은 먼 데 있는 것이 아니라 가까운 데 있습니다. 꼭 많은 것이 있어야 취흥을 얻을 수 있는 것도 아닙니다. 작은 연못과 작은 돌 사이에도 거대한 산천의 형세가 있고 짧은 글 안에도 옛 성현들의 마음이 담겨 있습니다. 이렇게 작은 것에서 큰 것을 이해하고 가까운 데서 먼 것을 볼 수 있다면 그것은 높은 경지에 오른 선비의 안목이고 도량이 넓은 사람의 마음입니다.

會心 회심_마음에 깨달음. 회는 깨닫는다는 뜻.
盆池 분지_작은 연못.
拳石 권석_주먹만한 돌.
隻語 척어_한 마디 말. 척은 하나라는 뜻.

12

초연한 태도나 한가한 마음은
오직 자신을 높이기 위한 것인데,
무엇 하러 겉모양을 꾸미겠는가.
청아한 외모와 의젓한 기골은
다른 사람의 관심을 필요로 하지 않으니,
쓸데없이 연지를 바를 필요가 없다.

逸態閒情　惟期自尙　何事外修邊幅,
일태한정　유기자상　하사외수변폭

淸標傲骨　不願人憐　無勞多費胭脂.
청표오골　불원인련　무노다비연지

만해 강의

초연한 태도와 한가한 마음은 자신을 높이고 유유자적하기 위한 것이라서 거리낌 없이 스스로 만족하면 그뿐이니 무엇 하러 겉치레에 신경을 써서 세간에 영합하겠습니까. 겉모습을 꾸미면 초연한 태도와 한가한 마음을 망쳐서 보잘것없는 비천한 사람이 될 것입니다. 맑고 담박한 외모와 의젓한 기골은 남의 관심을 끌 필요가 없으므로 쓸데없이 화장을 하지 않습니다. 화장을 하는 것은 남자의 관심을 끌려는 여자의 교태에서 비롯된 것입니다. 기생이 얼굴에 분을 바르는 것보다도 비루하게 한때의 은총을 위해 수없이 아첨하며 온갖 교태를 다하는 자들이 많습니다. 천하의 질타를 받아 마땅한 자들이 모두 이러한 자들입니다.

邊幅 변폭__옷감의 가장자리. 일에 비유하여 본체가 아닌 겉의 꾸밈을 뜻함.
淸標 청표__풍채가 청초함.
傲骨 오골__오만한 기골. 혹은 의젓한 기골.

13

누추한 집에서 한가하게 살면
보고 듣는 것은 한정되어도
정신은 절로 광활해진다.
산골 노인과 어울려 지내면
예의나 교양은 부족하더라도
생각은 항상 진실하다.

棲遲蓬戶　耳目雖拘　而神情自曠,
서지봉호　이목수구　이신정자광

結納山翁　儀文雖略　而意念常眞.
결납산옹　의문수략　이의념상진

만해 강의

쇠락한 누옥에서 은둔하며 지내면 보고 듣는 것은 비록 적더라도 정신은 광활해져서 화려한 저택에서 살면서 온갖 욕심을 불태우고 근심만 쌓는 것보다 낫습니다. 질박한 산골 노인은 예의도 갖출 줄 모르고 대화하는 데도 조리가 없지만 생각은 항상 진실합니다. 그런 그와 어울려 지내는 것이 세련되게 교제하는 위선적인 사람과 사귀는 것보다 낫습니다.

棲遲 서지_은퇴하여 사는 것 혹은 한가하게 지내는 것.
蓬戶 봉호_풀로 엮어 만든 문. 가난한 집의 비유.
結納 결납_합심하여 서로 도움.

14

만물의 조화를 어린애처럼 여겨서 절대로 그 조화에 희롱 당하지 말 것이며, 천지를 큰 흙덩어리 정도로 여겨 내 손아귀 안에 넣어야 한다.

造化喚作小兒　切莫受渠戲弄,
조화환작소아　절막수거희롱

天地丸爲大塊　須要任我爐錘.
천지환위대괴　수요임아노추

만해 강의

만물의 조화를 두려워하지 말고 내 마음대로 다룰 수 있는 어린 아이로 보아 그것의 영향을 받지 말아야 합니다. 천지도 너무 크게 생각하지 말고 조금 큰 흙덩어리 정도로 보아 나의 재량에 맡겨야 합니다. 그러므로 위대한 일을 해내려는 사람은 만물의 조화를 빼앗고 형세를 만들어내어 천 가지 일, 만 가지 위업을 조금도 외부에 의존하지 말고 자기 힘으로 이루어야 합니다. 자기의 내적 동력이 없이 평생의 사업을 운명에 맡기는 피동적이고 의타적인 사람은 이 구절을 읽을 때 이마에 진땀이 날 것입니다.

渠 거_그 기其와 같은 뜻.
爐錘 노추_가열하고 망치로 쳐서 금속 제품을 만드는 것. 즉 내 맘대로 하는 것을 뜻함.

五. 세상을 살아가는 지혜 개론 概論

개론에서는 인생의 각종 욕구와 사물의 상태를 두루 살펴 그중 고통이 되는 일을 경계하고 복이 되는 일을 장려하기 위해 처세와 수양에 관련된 모든 문제를 논합니다.

1

군자의 마음속 일은 하늘처럼 푸르고 해처럼 밝게 하여
누구나 다 알게 해야 한다.
군자의 재능은 보석을 숨기듯 잘 간직하여
다른 사람이 쉽게 알 수 없게 해야 한다.

君子之心事　天靑日白　不可使人不知,
군자지심사　천청일백　불가사인부지

君子之才華　玉韞珠藏　不可使人易知.
군자지재화　옥운주장　불가사인이지

만해 강의

군자란 덕을 실천하는 사람을 말합니다. 군자가 생각하는 것과 하는 일은 청천백일처럼 공명정대하여 한 치의 거짓도 없도록 해야 합니다. 조금이라도 감추고 남이 모르게 해서는 안 됩니다. 군자의 재능과 식견은 돌 속에 감춰진 옥이나 바닷속 깊이 숨겨진 진주처럼, 경솔하게 모습을 드러내지 않고 사람들이 쉽게 알아보지 못하게 해야 합니다. 이렇게 해야 내면의 덕을 함양하고 남들의 시기를 피할 수 있습니다. "비단옷을 입고 그 위에 허름한 옷을 입는다"고 하는 의금상경衣錦尙絅이라는 말이 이것입니다. 소인은 이와 반대로 마음과 일에는 거짓이 많으므로 숨기고 거짓으로 꾸며 남이 알지 못하게 하지만, 만일 재능이나 자랑할 것이 조금이라도 있으면 이것을 공공연히 드러내놓고 남이 알아주지 않을까 전전긍긍합니다. 이것이 군자와 소인을 차이 나게 만드는 것 가운데 가장 중요한 점입니다.

心事 심사_마음속에서 일어나는 일.
才華 재화_빛나는 재주.
玉韞 옥운_옥을 깊이 넣어둠.
珠藏 주장_진주를 감춰둠.

2

귀에는 항상 귀에 거슬리는 말이 있고

마음에는 항상 마음을 거스르는 일이 있으면

이것이 덕을 쌓고 수행하는 데 숫돌의 역할을 한다.

듣는 말마다 귀를 즐겁게 하고

하는 일마다 마음에 맞으면

이것은 인생을 독약 속에 빠뜨리는 것이다.

耳中常聞逆耳之言　心中常有拂心之事　纔是進德修行的砥石.
이중상문역이지언　심중상유불심지사　재시진덕수행적지석

若言言悅耳　事事快心　便把此生埋在鴆毒中矣.
약언언열이　사사쾌심　편파차생매재짐독중의

만해 강의

충언은 귀에는 거슬리나 수행에는 이로운 것입니다. 사람이나 사물의 방해는 마음에 거슬리나 교만하고 나태해지려는 폐단을 막고 절차탁마하는 노력을 통해 덕을 쌓게 하는 유익한 것입니다. 타당성 있는 충언과 마음의 제재도 덕을 쌓고 수행을 하는 데 도움이 되지만, 어떤 사람이 무례한 비난으로 내 귀를 거스르고 모욕적인 행위로 내 마음을 흔들더라도 이것 역시 나에게 인욕과 근신의 수행을 쌓게 할 것입니다.

그러므로 듣기 싫은 말과 마음에 어긋나는 일은 덕행을 연마시켜 주는 숫돌과 같습니다. 만일 아첨으로 귀를 즐겁게 해주는 말만 듣고 겉으로만 마음을 흡족하게 해주는 일만 만나면 자신을 단련할 기회를 잃어 덕을 쌓을 길이 없어질 것입니다. 이는 자신의 인생을 독약 속에 집어넣는 것과 같습니다. 따라서 성군은 면전에서 직언을 하는 곧은 신하를 사랑하고, 군자는 선을 권하는 유익한 벗을 존경합니다.

鴆毒 짐독_짐새의 독. 짐새는 광동성에서 사는 독조인데, 사람이 이 새의 깃을 담근 술을 마시면 죽는다고 한다.

3

진한 술, 기름진 음식, 매운 맛, 단 맛은 참된 맛이 아니다.
참된 맛은 담백하다.
신기하고 남다른 사람은 지극한 도에 이른 사람이라고 할 수 없다.
지극한 도에 이른 사람은 범상하다.

醲肥辛甘非眞味　眞味只是淡,
농비신감비진미　진미지시담

神奇卓異非至人　至人只是常.
신기탁이비지인　지인지시상

만해 강의

독한 술, 기름진 고기, 매운 맛, 달콤한 향기는 모두 치우친 맛입니다. 이런 맛들은 알맞게 조리를 잘 한다 해도 식사를 하는 시간과 위장의 상태, 풍토, 습관 등에 따라 입맛에 맞기도 하고 안 맞기도 하고, 좋고 나쁜 맛의 차이가 생깁니다. 이러한 맛은 참맛이라 할 수 없습니다. 참맛은 차나 밥의 맛같이 담백합니다. 밥과 차의 맛은 장소, 사람, 시간을 막론하고 싫증이 나지 않는 참맛입니다. 한걸음 더 나아가 말하면 아무 맛도 없는 것이 참맛이라 할 수 있습니다.

　신기함이란 둔갑술과 같이 여러 가지로 모습을 변화시키는 것이고, 남다르다는 것은 특별하고 해괴한 일을 꾸미는 것을 말합니다. 소위 괴력난신怪力亂神이니 색은행괴索隱行怪니 하는 것들입니다. 이것은 도덕의 수양이 지극한 경지에 달한 지인이 행할 만한 것이 못 됩니다. 지인은 평범하고 정상적인 도를 행할 뿐입니다. 선가에서 말하는 "배고프면 먹고 피곤하면 잔다"고 하는 것이 바로 지인의 모습입니다.

卓異 탁이＿보통사람보다 뛰어나게 다름.
至人 지인＿도를 닦아서 지극히 높은 경지에 이른 사람.
괴력난신怪力亂神＿괴이한 것과 용력과 패륜과 귀신이라는 뜻으로 이성적으로 설명하기 힘든 것을 말함.
색은행괴索隱行怪＿감추어진 것을 찾아내고 괴상한 일을 행하다.

4

밤이 깊고 사람이 없는 조용한 곳에 홀로 앉아 마음을 살피면
망령된 생각은 사라지고 진실한 마음만 드러남을 비로소 알게 되어
매번 그 안에서 은밀한 흥취를 얻는다.
그러나 진실한 마음이 나타나 망령된 생각을 숨기기 어려움을 깨닫게 되면
또한 그 안에서 크게 부끄러움을 느끼게 된다.

夜深人靜　獨坐觀心
야심인정　독좌관심

始知妄窮而眞獨露　每於此中得大機趣,
시지망궁이진독로　매어차중득대기취

旣覺眞現而妄難逃　又於此中得大慚悔.
기각진현이망난도　우어차중득대참회

참회慚悔는 참뉵慚忸으로 쓰기도 한다.

만해 강의

밤이 깊고 인적이 사라져 사방이 조용할 때 상대하고 접촉하는 사물 없이 홀로 앉아 자신의 마음을 살피면 세속에 물든 생각은 전혀 일어나지 않습니다. 낮에 여러 가지 일을 접하며 희로애락의 감정이 일어나 자신을 번뇌에 얽어매던 각종 망념은 모두 사라지고, 텅 비고 영명한 참마음의 본체만 홀로 나타나 영묘한 즐거움을 얻게 됩니다. 참마음이 밝게 드러나 지나간 망상의 흔적을 감추기 어렵게 되면 망령된 마음의 거짓됨을 알게 되는 까닭에 과거의 잘못을 깨달아 다시 그 안에서 크게 부끄러움을 느끼게 됩니다.

獨坐觀心 독좌관심__홀로 앉아 마음을 관조하다.
機趣 기취__은밀한 흥취.
慚悔 참회__부끄러워 후회함.

5

은혜로 인해 피해를 입는 경우가 있으므로
마음이 흡족할 때 얼른 돌아서라.
실패를 겪은 후에 성공을 하는 경우가 있으므로
일이 뜻대로 되지 않을 때에도 절대로 손을 놓지 말라.

恩裏由來生害　故快意時　須早回頭,
은리유래생해　고쾌의시　수조회두

敗後或反成功　故拂心處　切莫放手.
패후혹반성공　고불심처　절막방수

절막切莫은 막편莫便으로 쓰기도 한다.

만해 강의

남에게 사랑과 은혜를 계속해서 받는 것은 독자적으로 살아가는 데 방해가 됩니다. 이러한 것은 성인이 된 사람에게는 복이 아닙니다. 더 이상 사랑과 은혜를 받지 못하게 되면 그때는 도리어 원수지간이 됩니다. 그러므로 사랑과 은혜를 아낌없이 받아 마음이 흡족할 때 얼른 돌아서서 마음의 여운을 남겨 앞으로 교분을 오래도록 유지할 것을 기약해야 합니다.

사업을 하다가 실패한 뒤에 더욱 분발하여 새로운 일을 시도하면 과거의 실패가 미래를 위한 교훈을 주어 결국에는 성공을 하게 됩니다. 따라서 일이 뜻대로 안 돼 곤란을 겪더라도 실망하여 손을 놓고 무기력하게 지내지 말고 더욱 용감히 앞으로 나아가야 합니다. 예전부터 위대한 공훈을 이룬 영웅호걸 중에 한번이라도 실패를 경험하지 않은 사람이 어디 있겠습니까.

切莫 절막__절대로 ~하지 말라.

6

살아서는 마음을 너그럽게 하여 남들의 불평을 사지 않도록 하라.
사후에는 혜택이 오래도록 남아 남들이 잊지 않도록 하라.

面前的田地　要放得寬　使人無不平之歎,
면전적전지　요방득관　사인무불평지탄

身後的惠澤　要流得長　使人有不匱之思.
신후적혜택　요류득장　사인유불궤지사

만해 강의

면전面前은 살아있을 때를 말하고, 전지田地는 심지心地, 즉 마음의 터란 뜻입니다. 살아있을 때는 마음을 관대히 열어 남의 장점과 단점을 헤아리지 말고 모두 포용하여 남이 나에게 불평하는 일이 없게 해야 할 것입니다. 또 살아있을 때 이룬 공적의 혜택이 죽은 후까지 오래도록 남아 후대인들이 길이 기억하게 해야 합니다. 동서고금의 위대한 종교가, 사업가, 학자, 저술가들이 아직 세상에 드러나지 않았던 진리를 새롭게 밝혀서 수천만 사람들이 후대에 그 은덕을 누리게 하는 것이 바로 이것입니다.

不匱 불궤 _ 다함이 없음.

7

길이 좁은 곳에서는 한 걸음 비켜서서 상대가 지나가게 하고,
맛좋은 음식은 10분의 3을 덜어 남에게 양보하라.
이것이 세상을 매우 즐겁게 살아가는 방식의 하나이다.

路徑窄處　留一步與人行,
노경착처　유일보여인행

滋味濃的　減三分讓人食,
자미농적　감삼분양인식

此是涉世一極樂法.
차시섭세일극락법

노경路徑은 경로徑路로, 식食은 기嗜로, 극락極樂은 극안락極安樂으로 쓰기도 한다.

만해 강의

두 사람이 갈 수 없는 좁은 길에서 마주 오는 사람을 만나면 한 걸음 양보하여 상대가 먼저 지나가게 해야 합니다. 좋은 음식을 먹을 때는 음식의 30퍼센트를 덜어 남과 나누어 먹으면 다투고 빼앗는 일을 피할 수 있을 뿐 아니라 상대방이 감사히 여길 것입니다. 이것이 경쟁이 심한 세상을 즐겁게 살아가는 방법입니다.

路徑 노경_길이 좁음.
讓人食 양인식_남에게 양보하여 먹게 함.
極樂 극락_지극히 즐거움.

8

참다운 사람이 되는 길은 대단히 높고 먼 데 있는 것이 아니다.
속세의 감정에서 벗어날 수 있으면 곧 이름을 남길만한 사람이 될 수 있다.
학문을 하는 데는 공부를 무작정 많이 하는 것이 능사가 아니다.
사물에 얽매이는 일이 없어지면 곧 성인의 경지에 이를 수 있다.

作人　無甚高遠的事業　擺脫得俗情　便入名流,
작인　무심고원적사업　파탈득속정　편입명류

爲學　無甚增益的工夫　減除得物累　便臻聖境.
위학　무심증익적공부　감제득물루　편진성경

고원高遠과 증익增益 뒤에 적的자가 없는 경우도 있다. 진臻은 초超로 쓰기도 한다.

만해 강의

천고의 아름다운 업적을 역사상 길이 남긴 위인도 속세와 관계없는 높고 아주 먼 세상 밖의 일을 한 것이 아니라, 도리상 마땅히 해야 할 일을 제대로 했을 뿐입니다. 세속의 일을 하되 집착하지 않고 세속의 정욕에서 벗어나면 이런 사람이 곧 이름을 남기는 사람이 될 것입니다. 불교에서 "세간중의 출세간이라야 참된 출세간"이라는 말이 이것을 말하는 것입니다. 어떤 도인이나 학자라도 세상 어디에도 없던 도리를 새로 만들어내는 것이 아니라 본래부터 존재하던 지혜와 덕을 제대로 드러내는 것일 뿐입니다. 오직 사물에 얽매이지 않고 사물의 구속을 점점 줄여나가 마침내 해탈하게 되면 자연히 성인의 경지에 이르게 됩니다. "오직 정성을 다할 뿐이요, 성스러운 해탈이 따로 없도다"라는 말이 이것이 아니겠습니까? 세상 사람들이 이것을 깨닫지 못하고 세속의 정욕에서 벗어나는 것을 높고 먼 일로 잘못 알고, 사물에 얽매임을 줄여야 하는 데 오히려 늘리고 덧붙이는 것을 공부로 오인하는 것입니다.

臻 진_이르다.

9

세상을 덮는 큰 공로도 '자랑스러울 긍矜' 자 한 글자를 이기지 못하며, 하늘에 닿는 죄와 허물도 '고칠 개改' 자 한 글자를 이기지 못한다.

蓋世的功勞　當不得一個矜字,
개세적공로　당부득일개긍자

彌天的罪過　當不得一個改字.
미천적죄과　당부득일개개자

개세蓋世와 미천彌天 뒤에 적的자가 없는 경우도 있다.

만해 강의

역사에 남을 영웅이나 한 시대를 주름잡는 호걸이 위대한 업적을 세워 그 공이 온 세상에 미친다고 해도 스스로 만능의 신이라도 되는 양 자만하면 덕을 잃고 미움을 사서 이미 이루어 놓은 공조차 점차 없어지게 됩니다. 온 세상을 덮는 공로가 있는 영웅은 반드시 수없이 많은 이름 없는 영웅들의 희생 위에 공을 세우는 것이기 때문입니다. "한 장수가 공을 이루는 데서 만 사람의 뼈가 마른다―將功成萬骨枯"는 옛말이 이를 말하는 것입니다. 결코 자기 혼자의 힘으로 이룬 것이 아닌 공을 자신의 공으로만 내세우고 다른 많은 사람의 기여를 무시하면 그 공이 오래 가지 못합니다. 그러니 비록 세상을 덮는 업적이라 하더라도 '자랑스러울 긍矜' 자 한 자의 무서운 힘을 어찌 당해내겠습니까.

또 매우 큰 잘못을 저질렀더라도 빨리 회개하고 좋은 행실, 훌륭한 덕행에 힘쓰면 과거의 잘못은 차차 사라지게 됩니다. 그러므로 아무리 큰 잘못도 '고칠 개改' 자 한 글자를 당해내지 못합니다. 공이 있는 사람은 '자랑스러울 긍矜' 자를 삼가야 하며 죄를 지은 사람은 '고칠 개改' 자를 염두에 두어야 합니다.

蓋世 개세__세상을 뒤덮다.
彌天 미천__하늘에 가득 참.

10

하는 일마다 여유 있는 생각으로 임한다면
곧 조물도 나를 시기하지 못하고 귀신도 나를 해치지 못할 것이다.
그러나 만일 일과 공적마다 최대치를 추구하는 사람이 있다면
내적인 변란을 낳지 않으면 반드시 외부의 우환을 초래할 것이다.

事事留個有餘不盡的意思　便造物不能忌我　鬼神不能損我,
사사유개유여부진적의사　편조물불능기아　귀신불능손아

若業必求滿功必求盈者　不生內變　必招外憂.
약업필구만공필구영자　불생내변　필초외우

초稍는 소김로 쓰기도 한다.

만해 강의

모든 일에 있어서 최대한의 성취를 추구하지 말고 항상 얼마간의 여유를 남겨두어 그것으로 외부 사물의 변화를 수용하면 만물의 주재자도 나를 시기하지 못하고 귀신도 나를 해치지 못합니다. 반대로 일과 공적에서 최대의 결과가 나오기만을 기대하면 내부로부터 부작용이 생기거나 외부로부터 우환이 도래합니다. 10이 담기는 그릇에 7 만큼의 물을 담아 3 정도의 여유를 남기면 그 물이 안전하지만, 10을 다 채우면 물이 차서 넘치거나 엎질러지는 것과 같은 이치입니다.

有餘不盡的意思 유여부진적의사_넉넉하여 다함이 없는 생각.
造物 조물_만물의 조화를 주재하는 힘.
業必求滿 업필구만_업적을 세울 때마다 만족스럽게 되길 추구함.

11

남의 잘못을 나무랄 때는 너무 엄하게 하지 말고
받아들일 수 있는 한도에서 나무라야 하며,
남에게 선을 가르칠 때는 지나치게 정도를 높이지 말고
따를 수 있는 정도에서 가르쳐야 한다.

攻人之惡　無太嚴　要思其堪受,
공인지악　무태엄　요사기감수

教人以善　毋過高　當使其可從.
교인이선　무과고　당사기가종

만해 강의

남의 잘못을 나무라는 것은 그의 잘못을 지적하여 그치게 하기 위해서입니다. 그러나 비난의 강도가 지나치게 강하고 엄격하면 도리어 나쁜 감정을 낳기 쉽습니다. 그러므로 남을 나무랄 때는 상대가 감수할 만한 알맞은 수준으로 조절해야 합니다. 남에게 선을 가르칠 때 너무 힘든 것을 요구하여 실천하지 못하게 하면 선을 가르친 효과가 나지 않습니다. 그러므로 그 사람의 기량과 재능에 따라 실행할 수 있을 정도로 가르쳐야 합니다. 부처가 대승大乘의 사람을 만나면 대승법을 말하고 소승小乘의 사람을 만나면 소승법을 말했던 것, 공자가 "중간 이하의 사람에게 높은 수준을 말하지 않는다"고 한 것은 같은 뜻입니다.

太嚴 태엄_너무 엄격하게 하다.

過高 과고_수준을 너무 높이다.

대승大乘과 소승小乘_대승은 이타행利他行 즉 중생의 구제를 목표로 하는 것을 뜻한다. 석가 입멸후 500년, 기원전 100년경 인도에서 새로운 불교운동이 일어났는데 이것을 대승불교라고 한다. 그 때까지의 재래불교가 개인의 깨달음만을 추구한다고 하여 폄하하여 부른 용어가 소승이다.

12

굼벵이는 더럽지만 매미로 변해 가을바람에 이슬을 마시고,
썩은 풀은 빛을 내지 않으나 반딧불로 변해 여름달 아래 광채를 발한다.
그러므로 깨끗함은 항상 더러움에서 나오고,
밝음은 항상 어둠에서 생긴다는 것을 알아야 한다.

糞蟲至穢　變爲蟬　而飮露於秋風,
분충지예　변위선　이음로어추풍

腐草無光　化爲螢　而耀采於夏月,
부초무광　화위형　이요채어하월

故知潔常自汚出　明每從暗生也.
고지결상자오출　명매종암생야

암暗은 회晦로 쓰기도 한다.

만해 강의

굼벵이는 진흙 속에서 사는 더러운 벌레이지만 허물을 벗고 매미가 되면 가을바람에 맑은 이슬을 마시며 아주 깨끗하게 삽니다. 썩은 풀은 쓸모없는 사물이지만 그 안에서 반딧불이 자라 여름밤에 광채를 냅니다. 매미의 깨끗함이 굼벵이의 더러움에서 나오고 반딧불의 밝음이 썩은 풀 속의 어둠에서 생겨나는 것으로 미루어 다음과 같은 일반적 사실을 알 수 있습니다. 즉 미모는 박명한 데서 나오고, 잘 된 문장은 곤궁한 생활에서 나오고, 성공은 실패한 후에 얻게 되고, 영달은 어둡고 한스러운 뒤에 이루어집니다. 역사상 존경할 만한 영웅호걸은 곤궁하고 미천한 처지에서 일어났습니다. 사람은 한때의 실의로 인해 주저앉지 말아야 합니다.

糞蟲 분충__구더기라는 뜻이지만 여기서는 매미의 유충인 굼벵이를 가리킨다.
蟬 선__매미.
螢 형__반딧불.

13

자랑과 오만은 객기 아닌 것이 없으니
객기를 굴복시킨 후에야 바른 기운이 자란다.
정욕과 의식은 다 망령된 마음에 속하니
망령된 마음을 모두 없애 버린 후에야 참마음이 나타난다.

矜高倨傲　無非客氣　降伏得客氣下　而後正氣伸,
긍고거오　무비객기　항복득객기하　이후정기신

情欲意識　盡屬妄心　消殺得妄心盡　而後眞心現.
정욕의식　진속망심　소살득망심진　이후진심현

만해 강의

자랑하고 남에게 교만한 것은 보기 흉하고 부도덕한 객기입니다. 이 객기를 완전히 억누른 다음에야 공명정대한 정기가 자라납니다. 애증의 감정과 번뇌에 빠진 의식은 망령된 마음으로 인한 것입니다. 망령된 마음을 다 제거한 다음에야 투명하고 밝은 참마음이 나타날 것입니다. 그러나 객기와 바른 기운이 서로 대립되는 두 가지가 아니고, 망령된 마음과 참마음이 서로 분리된 두 가지 사물이 아닙니다. 똑같은 기운이요 똑같은 마음이지만 망령된 작용을 가리켜 객기라고도 하고 망령된 마음이라고도 하며, 본연의 모습 그대로를 일컬어 바른 기운이라고도 하고 참마음이라고도 합니다. 그러므로 바른 기운과 참마음은 거울처럼 사물을 비추는 물과 같고 객기와 망령괸 마음은 풍파에 이는 물결과 같아서, 거울 같은 물을 떠나서 풍파가 따로 있는 게 아닙니다.

矜高 긍고_자랑하여 자기를 높임.
倨傲 거오_거만.
消殺 소살_없앰.

14

배부른 후에 음식 맛을 생각하면 짙고 엷은 맛의 구분이 사라지고,
여색을 즐긴 후에 음사를 생각하면 남녀간의 연애감정이 사라진다.
그러므로 사람은 항상 일이 지난 후에 후회할 것을 생각하여
일에 임할 때의 어리석음과 미혹함을 물리치면
곧 본성이 안정되어 행동이 바르지 않음이 없게 될 것이다.

飽後思昧　則濃淡之境都消

포후사미　즉농담지경도소

色後思婬　則男女之見盡絶

색후사음　즉남녀지견진절

故人常以事後之悔悟

고인상이사후지회오

破臨事之痴迷

파임사지치미

則性定而動無不正.

즉성정이동무부정

만해 강의

배불리 먹은 후에 음식 맛을 생각하면 좋고 나쁜 맛의 구별이 사라지며, 여색을 즐긴 뒤에 음란한 정욕을 생각하면 남녀간의 연애감정이 사라집니다. 즉 배부른 후에 생각하면 무절제하게 마구 먹고 마신 일을 후회할 것이고, 여색을 즐긴 후에 생각하면 여색에 빠져 음란한 일을 한 것을 후회합니다. 그러므로 어떤 일이든지 나중에 후회할 것을 미리 깨닫고 일을 처리하여 어리석고 혼미함을 피하면 본성이 안정되어 어떻게 행동해도 바르지 못한 일이 없을 것입니다.

痴迷 치미_어리석음과 미혹함.

15

관직에 있어도 산림 속에 사는 듯한 기질과 취미를 버리지 말아야 하고, 산속 샘가에 살더라도 반드시 조정에 있는 듯이 경륜을 품어야 한다.

居軒冕之中　不可無山林的氣味,
거헌면지중　불가무산림적기미

處林泉之下　須要懷廟堂的經綸.
처임천지하　수요회묘당적경륜

묘당廟堂은 낭묘廊廟로도 쓴다.

만해 강의

헌軒은 고관들이 타는 수레이고, 면冕은 고관들이 쓰는 모자입니다. 헌을 타고 면을 쓰고서 관청에 출입하며 군사와 정치에 관한 국가대사를 처리하는 고관대작이 명예와 이익을 추구하면 세속에 물들어 바른 뜻을 잃을 것입니다. 또 명예와 이익을 추구하지 않는 지혜로운 재상이나 깨끗한 관리라도 지나치게 복잡하고 번거로운 정사에 신경을 써 정신이 지치면 도리어 당면한 일에 대한 판단력에 혼란이 생겨 잘못된 정견을 갖기 쉽습니다. 그러므로 높은 직위에 있는 정치인이라도 고결하고 냉정하여 감정의 치우침이 없도록 산림을 벗하고 사는 삶의 기질과 취미를 가져야만 이익을 추구하고 뜻을 잃는 폐단과 혼미하여 일을 오판하는 실수가 없게 됩니다. 독일의 재상 비스마르크의 뛰어난 식견도 가끔 공원을 산책할 때 얻은 것이라고 하는데 이것이 한 증거입니다.

그리고 혹 불우한 처지에 있는 사람이나 조용히 은둔하는 선비가 자연 속에서 학이나 구름과 더불어 조용하고 깨끗하게 세월을 보내더라도 의기소침하여 염세적이며 편협하고 고루한 사람이 되지 말고, 세상을 구제하고 나라를 경영하려는 국가적인 큰 경륜을 품어야 합니다. 한나라의 제갈공명이 융중隆中의 초려에 누워서 낮잠을 즐기는 세월을 보내는 중에도 벽에 형주와 익주의 지도를 걸어놓고 한나라 왕실의 부흥을 계획했던 일이 한 예입니다.

廟堂 묘당 _ 조정.
經綸 경륜 _ 일에 대한 조직적인 계획과 포부.
융중隆中 _ 후베이 성 샹양 현 서쪽의 산 이름.
형주荊州, 익주益州 _ 삼국시대 한나라가 서 있던 촉蜀지방의 주요 도시.

16

조심하고 노력하는 것은 미덕이지만

너무 고심하면 사람의 본성을 충족시키고 감정을 편안하게 하지 못한다.

담박함은 고상한 태도이지만

너무 메마르면 사람을 구제하고 사물을 이롭게 하지 못한다.

憂勤是美德　太苦　則無以適性怡情,
우근시미덕　태고　즉무이적성이정

淡泊是高風　太枯　則無以濟人利物.
담박시고풍　태고　즉무이제인이물

만해 강의

우憂는 조심하고 신중하다는 뜻이고, 근勤은 힘써 노력한다는 뜻입니다. 모든 일에 조심하고 부지런한 것은 사람의 아름다운 덕이지만 괴로울 정도로 지나치게 그러하면 본성과 감정을 편안하게 하지 못합니다. 담박한 생활은 참으로 고상한 태도이지만 지나치게 메마르면 마른 나무, 탄 재와 같아서 남을 구제하고 사물을 이롭게 하지 못합니다.

適性怡情 적성이정__성품에 맞게 하고 감정을 기쁘게 함. 이怡는 기뻐함, 온화함.
枯 고__메마름. 여기서는 담박함이 너무 지나친 상태.

17

일이 막다른 길에 다다르고 형세가 위축된 사람은 초심으로 돌아가야 하고, 성공과 수행을 원만히 이룬 선비는 말로를 내다보고 신중해야 한다.

事窮勢蹙之人　當原其初心,
사궁세축지인　당원기초심

功成行滿之士　要觀其末路.
공성행만지사　요관기말로

만해 강의

사람은 일을 진행하다가 극도의 낭패를 당하여 일이 막다른 골목에 몰리고 형세가 위축되면 일의 실패에만 연연하여 쓸데없는 근심만 하게 됩니다. 이럴 때는 생각을 돌려 일에 착수하기 전의 초심을 되살려 새로 계획을 세워야 합니다. 초나라의 항우가 해하垓下에서 유방에게 패한 뒤 오강烏江을 건너 자신의 출발지였던 초나라의 고향으로 돌아가 권토중래捲土重來를 기약했다면 진 제국의 영토가 유방과 항우 중 누구에게 갔을지 모를 일입니다. 한때의 낙담을 견디지 못하고 항우가 오강의 가을바람에 자결하는 바람에 천추의 한을 남긴 것은 일이 막다른 길에 다다르고 형세가 위축한 때를 만났을 때 초심으로 돌아가지 못했기 때문입니다.

일의 성공과 수행을 원만히 이룬 사람은 더욱 장래를 염려하여 말년의 안전을 살피고 때를 맞춰 물러나서 마무리를 잘 해야 합니다. 한나라 고조 유방의 신하 한신韓信은 각지를 정벌하여 한 제국 창업의 큰 공을 세웠으니 공을 충분히 이루었다고 할 수 있습니다. 그러나 그는 대군을 이끌고 백전백승을 거둔 병법의 대가인 자신의 목숨을 별 볼일 없는 아녀자인 여태후呂太后의 손에 잃었으니, 자신의 미래를 잘 살펴 대비하지 못한 탓입니다.

原 원_근원을 추구함.
行滿 행만_수행을 원만히 이룸.
여태후呂太后_유방의 처.

18

부귀한 집은 마땅히 남에게 너그럽고 후해야 하는데

도리어 남을 시기하고 각박하게 대하면

이것은 부귀하지만 행동을 가난하고 천하게 함이니

어찌 부귀를 오래 누릴 수 있겠는가.

총명한 사람은 마땅히 재능을 갈무리하여 감추어두어야 하는데

도리어 남에게 자신을 환하게 드러내면

이것은 총명하지만 어리석은 병을 키움이니

어찌 낭패를 보지 않겠는가.

富貴家　宜寬厚　而反忌剋　是富貴而貧賤其行　如何能享,
부귀가　의관후　이반기극　시부귀이빈천기행　여하능향

聰明人　宜斂藏　而反炫耀　是聰明而愚懵其病　如何不敗.
총명인　의염장　이반현요　시총명이우몽기병　여하불패

극剋은 각刻으로 쓰기도 한다.

만해 강의

부유하고 지위가 높은 집안은 관대해야 합니다. 그런데 도리어 남을 시기하고 재물에 인색하면 이것은 부귀하지만 행실은 천박하고 가난한 것입니다. 그러면 많은 사람들의 원한을 받을 것이니 어찌 부귀를 오래 누리겠습니까. 총명한 사람은 자신의 능력을 잘 간직해 두어야 하는데 널리 자랑하여 스스로를 빛내려고 하면 이것은 총명하면서도 어리석은 병을 가지고 있는 것이니 어찌 낭패를 보지 않겠습니까.

斂藏 염장 _ 거두어 감춤.
懵 몽 _ 어리석음.

19

소인을 대할 때 엄하게 대하기는 어렵지 않으나
소인을 미워하지 않기는 어렵고,
군자를 대할 때 공경하기는 어렵지 않으나
예절을 갖추기는 어렵다.

待小人　不難於嚴　而難於不惡,
대소인　불난어엄　이난어불오

待君子　不難於恭　而難於有禮.
대군자　불난어공　이난어유례

만해 강의

소인은 행위가 바르지 못하므로 소인을 미워하기 쉽습니다. 따라서 단순히 엄하게 소인을 대우하기는 어렵지 않으나 미워하지 않기는 어렵습니다. 덕행을 실천하는 군자에게는 무조건 공손하게 대하기 쉬운 까닭에 군자를 공경으로 대우하는 것은 어렵지 않으나 경의를 갖춰 예도에 맞게 대하기는 어렵습니다.

不難於嚴 불난어엄_엄하게 대하기는 어렵지 않다.

20

마귀를 항복시키려면 먼저 자신의 마음부터 항복시켜야 한다.
마음이 복종하면 곧 모든 마귀가 물러간다.
횡포를 다스리려는 자는 먼저 자기의 기운을 다스려야 한다.
기운이 평정되면 곧 외부의 횡포가 들어오지 못한다.

降魔者　先降其心　心伏　則群魔退聽,
항마자　선항기심　심복　즉군마퇴청

馭橫者　先馭此氣　氣平　則外橫不侵.
어횡자　선어차기　기평　즉외횡불침

만해 강의

마귀라는 것이 따로 있어서 아무 일에나 마귀의 행동을 하는 것이 아닙니다. 자신의 마음이 어리석게 되어 바깥 사물의 진상을 제대로 살피지 못하면 어리석게 헤매는 마음이 외곬으로 치우쳐서 갖가지 마귀의 생각을 일으키는 것입니다. 마음에 의혹이 일어나면 만나는 것마다 다 마귀가 되고, 생각을 그치면 모든 마귀가 사라집니다. 그렇다면 마귀는 자기 마음이 멋대로 만들어내는 것입니다. 나에게 마귀로 보이는 것은 반드시 나를 자신의 마귀로 간주할 것입니다. 내가 상대에 대해 그가 마귀라는 생각을 지우지 않으면 마귀도 역시 나에 대한 자신의 영향력을 거두어들이지 않을 것입니다. 그러므로 외부의 마귀를 항복시키려면 먼저 자신의 마음을 복종시켜 외부 사물을 마귀로 여기는 생각을 없애야 합니다. 자기 마음을 이겨 마귀에 대한 생각을 없애면 모든 마귀가 물러나 나의 명령을 듣고 따를 것입니다.

남의 횡포는 나의 경솔한 객기 때문에 힘을 얻는 것입니다. 횡포를 물리치려면 먼저 자신의 객기를 다스려 평온, 담백하고 인내력 있게 되면 외부의 횡포가 저절로 흩어져 나를 해치지 못하게 됩니다.

退聽 퇴청_물러나 경청하다.
馭橫 어횡_횡포함을 다스려 길들임.

21

욕망에 관한 일은 그 편안함에 빠져 잠시라도 손가락에 묻지 않게 해야 한다.
한 손가락이라도 묻히면 곧바로 만 길 깊은 구렁에 떨어지게 된다.
도리에 관한 일은 어렵다고 하여 조금이라도 물러서지 말아야 한다.
한걸음이라도 물러서면 곧 산 천 개를 사이에 둔 것처럼 멀어지게 된다.

欲路上事　母樂其便而姑爲染指　一染指　便深入萬仞,
욕로상사　무락기편이고위염지　일염지　편심입만인

理路上事　母憚其難而稍爲退步　一退步　便遠隔千山.
이로상사　무탄기난이초위퇴보　일퇴보　편원격천산

만해 강의

욕망과 감정에 따른 일은 실행하기 편하고 쉽지만 그 편안함을 즐겨서 잠시라도 그 맛에 탐닉해서는 안 됩니다. 한번 손에 묻히면 점점 그 맛을 탐하여 만 길 깊은 구렁으로 떨어지게 됩니다. 도리에 맞는 일은 실행하기가 어렵지만 어려움을 꺼려 조금이라도 물러나서는 안 됩니다. 한번 뒤로 물러서면 점점 멀어져서 자신과 도리에 맞는 일 사이에 천 개의 산이 끼어 있는 것처럼 멀리 떨어지게 되어 결국 도리에 맞는 일로 되돌아갈 방법이 없게 됩니다.

姑 고_잠시.
隔 격_사이를 두다.

22

배우는 사람은 정신을 가다듬어 한 곳에 집중해야 한다.

만일 덕을 닦아도 뜻을 공이나 명예에 두면 결코 진실에 이르지 못한다.

글을 읽어도 음풍농월하는 일에 흥미를 두면 결코 깊이 깨닫지 못한다.

學者要收拾精神　幷歸一處,
학자요수습정신　병귀일처

如修德　而留意於事功名譽　必無實詣,
여수덕　이유의어사공명예　필무실예

讀書　而寄興於吟咏風雅　定不深心.
독서　이기흥어음영풍아　정불심심

만해 강의

학문에 정진하는 사람은 정신을 분산시키지 말고 한 곳으로 집중시켜야 합니다. 도와 덕을 닦는 사람이 공로나 명예 같은 것에 뜻을 두면 도와 덕에 가까이 갈 수 없습니다. 책을 읽는 사람이 깊은 뜻을 찾는 데 전념하지 않고 시를 읊고 음악을 즐기는 데 흥미를 두면 절대로 깊은 마음으로 깨닫지 못합니다.

實詣 실예_진실에 이르다.
深心 심심_마음에 깊이 깨달음.

23

사람들은 누구나 대자비심을 가지고 있으니,

유마와 백정의 마음이 다르지 않다.

사는 곳이 어디든 나름의 참된 취미가 있으니,

금으로 지은 화려한 집과 초가집이 다른 곳이 아니다.

사람들이 물욕에 가리고 감정에 사로잡혀서

눈앞에 두고도 잘못 봄으로써 지척이 천리의 차이를 낳는 것이다.

人人有個大慈悲　維摩屠劊無二心也,
인인유개대자비　유마도회무이심야

處處有種眞趣味　金屋茅簷非兩地也,
처처유종진취미　금옥모첨비양지야

只是欲閉情封　當面錯過　便咫尺千里矣.
지시욕폐정봉　당면착과　편지척천리의

폐閉는 폐蔽로 쓰기도 한다.

만해 강의

모든 사람의 본심에는 큰 자비심이 있습니다. 유마는 덕이 높은 불제자이고 백정은 생명을 죽이는 잔인한 일을 하는 사람이지만 두 사람이 지닌 대자비의 본심은 똑같습니다. 맹자가 "사람은 남에게 차마 어찌하지 못하는 마음不忍人之心이 있다"고 한 것이 바로 그것입니다. 열반 법회의 자리에서 백정이 칼을 내던지고 그 자리에서 부처가 되었다고 하는데 이것은 백정에게도 대자비의 불성이 있다는 증거입니다. 또 어느 곳을 막론하고 변하지 않는 유일한 참된 취미가 있으니, 벽을 금으로 치장한 화려한 궁전과 짚을 처마 위에 얹은 초가집이 인위적인 형식은 다르지만 천연적인 취미는 같을 수 있습니다.

그러면 어째서 자비심은 같은데 유마와 백정의 차이가 나며 참된 취미는 하나인데 궁전과 오막살이에 대한 감정의 차이가 있는 생길까요? 이는 물욕과 망령된 생각이 가로막아서 본심과 참 취미를 못 알아봐 눈앞에 두고도 보지 못하기 때문입니다. 이 같은 착오는 생각 하나가 겨우 지척만큼 잘못된 데서 비롯되나 결과는 천 리만큼의 차이를 낳습니다.

維摩 유마_ 석가 생존 당시 보살행을 거의 완성한 것으로 알려진 재가 불교도. 재가자이면서 공空 사상을 실천하는 이상적인 보살로 선종禪宗에서 추앙받고 있다.
屠劊 도회_ 가축을 잡는 도살자와 사형집행인.
錯過 착과_ 착오.

24

덕을 쌓고 도를 닦음에는 목석과 같은 마음이 있어야 한다.
만일 조금이라도 좋아하고 부러워하는 마음이 있으면 곧 물욕의 세계에 빠진다.
세상을 구제하고 나라를 경영함에는 구름이나 물 같은 취미를 가져야 한다.
만일 조금이라도 탐내고 집착함이 있으면 곧 위험에 빠지게 된다.

進德修道 要個木石的念頭 若一有欣羨 便趨欲境,
진덕수도 요개목석적염두 약일유흔선 편추욕경

濟世經邦 要段雲水的趣味 若一有貪着 便墮危機.
제세경방 요단운수적취미 약일유탐착 편타위기

만해 강의

도와 덕을 닦는 사람은 감정이 없는 나무나 돌과 같이 물욕을 끊어야 합니다. 만약 사물에 대해 좋아하고 부러워하는 마음이 생기면 탐욕에 사로잡혀 도와 덕을 닦지 못하게 됩니다. 세상을 구제하고 나라를 경영하는 큰일을 하는 사람은 담박한 구름이나 물 같은 취미를 갖고 냉정한 두뇌와 공평한 마음으로 일을 처리해야 합니다. 명예, 이익, 권력에 집착하고 그런 것들을 탐내면 판단력이 흐려져 위험에 빠져서 큰일을 해내지 못하게 됩니다.

欣羨 흔선__기뻐함과 부러워 함.
濟世經邦 제세경방__세상을 구제하고 나라를 경영함.

25

간이 병들면 눈이 보이지 않게 되고
콩팥이 병들면 귀가 들리지 않게 된다.
병은 사람이 보지 못하는 곳에서 생겨
모든 사람이 볼 수 있는 곳에 나타난다.
그러므로 군자는 밝은 데서 죄가 없으려면
먼저 어두운 곳에서 죄를 짓지 말아야 한다.

肝受病　則目不能視,　腎受病　則耳不能聽,
간수병　즉목불능시　신수병　즉이불능청

病受於人所不見　必發於人所共見,
병수어인소불견　필발어인소공견

故君子欲無得罪於昭昭　先無得罪於冥冥.
고군자욕무득죄어소소　선무득죄어명명

만해 강의

눈은 간에 연결돼 있어서 간이 아프면 시력에 문제가 생기고, 귀는 신장에 연결돼 있어서 신장이 아프면 청력에 지장이 생깁니다. 병은 사람이 보지 못하는 신체 내부에서 생긴 뒤에는 반드시 겉으로 증상이 나타나 모두가 볼 수 있게 됩니다. 사람의 일도 이와 같아서 속에 감춰진 생각은 반드시 하는 일에 나타나고, 홀로 있을 때의 습관은 사람들 앞에서 드러납니다. 그러므로 군자는 밝은 곳에서 죄를 짓지 않으려면 먼저 어두운 곳에서 행동을 조심해야 합니다.

腎 신_콩팥.
昭昭 소소_밝은 모습.
冥冥 명명_어두운 모습.

26

내가 다른 사람에게 잘해준 일은 생각하지 말고
잘못한 것은 염두에 두고 있어야 한다.
다른 사람이 나에게 베푼 은혜는 잊지 말아야 하지만
원한은 잊어야 한다.

我有功於人　不可念　而過則不可不念,
아유공어인　불가념　이과즉불가불념

人有恩於我　不可忘　而怨則不可不忘.
인유은어아　불가망　이원즉불가불망

만해 강의

내가 남에게 베푼 공덕이 있으면 보상을 기대하지 말아야 하고 그 공덕을 염두에 두지 말아야 하지만, 남에게 잘못한 일이 있으면 잘못을 고치기 위해 잊지 말아야 합니다. 남이 나에게 은혜를 베풀면 은혜를 갚기 위해 잊지 말아야 하지만 남이 나에게 잘못해 원한을 갖게 하면 즉시 잊어 원수를 갚지 말아야 합니다. "군자는 원한을 원한으로 갚지 않고 덕으로 원한을 갚는다"고 한 옛말이 이것을 말한 것입니다.

27

마음의 바탕이 맑고 깨끗해야 비로소 글을 읽고 옛것을 배울 만하다.
그렇지 않으면 선행을 한 번 읽으면 훔쳐다가 자신의 사사로운 일을 치장하고
착한 말을 한 번 들으면 빌려다가 자신의 단점을 가리게 된다.
이것은 강도에게 무기를 빌려주고 도적에게 식량을 갖다 주는 것과 같다.

心地乾淨　方可讀書學古,
심지건정　방가독서학고

不然　見一善行　竊以濟私　聞一善言　假以覆短,
불연　견일선행　절이제사　문일선언　가이복단

是又藉寇兵　而齎盜粮矣.
시우자구병　이재도량의

만해 강의

마음속의 티끌을 말끔히 씻어 마음이 맑고 깨끗해야만 좋은 글을 읽을 때 옛 성현의 깊은 뜻을 배울 수 있습니다. 마음이 깨끗하지 못한 사람은 글 속에서 선행을 하나 보면 그것을 절취해서 자신의 사적인 일에 이용하여 자기 개인의 행동을 몰래 선행으로 치장합니다. 옛사람의 좋은 말을 하나 들으면 이를 가져다 자신의 단점을 은폐하고 좋은 말로 호도하고자 합니다. 남의 선행을 가져다 자기 개인의 일을 치장하면 사사로운 일을 더욱 사사롭게 만드는 것이고 남의 좋은 말을 빌려 자신의 잘못을 덮으면 잘못에 잘못을 더하는 것입니다. 이것은 강도에게 무기를 대주는 것과 같고 도적에게 양식을 갖다 주는 것과 같은 일입니다.

乾淨 건정 _ 맑고 깨끗함.
濟私 제사 _ 사사로운 일을 비호함.
藉寇兵 자구병 _ 도적에게 무기를 빌려줌.
齎盜粮 재도량 _ 도둑에게 먹을 것을 갖다 줌.

28

사치를 즐기는 사람은 부유하지만 만족하지 못하니

어찌 검소한 사람이 가난하지만 여유 있게 사는 것만 같으랴.

유능한 자는 수고를 다하고도 남의 원망을 받으니

어찌 재주 없는 자가 편히 놀면서 참됨을 온전히 갖추고 있는 것만 같으랴.

奢者富而不足　何如儉者貧而有餘,
사자부이부족　하여검자빈이유여

能者勞而伏怨　何如拙者逸而全眞.
능자노이복원　하여졸자일이전진

복伏은 부府로 쓰기도 한다.

만해 강의

사치스러운 사람은 탐욕이 자꾸 늘어서 아무리 부유해져도 만족할 줄 모릅니다. 검소하고 절약하는 사람은 바라는 마음이 없어서 가난해도 여유가 있습니다. 사치스러운 사람이 재물은 많아도 만족하지 못하는 것은 검소한 사람이 가난해도 여유가 있는 것만 못합니다. 재능이 있어도 덕이 없는 사람은 타인이나 외부 환경의 부림을 받아 심신이 힘써 일을 해도 남의 원한을 사는 경우가 많습니다. 못난 사람은 잘하는 것이 별로 없기 때문에 일이 없고 편안하여 타고난 참모습을 그대로 보전합니다. 그러니 능력 있는 자가 원한을 사는 것은 못난 자가 탈 없이 참모습을 보전하는 것만 못합니다.

伏怨 복원 _ 원망을 받음.
全眞 전진 _ 진면목을 완전히 보전함.

29

책을 읽어도 성현을 보지 못하면 붓과 서판에게 부림을 받는 것과 같고,
관직에 있어도 백성을 자식처럼 사랑하지 아니하면 의관 도둑과 같고,
학문을 연구해도 힘써 실천하지 않으면 입에 발린 말과 같고,
업적을 세워도 덕을 심을 생각을 하지 않으면 눈앞에 어른거리는 꽃과 같다.

讀書　不見聖賢　如鉛槧傭,
독서　불견성현　여연참용

居官　不愛子民　如衣冠盜,
거관　불애자민　여의관도

講學　不尙躬行　如口頭禪,
강학　불상궁행　여구두선

立業　不思種德　如眼前花.
입업　불사종덕　여안전화

여如자 4개를 爲위자로 쓰기도 한다.

만해 강의

글을 읽어도 옛 성현의 정신적 참모습을 꿰뚫어 보지 못하고 다만 문장의 구절만 받아들이면 연필과 종이가 시키는 대로 글자를 베끼는 사람과 같습니다. 관리가 되어서 백성을 친자식처럼 사랑하고 구휼하지 않고 봉급만 받는다면 이는 관리의 복장을 한 도둑과 같습니다. 학문을 연구해도 성현의 아름다운 말과 좋은 행동을 본받아 실천하지 않으면 실력 없는 수행자가 깊은 뜻이 담긴 선 문구를 그저 입으로만 외는 것과 같습니다. 공적을 세워도 후대까지 길이 누릴 음덕을 쌓지 못하면 잠시 어른거리다가 곧 사라져버리는 눈앞의 꽃처럼 공적이 곧 사라지게 됩니다.

鉛槧 연참 _ 필기구와 서판.

30

사람의 마음에 참 문장이 있지만
오래되어 낡고 쓸모없는 글들 때문에 봉쇄되어 버리고,
사람의 마음에 참 풍류가 있지만
요염한 노래와 춤 때문에 사라져 버린다.
배우는 자는 외부 사물을 다 털어 버리고 근본을 곧바로 찾아가야
그때에 비로소 참된 배움이 있을 것이다.

人心有一部眞文章　都被殘編斷簡封錮了,
인심유일부진문장　도피잔편단간봉고료

有一部眞鼓吹　都被妖歌艶舞湮沒了,
유일부진고취　도피요가염무인몰료

學者須掃除外物　直覓本來　纔有個眞受用.
학자수소제외물　직멱본래　재유개진수용

만해 강의

사람의 본심은 여러 가지 이치를 갖추고 있어서 만사에 대응합니다. 따라서 각 사람의 마음에는 본래부터 미묘하고도 훌륭한 하나의 참 문장이 갖추어져 있습니다. 불교 서적에 "나에게 경전이 한 권 있는데 종이와 먹으로 된 것이 아니라서 펴보아도 글자 한 자 없지만 항상 광명을 환히 비추어 준다"는 구절이 있는데 이것이 곧 마음속의 참 문장을 말한 것입니다.

그런데 글을 배우는 사람들이 이 참 문장을 자유롭게 활용하지 못하고 옛 사람들이 쓰다 버린 서책들만 뒤지느라 오히려 낡아빠지고 떨어져 나간 책장 속에 오묘한 자기 마음의 참 문장을 묻어 버리는 결과를 낳습니다. 사람의 마음속에는 본래 절묘한 곡조의 참 풍류가 들어 있는데 도리어 기생이나 광대의 요염한 노래와 춤 때문에 연기처럼 사라져 버리니 참으로 애석한 일입니다. 배우는 사람이 자기 마음속에서 낡아빠지고 떨어져 나간 책장과 요염한 가무 따위의 장애물들을 일소해버리고 본래 갖추고 있는 참 문장과 참 풍류를 발견할 수 있으면 한없는 참 배움을 얻을 수 있을 것입니다.

殘編斷簡 잔편단간_일부가 남아있는 책과 일부 남아있는 죽간. 즉 오래되어 멸실되고 무의미하게 남아있는 몇 편의 글들을 말함.
湮沒 인몰_파묻혀 없어짐. 인멸.
封錮 봉고_봉하고 막음.
鼓吹 고취_북소리와 피리소리.

31

부귀와 명예를
도와 덕으로 얻은 것은
숲 속의 꽃과 같아서 서서히 자라 번성하고,
공적으로 이룬 것은
화분 속의 꽃과 같아서 옮겨 심으면 흥취가 없어지며,
권력으로 얻은 것은
꽃병의 꽃과 같아서 뿌리를 내리지 못해 시들기만을 기다린다.

富貴名譽自道德來者　如山林中花　自是舒徐繁衍,
부귀명예자도덕래자　여산림중화　자시서서번연

自功業來者　如盆檻中花　便有遷徙廢興,
자공업래자　여분함중화　편유천사폐흥

若以權力得者　如瓶鉢中花　其根不植　其萎可立而待矣.
약이권력득자　여병발중화　기근불식　기위가립이대의

서徐는 여餘로 쓰기도 한다.

만해 강의

부귀와 명예는 얻게 된 원인에 따라서 그것을 누리는 기간도 달라집니다. 숲 속에서 자연스럽게 핀 꽃이 뿌리가 깊고 가지가 무성하여 갈수록 번성하게 되는 것처럼 도와 덕으로 얻은 부귀와 명예는 누리는 기간이 가장 깁니다. 공적으로 얻은 부귀와 명예는 화분에 심은 꽃이 인위적으로 배양하느라 옮겨 심거나 버려지기도 하고 키워지기도 하는 것과 같아서 지속되는 기간이 길지 못합니다. 한때의 권력이 원인이 되어 얻은 부귀와 명예는 가지를 꺾다가 꽃병에 꽂아 놓은 꽃이 뿌리가 없어서 곧 시들어 버리는 것처럼 누리는 기간이 가장 짧습니다.

盆檻 분함_화분과 우리. 화분.
瓶鉢 병발_병과 바리때.
遷徙 천사_옮겨 놓음.

32

도와 덕을 지키며 사는 사람은 한때 적막히 지내지만
권세에 의지하고 아부하는 사람은 영원히 처량하다.
달인은 사물을 볼 때 사물 밖의 사물을 보고 죽은 뒤의 자신을 생각한다.
차라리 한때의 적막을 받아들일지언정
영원히 처량한 신세가 되는 길은 선택하지 말아야 한다.

棲守道德者　寂寞一時　依阿權勢者　凄凉萬古,
서수도덕자　적막일시　의아권세자　처량만고

達人觀物外之物　思身後之身,
달인관물외지물　사신후지신

寧受一時之寂寞　毋取萬古之凄凉.
영수일시지적막　무취만고지처량

만해 강의

한평생을 도와 덕 속에 머물면서 지조를 지키는 사람은 부귀와 명예, 이익을 도외시하고 단사표음簞食瓢飮으로 누추한 집에서 살며, 그렇게 사는 즐거움을 놓치려 하지 않습니다. 또는 시운이 안 따르고 세상의 시기를 받아서 불우한 신세가 되어 곤궁함 속에서 생애를 보내기 쉬우니 한때나마 적막함이 매우 심합니다. 그러나 이러한 사람은 덕이 높아서 아름다운 이름을 후세에 전하여 역사에 남는 명예를 얻을 것입니다.

만일 노예와 같은 태도로 권력자에 아부하여 구차하게 관직과 명예와 이익을 추구하면 비록 한때 부귀영화를 누리더라도 후세 사람들의 손가락질을 면치 못하여 영원히 처량하게 될 것입니다. 달인은 유한한 현상의 바깥에 무궁한 도와 덕이 있음을 알고, 백 년을 사는 육신의 뒤에 영원한 정신적 존재가 있음을 생각합니다. 따라서 도와 덕을 지켜 한때의 적막을 겪을지언정 권세에 영합하여 영원히 처량한 신세가 되는 일은 피해야 할 것입니다.

棲守 서수__그 안에 살면서 지킴.
達人 달인__지극한 도에 통달한 사람.
단사표음簞食瓢飮__밥 한 그릇과 물 한 바가지란 뜻으로 청빈하게 사는 것을 말함.

33

봄이 와서 날씨가 따뜻해지면
꽃도 좋은 빛을 펼치고 새도 몇 마디 듣기 좋은 노래를 지저귀는데
사군자가 운이 좋아 두각을 나타내고 거기다 따뜻하고 배부르게 지내면서
좋은 말과 좋은 일을 할 생각을 하지 않으면
비록 백 년을 살아도 마치 하루도 살지 못한 것과 같다.

春至時和　花尙鋪一段好色　鳥且囀幾句好音,
춘지시화　화상포일단호색　조차전기구호음

士君子幸列頭角　復遇溫飽　不思立好言行好事,
사군자행열두각　부우온포　불사립호언행호사

雖是在世百年　恰似未生一日.
수시재세백년　흡사미생일일

만해 강의

봄철이 되어 날씨가 화창해지면 감정이 없는 꽃도 피어 고운 빛을 보이고, 아무것도 모르는 새도 날며 몇 마디 아름다운 소리를 냅니다. 이렇듯 어리석고 영혼이 없는 미물도 때를 만나면 제 할일을 다 하면서 사람의 귀와 눈을 즐겁게 해줍니다. 하물며 만물의 영장인 사람들 가운데서도 특히 중요한 위치에 있는 사군자가 두각을 나타내어 남보다 앞선 처지에 있고 또한 의식주가 넉넉하면서도 사람들의 모범이 될 만한 좋은 말을 하지 않고 사람들의 귀감이 될 좋은 일을 하지 않으면 어찌 부끄럽지 않겠습니까. 이러한 사람은 백 년을 살아도 하루도 살지 못한 것과 같습니다.

士君子 사군자_교양과 인격이 높은 사람.
鋪 포_펴다.
囀 전_지저귀다.

34

참된 청렴은 청렴하다는 소문이 나지 않는다.

소문이 난 것은 바로 탐하는 마음이 있기 때문이다.

큰 솜씨는 정교한 기술이 따로 없다.

기술을 쓰는 것은 재주가 부족하기 때문이다.

眞廉無廉名　立名者正所以爲貪,
진렴무염명　입명자정소이위탐

大巧無巧術　用術者乃所以爲拙.
대교무교술　용술자내소이위졸

만해 강의

진정으로 청렴한 사람은 청렴하다는 명예를 바라지 않습니다. 청렴하다는 명예를 내세우는 것은 명예를 탐하는 것이니 진실로 청렴한 것이 아닙니다. 솜씨가 뛰어난 사람은 특별한 기술이 없습니다. 각종 도구를 이용해 한껏 기술을 부리는 사람은 그런 기술에 의존하지 않고서는 솜씨를 발휘할 수 없습니다. 이는 재주가 부족하기 때문입니다. 그래서 "지극히 둥근 것은 그림쇠가 필요 없고 지극히 모난 것은 곱자가 필요 없다"는 옛말이 있는 것입니다.

廉名 염명 _ 청렴하다고 이름이 남.
巧術 교술 _ 정교한 기술.

35

마음이 밝으면 어두운 방에도 푸른 하늘이 있고,

생각이 어둡고 어리석으면 밝은 대낮에도 사나운 귀신이 나온다.

心體光明　暗室中有靑天,
심체광명　암실중유청천

念頭暗昧　白日下有厲鬼.
염두암매　백일하유여괴

유여괴有厲鬼는 생여괴生厲鬼로 쓰기도 한다.

만해 강의

사람의 마음이 밝고 바르고 떳떳하여 조금도 거짓이 없으면 어두컴컴한 방안에 있어도 밝고 푸른 하늘을 보고 있는 것과 같습니다. 생각이 어둡고 어리석어서 사물을 거꾸로 보고 의심하고 두려워하면 환한 대낮에도 음침하고 험한 굴속에서 귀신을 대하고 있는 듯합니다. 불교에서 "마음이 천당을 만들고 지옥을 만든다"고 한 것은 이것을 말한 것입니다.

心體 심체_본체로서의 마음이라는 뜻.
厲鬼 여귀_사나운 귀신.

36

악한 일을 하고 나서 남이 알 것을 두려워하는 것을 보면
악함 속에 선의 길이 있음을 알 수 있고,
선한 일을 하고서 남에게 알리기에 급급한 것을 보면
선함이 곧 악의 뿌리가 됨을 알 수 있다.

爲惡而畏人知　惡中猶有善路
위악이외인지　악중유유선로

爲善而急人知　善處卽是惡根.
위선이급인지　선처즉시악근

만해 강의

사람이 악한 일을 한 후 남에게 알려질 것을 두려워하는 것은 나쁜 짓을 해서는 안 된다는 것을 알고 마음속에서 수치심을 느끼기 때문입니다. 이것은 사람이 회개하기 쉬운 성품을 지니고 있어서 악함 속에도 개선의 길이 있다는 뜻입니다. 착한 일을 하면서 남이 알아주지 못할까 우려하여 빨리 소문내 남에게 알리는 것은 명예와 이익을 추구하는 욕심에서 나오는 행동입니다. 이것은 이익을 탐하는 욕망의 나쁜 뿌리입니다.

畏人知 외인지_남이 알까봐 두려워함.
急人知 급인지_남에게 알리기에 급급함.

37

하늘의 조화는 측량하지 못한다.
억누르면서 뻗게 하고 뻗게 하면서 억누르니
영웅이 희롱당하고 호걸이 거꾸러진 이유가 모두 여기에 있다.
군자는 역경이 오면 순순히 받아들이고 편안한 곳에서 위기를 생각하니
하늘도 그 기량을 쓸 데가 없다.

天之機緘不測　抑而伸　伸而抑　皆是播弄英雄　顚倒豪傑處,
천지기함불측　억이신　신이억　개시파롱영웅　전도호걸처

君子只是逆來順受　居安思危　天亦無所用其伎倆矣.
군자지시역래순수　거안사위　천역무소용기기량의

만해 강의

하늘의 기함機緘이란 조물주가 사람과 세상사에 대한 길흉화복을 결정하는 기제를 말합니다. 그 작용이 대단히 오묘하여 사람의 지식으로는 헤아릴 수가 없습니다. 사람의 운명을 처음에는 억눌러 곤란한 처지에 놓이게 했다가 나중에는 운을 펴게 해서 번창하게 만들기도 하고, 처음에 뜻을 이루게 하다가 나중에 불운을 주어 실패하게 만들기도 합니다. 또한 영웅호걸의 일생을 반전시키고 상승과 하강을 거듭하게 합니다. 한낱 시골의 면장이었던 유방이 갑자기 크게 성장해 한나라 고조가 되고, 프랑스의 황제 나폴레옹이 하루아침에 몰락하여 외딴 섬에 죄수로 갇히기도 합니다. 이렇듯 하늘이 운을 펴주거나 억누르는 것은 예측할 수 없습니다. 그러나 군자는 다가오는 역경을 순순히 감내하고 받아들이지만, 미리 위기를 생각하여 얻고 잃고 나아가고 물러날 적기를 파악해 운명에 희롱당하거나 좌절되지 않습니다. 이렇게 하면 예측할 수 없는 조화를 부리는 하늘도 기량을 맘대로 쓸 수 없을 것입니다.

  영웅과 군자의 다른 점은, 영웅은 야심과 사사로운 욕심이 있어서 운명에 희롱 당하지만 군자는 야심과 사사로운 욕심이 없고 공명정대하여 역경이나 순경에 관계없이 자유롭다는 점입니다. 그러므로 군자의 도와 덕이 영웅의 권력과 능력보다 훨씬 나은 것임을 깨달아야 합니다.

機緘 기함__우주의 조화. 혹은 길흉화복이 전개되는 기제. 변화의 시작을 기機, 마무리를 함緘이라고 한다.
播弄 파롱__희롱함.
逆來順受 역래순수__역경이 와도 순순히 받아들임.
居安思危 거안사위__편안한 곳에 거처하면서도 위기를 염려함.

38

복은 구한다고 구해지는 것이 아니니

베풀 줄 아는 정신을 기르는 것을 복을 부르는 근본으로 삼아야 하고,

화는 피한다고 피해지는 것이 아니니

살생의 계기를 없애는 것을 화를 멀리하는 대책으로 삼아야 한다.

福不可徼　養喜神　以爲招福之本,
복불가요　양희신　이위초복지본

禍不可避　去殺機　以爲遠禍之方.
화불가피　거살기　이위원화지방

초招는 소召로 쓰기도 한다. 본本자와 방方자 아래 이이而已가 있는 책도 있다.

만해 강의

행복은 억지로 구한다고 얻어지는 것이 아닙니다. 오직 복을 부르는 원인을 쌓아야만 얻을 수 있습니다.다. 그러므로 우리는 선량하고 베풀 줄 아는 정신을 기르는 것을 복을 부르는 근본으로 삼아야 합니다. 재난과 화의 원인을 만들어 놓은 다음에는 그 과보를 요행히 피하려 해봐야 피해지지 않습니다. 먼저 남을 해치고 죽이고자 하는 마음의 동기를 제거함으로써 화를 멀리해야 합니다.

徼 요_구하다.
喜神 희신_남에게 기쁨을 베풀 줄 아는 정신. 혹은 길신吉神, 즉 상서로운 신이라는 뜻도 있음.

39

천지의 기운이 따뜻하면 생명이 자라나고, 차가워지면 생명이 죽는 것처럼
성품과 기운이 차가운 사람은 받아 누리는 복도 적다.
기운이 온화하며 마음이 따뜻한 사람만이
받는 복도 후하고 입는 혜택도 오래 간다.

天地之氣　暖則生　寒則殺，　故性氣淸冷者　受享亦凉薄，
천지지기　난즉생　한즉살　고성기청랭자　수향역양박

唯氣和心暖之人　其福亦厚　其澤亦長.
유기화심난지인　기복역후　기택역장

기화심난氣和心暖을 화기열심氣和氣熱心으로 쓰기도 한다.

만해 강의

천지의 기운이 따뜻하면 만물이 태어나 자라고, 차가워지면 만물이 시들고 죽는다. 사람의 성품과 기운도 이와 같아서 차갑고 메마른 사람은 베푸는 덕이 부족하기 때문에 되받아 누리는 복도 박하다. 성품과 기운이 화창하고 심성이 따뜻한 사람은 포용하는 자애심이 풍부하기 때문에 되받아 누리는 복도 후하고 혜택도 오래 간다.

凉薄 양박_얇음.
氣和心暖 기화심난_기운이 온화하고 마음이 따뜻함.

40

하늘의 도리를 행하는 길은 매우 넓어 여기서 마음을 조금만 놀게 하면
가슴속이 넓고 밝아짐을 곧 깨닫게 된다.
욕망의 길은 매우 좁아서 조금만 발을 들여놓아도
눈앞이 모두 가시밭길이며 진흙탕길이다.

天理路上甚寬　稍遊心　胸中便覺廣大宏朗,
천리로상심관　초유심　흉중편각광대굉랑

人欲路上甚窄　纔寄跡　眼前俱是荊棘泥塗.
인욕로상심착　재기적　안전구시형극니도

만해 강의

하늘의 도리란 본연의 도리를 말합니다. 그 도리를 행하는 길은 넓고 거칠 것이 없어서 왜곡되고 막힐 걱정이 없습니다. 여기서 마음을 놀게 하면 가슴속이 넓고 밝아져서 조금도 오염되지 않습니다. 하늘의 도리에 상반되는 탐욕은 길이 열악해서 이쪽을 행로로 택하면 앞길이 막히고 곤궁해 가시덤불과 진흙구덩이 속을 걷는 것과 같습니다. 그러므로 가시나 진흙 같은 욕망을 없애고 넓고 거리낌이 없는 하늘의 도리를 따라야 할 것입니다.

宏朗 굉랑__넓고 밝음.
纔 재__조금, 겨우.
寄跡 기적__발자취를 의탁하다. 곧 발을 들여놓는다는 뜻.

41

괴로움과 즐거움이 서로를 단련시키되
충분히 단련된 후에 복을 이루면 그 복이 오래 가고,
의심과 믿음이 서로를 고려하되
충분히 고려한 후에 지식을 이루면 그 지식이 진실하다.

一苦一樂相磨練　練極而成福者　其福始久,
일고일락상마련　연극이성복자　기복시구

一疑一信相參勘　勘極而成知者　其知始眞.
일의일신상참감　감극이성지자　기지시진

만해 강의

갑자기 얻은 횡재와 뜻밖에 닥친 복은 오래 가지 못합니다. 괴로운 일과 즐거운 일을 여러 번 겪어서 환난의 찌꺼기를 씻어내고 행복의 근본을 튼튼히 한 후에 성취한 복락이라야 오래 누릴 수 있습니다. 사물을 피상적으로 아는 것은 참 지식이 아닙니다. 의심과 믿음을 충분히 비교하고 검토하여 털끝만한 의혹도 없어진 후에 얻은 지식이라야만 의심과 그릇됨이 없는 참 지식입니다. 편하고 게으른 상태로 분수에 벗어난 행복을 바라며 연구와 함양 없이 망상만으로 우연히 큰 깨달음을 얻길 기대하는 자는 어리석은 자입니다.

磨練 마련_연마하고 단련함.
練極 연극_단련이 극에 이름. 즉 충분히 단련됨.
參勘 참감_참조하고 살핌.

42

더러운 땅에는 많은 식물이 자라나고 맑은 물에는 항상 고기가 없다.
그러므로 군자는 더러움을 받아들이는 도량을 가져야지
깨끗함을 좋아하여 홀로 행동하는 지조만 가져서는 안 된다.

地之穢者多生物　水之淸者常無魚,
지지예자다생물　수지청자상무어

故君子當存含垢納汚之量　不可持好潔獨行之操.
고군자당존함구납오지량　불가지호결독행지조

만해 강의

더러운 땅에는 온갖 종류의 식물이 많이 살지만 맑고 깨끗한 물속에는 물고기가 모이지 않습니다. 그러므로 군자는 관대해져서 더러운 것을 포용하고 용납하는 도량을 가져야 백성과 만물을 이롭게 하는 업적을 이룰 것입니다. 지나치게 고결하여 자신의 마음에만 흡족해서는 안 될 것입니다.

含垢納污 함구납오_더러움을 품고 오염을 받아들임.

43

사람이 오로지 사욕만 탐하는 생각에 사로잡히면
굳셈이 녹아 나약해지고 지혜가 막혀 어리석어지고
은혜로운 마음이 변해 무자비해지고 깨끗함이 오염돼 더러워져서
일생의 인품이 무너진다.
따라서 옛사람들은 탐하지 않음을 보배로 삼고서 일생을 살아갔다.

人只一念貪私　便銷剛爲柔
인지일념탐사　편소강위유

塞智爲昏　變恩爲慘　染潔爲汚　壞了一生人品,
색지위혼　변은위참　염결위오　괴료일생인품

故古人以不貪爲寶　所以度越一世.
고고인이불탐위보　소이도월일세

만해 강의

사람이 오로지 사리사욕에만 마음을 쏟으면 탐욕으로 인하여 마음의 기운에 변화가 생깁니다. 강직한 기운이 녹아 나약해지고, 명철한 지혜가 막혀 우매하게 되고, 자애로운 마음은 잔혹해지고, 청렴한 지조는 오염되어 혼탁해져서 일생의 품격이 파괴됩니다. 그러므로 옛날의 현명한 사람들은 금, 은, 옥, 비단 등의 재물을 보배로 여기지 않고 탐하지 않음을 보배로 삼고서 한 세상을 살아갔습니다.

銷剛 소강_굳셈을 녹임.
度越 도월_남보다 기량이 뛰어남이라는 뜻도 있지만 여기서는 도度를 건너다, 월越을 지나다의 뜻으로 해석.

44

눈과 귀가 보고 듣는 것은 외부의 도적이 되고
감정과 욕망과 의식은 내부의 도적이 된다.
그러나 사람의 본심이 맑게 깨어 미혹되지 않고
홀로 존재의 중심에 굳게 자리 잡으면 도적도 집안사람으로 변한다.

耳目見聞爲外賊　情欲意識爲內賊,
이목견문위외적　정욕의식위내적

只是主人公　惺惺不昧　獨坐中堂　賊便化爲家人矣.
지시주인공　성성불매　독좌중당　적편화위가인의

공公은 옹翁으로 쓰기도 한다.

만해 강의

귀가 소리를 듣고 눈이 현상을 볼 때 귀와 눈의 근본과 소리와 현상의 상태가 서로를 현혹시켜 본성의 미덕을 잃게 됩니다. 이것은 밖에 있는 도적과 같습니다. 감정과 욕망과 의식은 여러 가지 망상을 일으켜 속세에 집착하게 하고 좋고 나쁨을 분별함으로써 마음을 어지럽혀 참마음의 투명함을 해칩니다. 이것은 안에 있는 도적과 같습니다. 그러나 주인인 본심이 정신을 똑바로 차리고 존재의 중심에 확고히 자리 잡아 바깥 사물의 견제를 당하지 않고 주체적으로 통솔해나가면 내외의 도적이 변화하여 고분고분한 한 식구처럼 될 것입니다.

耳目見聞 이목견문_눈과 귀로 보고 듣는 것. 즉 오감의 작용.
情欲意識 정욕의식_감정과 욕망과 의지와 인식. 즉 마음이 일으키는 각종 작용.

45

기상은 높고 넓어야 하나 방만해서는 안 되고,

심사는 신중하고 세밀해야 하나 사소한 일에 집착하지 말아야 한다.

취미는 투명하고 담박해야 하나 지나치게 건조하지 말아야 하고,

지조를 지키는 것은 엄격하고 확고해야 하나 격렬하지 말아야 한다.

氣象要高曠　而不可疎狂，　心思要愼細　而不可瑣屑，
기상요고광　이불가소광　심사요신세　이불가쇄설

趣味要冲淡　而不可偏枯，　操守要嚴明 而不可激烈.
취미요충담　이불가편고　조수요엄명　이불가격렬

신세愼細는 진밀縝密로 쓰기도 한다.

만해 강의

사람의 기상은 고상하고 활달하여 세속에 얽매이지 말아야 하지만 도를 지나쳐 산만하고 방만해서는 안 됩니다. 마음과 생각은 신중하고 세밀하여 일을 할 때 소홀히 하는 실수가 없어야 하지만 도를 지나쳐 사소한 일에 집착해서는 안 됩니다. 취미는 잡념이 없이 담박하고 감정과 욕망에 집착하지 말아야 하지만 지나쳐서 한 곳에 치우치고 메마르고 고립돼서는 안 됩니다. 지조를 지킴에는 엄격하고 분명하여 절개와 의리에 흠이 없어야 하지만 지나치게 과격해서는 안 됩니다.

疎狂 소광_언행이 너무 거칠어 상도에 벗어남.
愼細 신세_신중하고 세밀함.
瑣屑 쇄설_잘고 사소함.
冲淡 충담_텅비고 담담함.
偏枯 편고_치우치고 메마름.
操守 조수_붙잡아서 지킴.

46

성긴 대밭에 바람이 불어도

바람이 지나가면 대나무에 소리가 머물지 않는다.

기러기가 차가운 연못 위를 건너도

기러기가 건너가 버리면 연못에 기러기의 그림자가 머물지 않는다.

군자도 일이 있으면 마음이 비로소 나타나고

일이 끝나면 마음도 따라서 빈다.

風來疎竹　風過而竹不留聲,

풍래소죽　풍과이죽불류성

鴈度寒潭　鴈去而潭不留影,

안도한담　안거이담불류영

故君子事來而心始現　事去而心隨空.

고군자사래이심시현　사거이심수공

만해 강의

성긴 대밭에 바람이 불어오면 바람소리가 나지만, 바람이 지나가 버리면 더 이상 소리가 남지 않습니다. 기러기가 차가운 연못 위를 날아서 건너는 동안에는 연못에 기러기 그림자가 비치지만 기러기가 날아가 버리면 그림자가 남지 않습니다. 군자의 마음도 이와 같아서 일이 생기면 마음이 비로소 드러나 일을 처리하고 일이 끝나면 마음도 같이 비어서 지나간 일에 집착하고 연연해하지 않습니다. 이같이 군자는 일에 대응하고 다시 자신의 본래 모습으로 돌아오는 것을 자유자재로 할 수 있습니다.

風來疎竹 풍래소죽_성긴 대밭에 바람이 불어옴.
雁度寒潭 안도한담_기러기가 추운 연못 위를 건넘.

47

청렴하면서도 포용력이 있고,

어질면서도 결단을 잘 내리고,

사리에 밝으면서도 지나치게 파헤치지 않고,

곧으면서도 지나치게 바로잡으려 하지 않으면

이것을 가리켜 꿀범벅이 달지 않고 해산물이 짜지 않다고 하는 것이니

이것이야말로 아름다운 덕이다.

淸能有容　仁能善斷　明不傷察　直不過矯,
청능유용 인능선단 명불상찰 직불과교

是謂蜜餞不䣅　海味不鹹　纔是懿德.
시위밀전불첨 해미불함 재시의덕

만해 강의

청렴한 사람의 단점은 사물을 포용하는 아량이 부족하기 쉽다는 점입니다. 어진 사람의 단점은 일에 부딪쳐 결단을 내리는 용기가 부족하기 쉽다는 점입니다. 사리에 밝은 사람의 단점은 자잘한 일을 너무 세밀히 살피게 되기 쉽다는 점입니다. 강직한 사람의 단점은 너무 완고하게 남의 잘못을 바로잡으려 하여 세심하게 마음을 쓰지 못하기 쉽다는 점입니다. 청렴하면서도 포용력이 있고, 어질면서도 결단력이 있고, 사리에 밝으면서도 시시콜콜 따지지 않고, 강직하면서도 너무 남을 교정하려 들지 않으면 이것은 꿀범벅이 너무 달지 않고 해산물이 너무 짜지 않은 것과 같으니 이것이 곧 중도의 덕입니다.

傷察 상찰_살핌을 해치다. 즉 너무 지나치게 살핀다는 뜻.
蜜餞 밀전_꿀을 넣어 만든 죽.
海味 해미_바다에서 나는 음식.

48

가난한 집의 마당을 깨끗이 쓸고 가난한 여인의 머리를 곱게 빗으면
외관과 외모가 화려하지는 않아도 기품이 우아할 것이다.
사군자가 가난하고 불행한 처지에 놓이더라도
어찌 스스로 피폐해지고 해이해질 것인가.

貧家淨掃地　貧女淨梳頭　景色雖不艶麗　氣度自是風雅,
빈가정소지　빈녀정소두　경색수불염려　기도자시풍아

士君子　當窮愁寥落　奈何輒自廢弛哉.
사군자　당궁수요락　내하첩자폐이재

사군자士君子 다음에 유有자를 넣기도 한다.

만해 강의

가난한 집이라도 마당을 깨끗이 청소하고 가난한 여자라도 머리를 단정히 빗으면 가난한 외관과 외모가 화려하지는 못하지만 정갈한 기품이 우아하고 담박하게 느껴질 것입니다. 사군자가 일시적인 불운으로 곤궁하고 몰락한 처지에 빠졌더라도 어찌 스스로 포기하고 해이해져서 수신하는 절개와 일을 처리하는 법도를 잃겠습니까. 비록 곤궁하고 고달픈 신세가 된 사람이라도 부지런히 노력하고 스스로 새로워지길 힘쓰면 행동이 활발하고 장쾌하지는 못하더라도 마음속에 품은 생각만은 당당하고 치밀하지 않겠습니까. 가난한 집도 마당을 쓸고 가난한 여인도 머리를 빗거늘 어찌 큰일을 처리하는 대장부가 한때의 불운을 감당하지 못하여 자포자기하겠습니까.

寥落 요락_쓸쓸하고 적막함.
廢弛 폐이_피폐하고 해이함.

49

한가할 때 손놓고 지내지 않으면
바쁠 때 도움이 되고,
활동을 하지 않고 조용히 지낼 때 공허함에 빠지지 않으면
활동할 때 도움이 되고
어두울 때 속이고 숨기지 않으면
밝을 때 도움이 된다.

閒中不放過 忙中有受用,
한중불방과 망중유수용

靜中不落空 動中有受用,
정중불락공 동중유수용

暗中不欺隱 明中有受用.
암중불기은 명중유수용

중中자 세 개는 모두 처處자로 쓰기도 한다.

만해 강의

한가하여 일이 없을 때에 헛되이 시간을 낭비하지 말고 미리 여러 가지 준비를 해두어 여유 있게 앞일을 계산하면, 미처 응대할 겨를 없이 바쁘게 되어도 허둥대지 않을 수 있습니다. 하는 일 없이 조용히 지낼 때 마른 나무나 탄 재와 같이 아무 생각 없이 무감각한 상태에 빠지지 말고 촉각을 곤두세우고 활기를 잃지 않으면 소란스러울 때 평온하고 담박함을 잃지 않는 데 도움이 됩니다. 남이 보지 않는 데서 마음을 떳떳하고 바르게 하여 조금도 속이거나 숨기는 일이 없으면 대낮에 거리 한복판에서도 당당하고 떳떳할 수 있습니다.

受用 수용__받아서 씀.
落空 낙공__공허한 상태에 빠짐.

50

생각이 일어난 곳에서 탐욕을 향해 가고 있다는 것을 문득 깨달으면
곧바로 돌이켜 도리의 길을 따라 돌아오게 한다.
생각이 한 번 일어나면 곧 깨닫고, 한 번 깨달으면 곧 돌이킨다.
이것이 전화위복, 기사회생의 핵심 계기이니
절대로 가볍게 넘기지 말아야 한다.

念頭起處　纔覺向欲路上去　便挽從理路上來
염두기처　재각향욕로상거　편만종이로상래

一起便覺　一覺便轉
일기편각　일각편전

此是轉禍爲福　起死回生的關頭　切莫輕易放過.
차시전화위복　기사회생적관두　절막경이방과

만해 강의

하나의 생각이 일어날 때 치열하게 성찰하여 그 생각이 사사로운 욕망을 향해 가고 있음을 깨달으면 곧 방향을 돌려 그 생각이 도리의 길을 향해 가게 해야 합니다. 사리사욕의 마음이 생기면 그것을 즉시 깨달아야 하고, 일단 깨달았으면 지체 없이 돌아가야 합니다. 이렇게 하면 사욕으로 인한 화를 바꾸어 도리를 따름으로써 얻는 복으로 만들고, 재앙과 화로 통하는 죽음의 길에서 벗어나 기쁨과 복으로 귀결되는 삶의 길로 돌아가는 계기가 될 것입니다. 그러므로 생각이 일어나는 곳을 가볍게 넘기지 말아야 합니다.

起死回生 기사회생__거의 죽을 뻔하다가 다시 살아남.
關頭 관두__가장 중요한 지점.

51

하늘이 나에게 복을 박하게 주면
나는 나의 덕을 두텁게 하여 박한 복을 맞아들이고,
하늘이 내 몸을 힘들게 하면
나는 내 마음을 편안하게 하여 힘든 육체를 돕고,
하늘이 나에게 액운을 내리면
나는 나의 도를 형통하게 해서 앞길을 열리니
하늘인들 나를 어찌하겠는가.

天薄我以福 吾厚吾德以迓之,
천박아이복 오후오덕이아지

天勞我以形 吾逸吾心以補之,
천노아이형 오일오심이보지

天阨我以遇 吾亨吾道以通之, 天且奈我何哉.
천액아이우 오형오도이통지 천차내아하재.

만해 강의

하늘이 내게 복을 박하게 주면 나는 내가 지닌 덕을 두텁게 하여 나의 박복함을 맞아들이고, 하늘이 내 육체를 힘들게 하면 나는 내 심사를 편안하게 하여 육체의 노고를 돕고, 하늘이 내가 만나는 일마다 궁하고 막히게 하면 나는 내 도와 덕을 형통하게 하여 횡액을 헤쳐 나갑니다. 이렇게 저절로 다가오는 운명을 받아들이는 동시에 인위적으로 스스로를 돕는 노력을 다하면 비록 하늘의 권능이라도 나를 어찌지 못할 것입니다.

迓之 아지 _ 그것을 맞아들이다.
形 형 _ 형체 곧 육체.
補 보 _ 보충하다.

52

기생이라도 늘그막에 한 남편을 따르면 평생의 화류생활이 장애가 되지 않고,
정숙한 부인일지라도 만년에 정절을 지키지 못하면
반평생의 절개 있는 고난이 모두 허사가 된다.
옛말에 "사람을 볼 때 인생의 후반부만 본다"고 했으니 참으로 명언이다.

聲妓晚景從良　一世之烟花無碍,
성기만경종량　일세지연화무애

貞婦白頭失守　半生之淸苦俱非,
정부백두실수　반생지청고구비

語云看人　只看後半截　眞名言也.
어운간인　지간후반절　진명언야

연烟은 연胭으로 쓰기도 한다.

만해 강의

노래와 춤으로 정을 파는 기녀라도 만년에 양인을 만나 어진 아내의 지조를 지키면 한평생의 음란했던 기녀생활이 규중의 정절로 변화해 문제가 되지 않습니다. 젊어서 정숙한 덕을 지니고 열녀의 품행을 유지했던 부인이라도 노년에 정조를 지키지 못하면 반평생 동안의 깨끗한 지조와 절개가 한순간에 물거품이 돼버립니다. 사람은 초년의 경력에 연연하지 말고 말년에 스스로 새로워지도록 노력해야 합니다. "사람을 볼 때는 후반의 반평생만 본다"고 한 옛말은 참으로 명언입니다.

聲妓 성기_소리를 하는 기생.
從良 종량_양인을 따름. 즉 남편을 따름.
烟花 연화_기녀의 생활.
淸苦 청고_깨끗한 지조와 절개를 지키며 견디는 고난.

53

평민이지만 기꺼이 덕을 펴고 은혜를 베풀면 그가 작위는 없지만 공경재상이요, 사대부가 권력을 탐하고 특혜를 팔면 그가 곧 작위는 있지만 거지이다.

平民肯種德施惠　便是無位的卿相,
평민긍종덕시혜　편시무위적경상

士夫徒貪權市寵　竟成有爵的乞人.
사부도탐권시총　경성유작적걸인

만해 강의

평민은 관직이 없는 사람이고, 덕을 펴고 은혜를 베푸는 것은 공경재상이 할 일입니다. 평민인데도 공경재상이 해야 할 일을 하여 덕을 심고 은혜를 베풀면 그는 작위가 없는 공경재상입니다. 반대로 봉록을 받는 사대부가 해야 할 일인 덕을 펴고 은혜를 베푸는 일을 하지 않고 권력을 탐내고 이익을 다투며 직권을 남용하여 사욕을 채우기에 급급하면 그는 작위가 있는 걸인에 불과합니다.

種德 종덕 _ 덕을 널리 폄.
卿相 경상 _ 공경재상. 공경은 3공公과 9경卿을 말함. 즉 최고위 관료를 가리킴.
市寵 시총 _ 은총을 팔다. 즉 직권을 남용하여 잇속을 채움.

54

군자이면서 선을 가장하는 것은 소인이 악행을 하는 것과 다름이 없고,
군자이면서 절개를 잃는 것은 소인이 잘못을 고쳐 새로워지는 것보다 못하다.

君子而詐善　無異小人之肆惡,
군자이사선　무이소인지사악

君子而改節　不若小人之自新.
군자이개절　불약소인지자신

만해 강의

학식이 있고 덕행을 실천한다고 하는 군자가 속으로는 명예와 이익을 얻고자 하여 겉으로 위선을 행하는 것은 남을 속이는 마음속의 죄를 짓는 것입니다. 이것은 무식하고 완악한 소인이 악한 짓을 태연히 하는 행위상의 죄와 차이가 없습니다. 지조를 지키던 군자가 갑자기 절개를 바꾸어 타락하면 몰염치하고 부도덕한 소인이 회개하여 새사람이 된 것보다 못하게 됩니다.

詐善 사선_선을 가장함.
肆惡 사악_멋대로 악을 행함.

55

집안사람 중에 허물이 있으면
급히 드러내지도 말고 경솔히 내버려 두지도 말라.
직접 지적하여 말하기 어려우면 다른 일에 빗대어 우회적으로 깨우치고,
오늘 깨닫지 못하거든 내일까지 기다렸다가 경고한다.
이렇게 봄바람이 추위를 녹이듯, 따뜻한 기운이 얼음을 녹이듯 해야
가정의 모범이 된다.

家人有過　不宜暴揚　不宜輕棄,
가인유과　불의폭양　불의경기

此事難言　借他事而隱諷之,　今日不悟　俟來日　正警之,
차사난언　차타사이은풍지　금일불오　사내일　정경지

如春風之解凍　和氣之消氷　纔是家庭的型範.
여춘풍지해동　화기지소빙　재시가정적형범

양揚은 노怒로 쓰기도 한다. 이而자가 없는 책도 있다. 정正은 재再로 쓰기도 한다.

만해 강의

한 집에 사는 사람이 잘못을 저질렀을 때 그 잘못을 곧바로 드러내면 그 사람의 악감정을 불러 일으켜서 도리어 나쁜 결과를 낳기 쉽습니다. 그렇다고 잘못을 묻지 않고 내버려두면 바로잡을 길이 없습니다. 곧바로 드러내는 것과 소홀히 방치하는 것은 둘 다 옳지 못합니다. 잘못된 일을 직접 지적하기 곤란하면 그와 비슷한 다른 일을 끌어다가 암시해서 비유적으로 경고해야 합니다. 오늘 한 번 말해서 알아듣지 못하면 다음날까지 기다렸다가 바르게 경고해서 과실을 고쳐 나가게 하되 봄바람이 언 땅을 녹이듯, 온기가 얼음을 녹이듯 자연스럽게 융화되게 해야 합니다. 이렇게 해야 가정을 다스리는 모범이 될 것입니다.

輕棄 경기_가볍게 여기고 버려두다.
隱諷 은풍_암시적으로 빗대어 깨우침.
型範 형범_모범.

56

내 마음이 항상 원만하게 볼 수 있게 되면
세상에 결함 있는 곳이 없어지고,
마음이 항상 관대하고 평온하게 열려 있으면
세상에 험악한 인정이 없어질 것이다.

此心常看得圓滿　天下自無缺陷之世界.
차심상간득원만　천하자무결함지세계

此心常放得寬平　天下自無險側之人情.
차심상방득관평　천하자무험측지인정

만해 강의

추운 빙하지대와 뜨거운 열대지방은 보통 사람에게는 혐오감만 주지만 탐험가에게는 가치있게 보입니다. 기이하고 험준한 봉우리와 굽이쳐 흐르는 계곡물은 여행자에게는 괴로움을 느끼게 하지만 지리학자에게는 호기심을 일으킵니다. 좋고 나쁨은 사람의 취향에 따라 자기 마음의 분별로 인해 정해지는 것입니다. 마음이 항상 원만하면 그가 보는 세상도 원만한 마음을 따라서 결함이 없을 것이고, 마음이 개방되어 관대하고 평온해서 선악을 가리지 않고 포용하고 융화시키면 세상에는 험악한 인정이 절대 없을 것이니 불교에서 "삼계유심三界惟心"이란 말이 이를 두고 하는 말입니다.

寬平 관평__관대하고 평온함.
險側 험측__험하고 기울어짐. 여기서는 험악하다는 뜻.
삼계유심 三界惟心__욕계, 색계, 무색계의 모든 세상이 마음먹기에 달려 있다.

57

담박한 선비는 반드시 농염한 자의 의심을 받고
엄격하고 신중한 사람은 방종한 자의 시기를 받는다.
따라서 군자는 이런 곳에 처해서
지조와 실천에 변화를 주어서도 안 되지만
너무 서슬을 드러내서도 안 된다.

淡泊之士　必爲濃艶者所疑　檢飭之人　多爲放肆者所忌,
담박지사　필위농염자소의　검칙지인　다위방사자소기

君子處此　固不可小變其操履　亦不可太露其鋒鋩.
군자처차　고불가소변기조리　역불가태로기봉망

만해 강의

담박하고 고결한 사람은 겉으로 권력과 부귀를 탐하는 농염한 사람의 적대적인 의심을 받고, 절개가 있고 몸가짐이 신중한 사람은 방종한 사람의 시기를 받습니다. 담박하고 신중한 군자가 이렇게 미움과 시기를 받는 처지에 놓이면, 이를 피하려고 자신의 지조와 실천하는 태도를 바꾸는 것도 옳지 않고 너무 서슬 푸르게 대응하여 시기하는 자의 감정을 거슬러 화를 부르는 것도 피해야 합니다.

濃艶者 농염자__화려한 생활을 좋아하는 사람. 즉 부귀와 명예를 추구하는 사람.
檢飭 검칙__스스로 단속하고 행동을 조심함.
放肆 방사__제멋대로 함.
操履 조리__조操는 마음으로 굳게 지키는 것. 리履는 몸으로 실천하는 것.
鋒鋩 봉망__날 끝.

58

역경 속에 있으면 주위의 모든 것이 침이요 약이므로
절개와 행실을 갈고 닦게 되면서도 깨닫지 못하고,
순경에 처하면 눈앞의 모든 것이 무기요, 칼, 창, 방패라서
지방이 삭아 없어지고 뼈가 썩어도 알지 못한다.

居逆境中　周身皆鍼砭藥石　砥節礪行而不覺,
거역경중　주신개침폄약석　지절려행이불각

處順境內　滿前盡兵刃戈矛　銷膏縻骨而不知.
처순경내　만전진병인과모　소고미골이부지

만해 강의

자신의 마음대로 되지 않는 역경 속에 있을 때에는 주위의 모든 사물이 병을 치료하는 쇠침, 돌침, 약, 돌 뜸과 같아서 절개와 행실을 연마하게 됩니다. 마음을 거스르는 역경 속의 일은 다 나의 인내력을 길러주어 부지불식중에 저절로 절개와 품행이 연마되기 때문입니다. 반대로 하는 일마다 마음대로 되는 순경 속에 있을 때에는 눈 앞의 모든 사물이 사람을 해치는 무기처럼 지방을 녹이고 뼈를 썩게 합니다. 마음을 즐겁게 하는 순경 속의 일들은 다 나의 교만함과 나태함을 키워 모르는 사이에 고결한 정신과 깨끗한 품격을 갉아먹기 때문입니다. 동서고금의 위대한 절개와 대의는 대개 천고만신의 역경 속에서 일어나고, 용렬한 임금과 어리석은 임금은 늘 앞에서 아부하고 뒤에서 비위를 맞추는 순경 속에서 나옵니다. 그러므로 마음에 흡족한 순경만을 즐기고 마음에 거슬리는 역경을 싫어하는 것은 어리석은 생각이 아닐 수 없습니다.

鍼砭藥石 침폄약석_쇠침과 돌침과 약과 돌 뜸. 경계와 훈계가 되는 유익한 말이나 사물.
砥節礪行 지절려행_절개를 갈고 닦으며 행실을 연마함.
銷膏麋骨 소고미골_지방이 녹고 뼈가 썩음.

59

부귀한 집에서 나고 자라난 사람은
욕망이 사나운 불길과 같고 권세가 맹렬한 불꽃과 같아서
만일 청랭한 기미를 지니지 않으면 그 불꽃이 남을 태우거나
아니면 반드시 자기를 태운다.

生長富貴叢中的　嗜欲如猛火　權勢似烈燄
생장부귀총중적　기욕여맹화　권세사열염

若不帶淸冷氣味　其炎　不至焚人　必將自焚
약부대청랭기미　기염　부지분인　필장자분

기염其炎은 기화其火로, 자분自焚은 자삭自爍으로 쓰기도 한다.

만해 강의

누대에 걸쳐 부귀를 누리던 집안에서 성장한 사람의 즐기고자 하는 욕망은 맹렬히 타오르는 불길처럼 만족할 줄 모르고, 그러한 사람의 권세는 미친듯이 너울거리는 불꽃처럼 거리낌 없고 방자합니다. 만일 약간이라도 맑고 냉담한 기미를 지니지 못하면 욕망과 권세의 불꽃으로 남을 태워죽이거나 그렇지 않으면 반드시 자신을 태워 없애는 지경에 이르게 됩니다.

叢中 총중__떼를 지어 모여 있는 곳.
嗜欲 기욕__즐기고자 하는 욕망.
淸冷 청랭__맑고 냉담함.

60

사람 마음이 한번 진실하면

서리가 내리게도 하고

성곽을 무너뜨릴 수도 있으며 쇠와 돌을 뚫을 수도 있다.

남을 잘 속이는 사람은

겉모습은 사람 모습을 갖추고 있으나 참 주재가 없어서

사람을 대할 때는 태도가 가증스럽고

홀로 있을 때는 모습과 그림자가 제풀에 부끄럽다.

人心一眞　便霜可飛　城可隕　金石可貫,
인심일진　편상가비　성가운　금석가관

若僞妄之人　形骸徒具　眞宰已亡
약위망지인　형해도구　진재이망

對人　則面目可憎　獨居　則形影自愧.
대인　즉면목가증　독거　즉형영자괴

만해 강의

사람의 마음이 순수하고 진실하면 능히 조물의 권능에 감응하여 오월의 염천에도 찬 서리가 날리게 하고, 견고한 성곽을 깨뜨리며, 단단한 쇠와 돌을 뚫을 수 있습니다. 정성이 한 군데 집중되면 무엇을 무너뜨리려 하여 무너지지 않는 것이 있겠으며, 무엇을 이루려고 하여 이루어지지 않는 것이 있겠습니까. 거짓으로 가득 찬 사람은 팔다리와 오장육부는 갖추고 있지만 진심을 다스리는 주재主宰가 사라져, 혼은 남았지만 사실은 죽은 사람입니다. 다른 사람을 상대하면 그 모습이 가증스럽고, 홀로 있으면 제 형체와 그림자가 제풀에 부끄러워집니다. 장자에 "마음이 죽을 때 슬픔이 가장 크고 몸이 죽을 때의 슬픔은 그 다음이다"라고 했습니다. 옛날이나 지금이나 천년이라는 거리에도 불구하고 사람의 마음은 서로 통하는 면이 있습니다.

隕 운_무너짐.
眞宰 진재_도가에서 많이 쓰는 개념으로 우주의 주재라는 뜻. 주재는 우주의 운행이나 마음의 변화에서 구심점 되는 것을 말한다.

61

문장을 배워서 궁극의 경지에 이르면

달리 기교를 부리지 않아도 문장의 짜임이 꼭 맞으며,

인품을 닦아서 궁극의 경지에 이르면

달리 특이한 점이 없어도 본연의 모습을 보인다.

文章做到極處　無有他奇　只是恰好,
문장주도극처　무유타기　지시흡호

人品做倒極處　無有他異　只是本然.
인품주도극처　무유타이　지시본연

만해 강의

문장을 짓는 일에 숙련되어 대단한 경지에 도달하면 특별히 기이한 특색이 나타나는 것이 아니라 문장의 논리와 사고가 꼭 알맞고 어구가 순조로워 자연스럽게 보입니다. 사람이 인격을 수양하여 최고 수준에 이르면 특별한 면이 드러나는 것이 아니라 본질적인 도리로 돌아가게 됩니다.

恰好 흡호_꼭 맞음.

62

거짓 흔적으로 말하자면
부귀와 공명은 물론이고 육체도 일시적으로 맡겨진 형체에 불과하며,
참된 경지로 말하자면
부모와 형제는 물론이고 만물이 모두 나와 일체이다.
사람이 환상을 깰 수 있고 참됨을 인식할 수 있어야
비로소 천하의 큰일을 맡을 수 있으며,
또한 세간의 속박에서 벗어날 수 있다.

以幻跡言　無論功名富貴　卽肢體亦屬委形,
이환적언　무론공명부귀　즉지체역속위형

以眞境言　無論父母兄弟　卽萬物皆吾一體,
이진경언　무론부모형제　즉만물개오일체

人能看得破　認得眞　纔可任天下之負擔　亦可脫世間之韁鎖.
인능간득파　인득진　재가임천하지부담　역가탈세간지강쇄

만해 강의

꿈이나 환각과 같은 거짓 흔적으로 말하자면 뜬 구름처럼 생멸이 무상한 부귀와 공명은 쉽게 알 수 있는 환영의 흔적이어서 말할 것도 없지만, 우리의 육체도 임시로 부여받은 형체여서 태어나고 죽는 일이 순간에 이루어지며 생전에는 노소의 차이를 낳고 사후에는 남김없이 다 썩어서 흙으로 돌아갑니다. 참된 경지의 본체로 말하자면 한 핏줄의 부모와 형제는 하늘이 맺어준 한 몸이라는 것은 말할 것도 없지만 감정이 있건 없건 삼라만상이 모두 동일한 참 몸체眞體입니다. 불경에 "중생과 국토가 동일한 불성이다"라고 한 것이나 장횡거가 "모든 사람이 내 동포요, 모든 사물이 다 나와 함께 한다"고 한 것은 뜻이 서로 통하는 말입니다.

우주의 모든 물건을 임시적인 형상으로 본다면 모두 천차만별의 환영에 불과하지만, 진리의 눈으로 본다면 평등한 본성이 있는 것입니다. 사람이 이 같은 도리를 진정으로 간파해서 위대한 정신의 힘으로 생사에 대한 생각을 버리면 세상의 큰일을 담당할 수 있으며, 달관한 마음으로 가깝고 멀고 좋아하고 싫어하는 잘못된 감정을 벗어버리면 세상의 속박에서 벗어날 수 있습니다.

幻跡 환적__몽환과 같은 거짓 흔적.
委形 위형__맡겨진 형체. 즉 하늘로부터 부여받은 몸.
羈鎖 강쇄__고삐와 사슬.
장횡거張橫渠__북송 시대의 유학자.

63

하늘과 땅은 기나긴 세월동안 존재했으나 내 몸은 다시 얻을 수 없고
일생이 겨우 백 년인데도 오늘 하루를 헛되이 보내기 쉽다.
다행히 그 사이에 살면서 삶을 누리는 것을 즐겁게 여기지 않을 수 없고,
헛된 일생을 보내지 않을까 우려하지 않을 수 없다.

天地有萬古　此身不再得　人生只百年　此日最易過,
천지유만고　차신부재득　인생지백년　차일최이과

幸生其間者　不可不知有生之樂　亦不可不懷虛生之憂.
행생기간자　불가부지유생지락　역불가불회허생지우

만해 강의

천지간에는 영원한 시간이 있으나 내 몸은 한번 죽은 후에 다시 얻지 못합니다. 사람이 세상에서 사는 기간은 길어야 백 년에 불과합니다. 흐르는 물과 같은 오늘의 시간은 달리는 말처럼 쉽게 지나가 버리므로 다시 얻기 어려운 백 년을 살아가는 사람은 다행히 삶을 누리는 것을 즐겁게 여겨야 할 것입니다. 또한 석가와 같이 삶과 죽음의 문제를 넘어서 영겁의 삶을 도모하거나 훌륭한 일을 하여 업적을 후세에 남기기는커녕 취생몽사의 무감각하고 기계적인 생활을 하며 자신의 운명을 만물의 조화에 일임해 버린다면 사는 것이 죽은 것이나 마찬가지일 것입니다. 따라서 일생을 헛되이 보내지 않을까 하는 염려를 마음에 품지 않을 수 없습니다.

취생몽사醉生夢死__술에 취하여 자는 동안에 꾸는 꿈 속에서 살고 죽는다는 뜻으로, 한평생을 아무 하는 일 없이 흐리멍덩하게 살아감을 비유적으로 이르는 말.

64

늙은 후에 걸리는 질병은 모두 젊었을 때 불러들인 것이요,
쇠퇴한 후에 받는 죄업은 모두 융성할 때 얻은 것이다.
그러므로 군자는 운세가 왕성할 때 더욱 조심한다.

老來疾病　都是少時招得　衰時罪業　都是盛時作得,
노래질병　도시소시초득　쇠시죄업　도시성시작득

故持盈履滿　君子尤兢兢焉.
고지영이만　군자우긍긍언

소少는 장壯으로, 두 개의 득得자는 적的자로 쓰기도 한다.

만해 강의

노년에 병에 걸리는 것은 젊었을 때 건강에 유의하지 않아 자초한 결과이고, 운세가 쇠한 다음에 죄의 갚음을 받는 것은 운세가 성할 때 복을 함부로 사용하여 재난의 원인을 만든 까닭입니다. 그러므로 군자는 혈기왕성한 젊은 시절에 건강을 지켜 노년의 질병을 피하고, 운세가 왕성하여 복을 누리며 지낼 때 전전긍긍하며 신중하게 행동하여 운세가 쇠한 후의 죄업을 면하고자 합니다.

持盈履滿 지영이만 _ 지영은 충분한 지위를 보전함. 이만은 가득찬 것을 밟음. 형세가 최고조에 이르렀을 때를 말함.

65

공정하고 바른 논의에는 사견으로 실수를 범하지 말아야 한다.
한 번 실수를 하면 자손만대에 수치를 남길 것이다.
권세 있는 집안과 사익이 걸린 일에는 발을 붙이지 말아야 한다.
한 번 발을 붙이면 평생을 더럽힐 것이다.

公平正論　不可犯手　一犯手　則貽羞萬世,
공평정론　불가범수　일범수　즉이수만세

權門私竇　不可着脚　一着脚　則玷汚終身.
권문사두　불가착각　일착각　즉점오종신

수手자와 각脚자가 없는 책도 있다.

만해 강의

공평무사한 정론에는 편견을 가지고 손을 대서 거슬러서는 안 됩니다. 일단 손을 대면 자손만대에 수치를 남겨줄 것입니다. 권문세가의 대문과 사리사욕을 탐하는 소굴에는 발을 들여 놓아서는 안 됩니다. 일단 발을 들여놓으면 평생 지울 수 없는 오점을 남기게 될 것입니다. 그러니 정론을 무시하고 권세에 아부하여 사리사욕을 추구하는 가련한 자는 만세의 수치와 평생의 오점을 남길 것이니, 어찌 두려워하지 않을 수 있겠습니까.

私竇 사두_사사로운 움막. 곧 사사로운 이익을 탐하는 곳.
玷汚 점오_흠과 오염.

66

의지를 굽혀 남을 기쁘게 하는 것은
강직하여 남의 꺼림을 받는 것만 못하고,
잘한 것 없이 남의 칭찬을 듣는 것은
잘못한 일 없이 남의 비방을 받는 것만 못하다.

曲意而使人喜　不若直節而使人忌,
곡의이사인희　불약직절이사인기
無善而致人譽　不如無惡而致人毀.
무선이치인예　불여무악이치인훼

절節은 궁躬으로 쓰기도 한다.

만해 강의

남을 기쁘게 하는 일이 나쁘다고 할 수는 없지만 자신의 의지를 거짓으로 굽혀서까지 남을 기쁘게 해주는 것은 옳지 못합니다. 남이 나를 기피하는 것은 좋은 일이 아니지만 내가 정직하게 처신하는 것 때문에 남이 정당한 이유 없이 나를 기피하면 이 때의 잘못은 나를 기피하는 자에게 있습니다. 그러므로 내 의지를 굽혀서 남을 기쁘게 해주느니 차라리 나의 절개를 강직하게 지켜 남의 꺼림을 받는 것이 낫습니다.

또 남의 칭찬을 받는 것을 나쁘다고 할 수는 없지만 좋은 일을 한 적도 없이 남에게서 거짓 찬사를 받는 것은 옳지 않습니다. 남이 나를 헐뜯는 것은 좋은 일이 아니지만 실제로 악행을 하지 않았는데 남이 나를 헐뜯으면 나를 헐뜯는 자에게 잘못이 있습니다. 그러므로 잘한 일 없이 남의 빈 칭찬을 듣느니 차라리 잘못 없이 남의 잘못된 비방을 받는 것이 낫습니다.

曲意 곡의_뜻을 굽힘.
直節 직절_절개를 곧게 함.
致人毁 치인훼_남의 비방을 받음.

67

부모형제와 관련된 변고가 일어나면
침착하게 처리해야지 격렬하게 행동해서는 안 된다.
벗과 사귈 때 벗의 잘못을 접하면
적절히 대처해야지 우유부단하게 대해서는 안 된다.

處父兄骨肉之變　宜從容　不宜激烈,
처부형골육지변　의종용　불의격렬

遇朋友交遊之失　宜剴切　不宜優遊.
우붕우교유지실　의개절　불의우유

만해 강의

부모형제는 천륜으로 맺어진 더 할 수 없이 가까운 사이라서 특별한 사고가 일어나면 절박한 심정이 됩니다. 그러나 세 번 더 생각하고 침착하게 처리해야 합니다. 격한 심정으로 격렬하게 행동하면 뜻하지 않은 잘못을 저지르고 잘못된 판단을 하여 후회하게 됩니다.

   친구와 사귀는 것은 손해를 피하고 이익을 취하는 점에서 변함없는 골육간의 관계와는 다릅니다. 벗의 잘못을 보았을 때 잘못이 경미하면 곧바로 충고해서 고치도록 권하고, 잘못이 중대하고 부도덕한 죄악을 가지고 있으면 바로 절교해도 됩니다. 과실에 대한 조치는 머뭇거리지 말고 분명히 조리 있게 해야 합니다. 우유부단하면 죄악에 함께 말려들기 쉽습니다.

剴切 개절 _ 아주 적절함.
優遊 우유 _ 결단력 없이 고식적으로 처리하는 것. 우유優柔와 비슷한 뜻.

68

작은 일도 소홀히 하지 않고 어둠 속에서도 속이거나 숨기지 않고 끝까지 나태해지지 않으면 이것이 진정한 영웅이다.

小處不滲漏　暗中不欺隱
소처불삼루　암중불기은

末路不怠荒　纔是眞正英雄.
말로불태황　재시진정영웅

시是자 아래 개個자가 있는 책도 있다.

만해 강의

영웅에도 종류가 매우 많아서 각기 장단점이 있지만 마음 씀이 관후하고, 일에 대처함에 순발력이 있고, 쾌락에 대한 욕망을 가진 점은 대개 같습니다. 관후함의 부작용은 사소한 일에 소홀하기 쉽다는 것이고, 순발력이 있다는 점의 부작용은 은밀한 곳에서 무언가를 숨기거나 속이기 쉽다는 것이며, 강한 욕망의 부작용은 일을 성취한 후에 나태해지기 쉽다는 것입니다. 작은 일에도 살얼음을 밟듯이 신중하여 소홀히 하는 것이 없고, 어두움 속에서도 중요한 손님을 맞는 듯이 공경을 다하여 속이거나 숨기지 않고, 일이 끝나갈 때에도 초심대로 부지런하여 나태해지지 않는 사람이 흠잡을 데 없는 진정한 영웅입니다.

滲漏 삼루_새어 나감.
欺隱 기은_속이고 감춤.
怠荒 태황_게으르게 버려 둠.

69

기이한 것을 보고 놀라워하고 색다른 것을 좋아하는 자는
원대한 식견을 가질 수 없다.
괴롭게 절개를 지키며 독자적으로 행동하는 사람은
항구적인 지소를 지녀야 한다.

驚奇喜異者　終無遠大之識
경기희이자　종무원대지식

苦節獨行者　要有恒久之操.
고절독행자　요유항구지조

종終자와 요要가 없는 책도 있다.

만해 강의

기이한 일은 경박한 사람의 눈과 귀를 잠시 놀라게 할 뿐입니다. 그러므로 기이한 일을 보고 신기해하고 좋아하는 사람은 의지가 박약하여 눈앞의 상황에 따라 행동이 변하고, 원대한 지식을 확고히 지니지 못합니다. 청렴한 절개와 고독한 지조는 실천하기가 몹시 힘들고 겉보기에 황량하여 오래 지켜내기 어렵습니다. 그러므로 역경에 굽히지 않고 절개를 홀로 지켜 나가는 사람은 때때로 고요한 곳에서 자신을 되돌아보아 지조를 계속 유지해야 합니다.

獨行 독행 _ 굳은 지조를 지켜 세태를 따르지 않고 독자적으로 나감.

70

불길 같은 분노와 강물 같은 탐욕이 끓어오를 때
이것을 분명히 깨닫고 확실하게 대처해야 한다.
깨닫는 자는 누구이며 대처하는 자는 또 누구인가?
이곳에서 생각을 단호히 돌리면 사악한 마귀라도 참된 존재가 된다.

當怒火慾水正騰沸時　明明知得　又明明犯著,
당노화욕수정등비시　명명지득　우명명범착

知得是誰　犯著又是誰,
지득시수　범착우시수

此處能猛然轉念　邪魔便爲眞君矣.
차처능맹연전념　사마편위진군의

만해 강의

노여움이 불길처럼 타오르고 탐욕이 강물처럼 용솟음칠 때 이것이 노여움이고 탐욕임을 분명히 깨닫고 확실히 대응해야 합니다. 깨닫는 자는 누구이며 대응하는 자는 누구이겠습니까. 노여움과 욕망을 깨닫고 이것에 대응하는 것은 별개의 것이 아니라 단지 한 생각이 망동하는 것입니다. 그러므로 단호히 성찰하여 망동하는 한 생각의 방향을 돌리면 노여움과 탐욕이라는 사악한 마귀가 변하여 흔들림 없는 참 존재가 될 것입니다. "생각을 한 번 돌이키면 번뇌가 곧 깨달음"이라는 옛말이 이를 두고 한 말입니다.

犯著 범착__상대하고 달라붙음. 즉 정면으로 맞붙어 대응함.
猛然 맹연__맹렬하게.
轉念 전념__생각의 방향을 다른 곳으로 돌림.

71

한쪽 말만 믿어 간사한 자에게 속지 말며,

자기 마음대로 하여 객기의 부림을 받지 말라.

자신의 장점을 가지고 남의 단점을 드러내는 데 사용하지 말며,

자신의 능력이 못 미친다고 하여 남의 능력을 시기하지 말라.

毋偏信而爲奸所欺　毋自任而爲氣所使,
무편신이위간소기　무자임이위기소사

毋以己之長而形人之短　毋以己之拙而忌人之能.
무이기지장이형인지단　무이기지졸이기인지능

만해 강의

한쪽의 말만 너무 믿는 사람은 간교한 자에게 속기 쉽고, 일을 제 맘대로 하는 사람은 객기에 부림 받기 쉽습니다. 또한 자신의 장점을 자랑하기 위해 남의 단점을 폭로하기 쉽고, 자신의 무능력함을 감추기 위해 남의 재능을 시기하기 쉽습니다. 이러한 실수를 저지르지 않도록 노력해야 합니다.

偏信 편신_한쪽으로만 치우치게 믿는 것.
自任 자임_제멋대로 함.

72

남의 단점은 곡진히 가려주어야 한다.
남의 단점을 드러내어 세상에 알리면
이것은 나의 단점으로 남의 단점을 공격하는 것이다.
남이 둔하면 잘 교화하여 고치게 해야 한다.
만일 화를 내고 꾸짖으면
이는 나의 둔함으로 남의 둔함을 구제하려는 것이다.

人之短處　要曲爲彌縫　如暴而揚之　是以短攻短,
인지단처　요곡위미봉　여폭이양지　시이단공단

人有頑的　要善爲化誨　如忿而嫉之　是以頑濟頑.
인유완적　요선위화회　여분이질지　시이완제완

만해 강의

남의 단점이 아무리 잘못된 것이라 해도 그 단점을 폭로하는 것은 또한 내 단점이 될 것입니다. 남의 미련함이 아무리 심해도 그것에 성을 내고 꾸짖는 것은 또한 내 미련함입니다. 남의 단점을 감싸고 보완해주는 것은 관용의 미덕이 되지만, 폭로해버리면 내 단점으로 남의 단점을 공격하는 것이 됩니다. 미련한 자를 타일러 가르치는 것은 겸양과 인내의 미덕이 되지만, 성내고 미워하면 나의 미련함으로 남의 미련함을 고치려고 하는 것이니 어떻게 고칠 수 있겠습니까.

曲 곡_곡진함. 정성스러움.
彌縫 미봉_깁고 꿰맴. 미봉이란 말이 보통 잘못된 곳을 임시변통으로 가리고 꾸민다는 뜻이 있지만 여기서는 잘못된 곳을 잘 손질해 준다는 뜻.
頑 완_미련하고 고집이 셈.
化誨 화회_교화하여 가르침.
嫉 질_시기함, 미워함.

73

침묵을 지키는 사람을 대할 때는 나 또한 마음을 열어 보이지 말고,
성를 잘 내고 자만심이 많은 사람을 대할 때는 입을 다물어야 한다.

遇沈沈不語之士　且莫輸心,
우침침불어지사　차막수심

見悻悻自好之人　應須防口.
견행행자호지인　응수방구

만해 강의

침묵을 지켜 마음속을 드러내 말하지 않는 사람을 만나면 속에 어떠한 마음이 들어있는지 알 수 없습니다. 그런 사람 앞에서 내 속마음을 경솔히 털어놓으면 예측불허의 화를 입을 염려가 있으므로 함부로 속마음을 드러내지 말아야 합니다. 성을 잘 내고 자긍심이 가득 차 남의 시비를 논단하기 좋아하는 사람 앞에서 진심을 말하면 주고받은 말들이 남에게 전달되어 어떠한 불이익을 당할지 알 수 없습니다. 따라서 입을 다물고 속마음을 말하지 말아야 합니다. 세상 인정이 이렇게 험하므로 마음을 허락하기가 참으로 어렵습니다.

輸心 수심 _ 속마음을 남이 알게 함.
悻悻 행행 _ 발끈 성을 내는 모양.
自好 자호 _ 자기 스스로 만족하는 사람.

74

생각이 어두워지고 분산될 때는 정신을 똑바로 차릴 줄 알아야 하고,
마음이 심하게 긴장될 때에는 긴장을 풀 줄도 알아야 한다.
그렇지 않으면 혹시 어리석음이란 병을 고치더라도
안절부절못하는 근심을 불러들일 것이다.

念頭昏散處　要知提醒　念頭喫緊時　要知放下,
염두혼산처　요지제성　염두끽긴시　요지방하

不然　恐去昏昏之病　又來憧憧之擾矣.
불연　공거혼혼지병　우래동동지우의

만해 강의

생각이 어둡고 산만할 때는 맹렬히 성찰하고 활기를 돋우어 정신을 똑바로 차려야 하고, 생각이 심하게 긴장될 때는 긴장을 풀고 마음을 유쾌하게 해야 합니다. 오직 정신을 똑바로 차리는 것에만 너무 치우쳐 긴장을 풀지 못하면 어리석은 병은 없어지겠지만 안절부절못하고 애를 태우는 근심을 불러오게 됩니다.

提醒 제성__정신을 일으키고 각성시킴.
喫緊 끽긴__매우 긴장됨.
憧憧 동동__마음이 안정되지 않은 상태.

75

맑은 날씨와 푸른 하늘이 갑자기 변해 천둥과 번개가 치고,
몰아치는 바람과 사납게 쏟아지는 비도
갑자기 그쳐 밝은 달빛과 맑은 하늘이 된다.
기氣의 운행이 어찌 털끝만큼이라도 막힘이 있겠으며
태허太虛가 어찌 털끝만큼이라도 가려짐이 있겠는가.
사람의 마음도 이와 같아야 한다.

霽日靑天　倏變爲迅雷震電　疾風怒雨　倏轉爲朗月晴空,
제일청천　숙변위신뢰진전　질풍노우　숙전위낭월청공

氣機何嘗一毫凝滯　太虛何嘗一毫障蔽　人之心體　亦當如是.
기기하상일호응체　태허하상일호장폐　인지심체　역당여시

상嘗자는 둘 다 상常으로 쓰기도 한다. 폐蔽는 새塞로 쓰기도 한다.

만해 강의

구름 한점 없는 맑은 날씨도 갑자기 변해 천둥과 번개가 치고, 비바람이 몰아치는 험한 날씨도 순식간에 그쳐서 맑게 갠 하늘이 됩니다. 천변만화하는 기상에 일정한 규칙이 있는 것이 아닙니다. 천지의 기의 운행이 어찌 조금이라도 막힘이 있겠으며 광막한 우주에 어찌 조금이라도 가려지는 것이 있겠습니까. 기의 변화가 모두 자연에 맡겨져 있을 뿐입니다. 사람의 마음도 이와 같아서 조금도 막힘과 가려짐이 없으며 다만 욕망상의 변동이 있을 뿐입니다. 일어났다 없어졌다 하는 온갖 사악한 생각만 버리면, 조금도 흔들림이 없는 본 마음이 나타날 것입니다.

霽日 제일_맑게 갠 날.
倏 숙_빠름.
氣機 기기_기의 운행.
凝滯 응체_막힘.
太虛 태허_기가 형성되기 이전의 상태 혹은 기가 흩어진 상태를 일컫는 철학용어.《장자莊子》지북유편知北遊篇에서는 천지만물의 근원으로서 무형無形의 도道를 가리키는 뜻으로 사용됐다.

76

역경과 곤궁은 호걸을 단련하는 도가니와 망치다.
그 단련을 견뎌내는 자는 몸과 마음이 서로 도와주고,
단련을 받지 않은 자는 몸과 마음이 서로 해를 입힌다.

橫逆困窮　是煅煉豪傑的一副爐鎚,
횡역곤궁　시단련호걸적일부노추

能受其煅煉者　則身心交益
능수기단련자　즉신심교익

不受其煅煉者　則身心交損.
불수기단련자　즉신심교손

자煅자 두 개가 없는 책도 있다.

만해 강의

도가니와 망치는 금을 불리고 옥을 다듬는 도구이고, 역경과 곤궁은 호걸을 단련하여 큰 인물을 만드는 도가니와 망치입니다. 금과 옥은 도가니와 망치로 단련을 받은 다음에야 보배가 되고, 사람은 역경과 곤궁으로 단련을 받아 구사일생의 위기와 힘든 역경을 겪은 후에야 위대한 업적을 이룰 수 있습니다. 이렇게 단련을 받으면 육체와 정신이 함께 이익을 얻지만, 단련을 받지 못하고 안일과 나태에 빠지면 육체와 정신이 모두 해를 입습니다. 세상을 살면서 곤란을 겪는 것을 맹수를 만나는 것처럼 두려워하고 무사안일을 단 엿과 같이 탐하는 한심한 졸장부는 반성을 해야 할 것입니다.

橫逆 횡역__일반적인 상태에서 매우 어긋나 있음.
爐鎚 노추__도가니와 망치.

77

남을 해치는 마음을 가지면 안 되지만

남에게서 나를 방어하는 마음은 가져야 한다.

이는 미리 대비함에 소홀할까봐 경계하는 것이다.

차라리 남에게 속을지언정 미리 남의 속임수를 막지 말아야 한다.

이는 살피는 일이 정도를 지나치지 않을까 경계하는 것이다.

위의 두 말을 같이 잘 간직하면 생각이 명석해지고 덕이 두터워질 것이다.

害人之心不可有　防人之心不可無　此戒疎於慮者,
해인지심불가유　방인지심불가무　차계소어려자

寧受人之欺　毋逆人之詐　此警傷於察者,
영수인지기　무역인지사　차경상어찰자

二語幷存　精明渾厚矣.
이어병존　정명혼후의

두 개의 자㫑는 야也로 쓰기도 한다. 명明 자 아래 이而 자가 있는 책도 있다.

만해 강의

내가 남을 해칠 마음을 가져서는 안 되지만 남이 나를 해치려고 하면 이를 방어할 마음은 있어야 합니다. 이것은 미리 사려 깊게 대비함에 소홀해질까 경계하는 말입니다. 내가 차라리 남에게 기만을 당할지언정 남의 속이려는 마음을 예단하여 막으려고 하지 말아야 합니다. 이것은 너무 까다롭게 살펴서 자신의 두터운 덕에 손상을 입힐까 두려워하여 경계하는 말입니다. 위의 두 말을 함께 마음속에 두고 어느 한쪽으로 치우치지 않으면 사려가 깊어져 판단이 정확해지고 덕을 베풀고자 하는 뜻이 두터워질 것입니다.

疎於慮 소어려_염려함에 소홀함.
傷於察 상어찰_지나치게 살핌.
渾厚 혼후_크고 넉넉함. 인품이 원만하고 덕이 두터움.

78

많은 사람이 의심한다고 해서 자신의 견해를 굽히지 말고,
자신의 의사에 맞지 않는다고 남의 말을 버리지 말고,
작은 혜택을 사사로이 베풀어 전체에 해를 끼치지 말고,
공론을 빌어서 개인감정을 설욕하려 들지 말라.

毋因群疑而阻獨見　毋任己意而廢人言
무인군의이저독견　무임기의이폐인언

毋私小惠而傷大體　毋借公論而快私情.
무사소혜이상대체　무차공론이쾌사정

만해 강의

위대한 사람이나 지혜로운 사람의 특이하고 독창적인 견해는 일반인들로부터 의심을 받는 경우가 많습니다. 그렇다고 군중의 그릇된 의심 때문에 자신이 홀로 가진 참된 견해를 굽혀서는 안 됩니다. 자신이 믿는 확실한 견해가 있으면 일반인들의 의심에 가득 찬 시선을 무시하고 용기 있게 밀고 나가야 합니다. 위대한 발명가나 개혁자들은 자신만의 견해를 단호히 실행해서 결과를 얻은 사람들입니다. 콜럼버스가 수많은 사람들의 비웃음을 물리치고 극도의 고난을 헤치고 탐험을 계속하여 아메리카 대륙이라는 황금세계를 발견한 것이 한 예입니다.

자신의 독자적인 견해를 실천할 때 다른 사람의 견해를 참조하고 취사선택하여 올바른 실천이 되도록 힘써야 합니다. 자신의 생각만 고집하고 남의 말은 무조건 무시하는 것도 옳지 않습니다. 영웅호걸이 일을 처리하다가 참담한 실패에 이르는 것도 다른 사람의 충고를 무시하고 자신의 뜻대로만 일을 추진하다가 일어나는 일이니 어찌 신중하지 않을 수 있겠습니까. 또 사소한 은혜를 베풀다가 전체의 도의에 어긋나는 일을 해서는 안 되며, 많은 사람들의 공론을 빌어다가 개인감정을 설욕하는 데 이용해서도 안 됩니다.

獨見 독견__한 사람의 의견. 여기서는 남들과 다른 자신의 의견으로 해석.
私小惠 사소혜__작은 은혜를 사사로이 베풀다.

79

청천백일과 같은 절개와 대의는
어둡고 으슥한 곳에서 배양되어 나오고,
우주를 운행시키는 큰 경륜은
깊은 연못가에 다가서고 얇은 얼음을 밟을 때와 같은
조심성에서 나온다.

靑天白日的節義　自暗室屋漏中培來,
청천백일적절의　자암실옥루중배래

旋乾轉坤的經綸　從臨深履薄中操出.
선건전곤적경륜　종임심이박중조출

종從은 자自로, 중中은 처處로 쓰기도 한다.

만해 강의

옥루屋漏란 집의 서북쪽 모퉁이를 말합니다. 집안에서 가장 깊숙하고 은밀한 곳입니다. 남이 보지 못하는 으슥한 곳에서는 옳지 못한 일을 하다가 한낮에 많은 사람들 앞에서는 옳지 못한 일을 숨기고 선한 일을 드러내면 이것은 위선이기 때문에 좋은 결과를 얻지 못합니다. 청천백일과 같이 공명정대한 절개와 대의는 어두운 방이나 옥루에서 배양되어 나온 결과입니다. "군자는 반드시 혼자 있을 때 삼간다"는 말이나 "군자는 옥루를 부끄럽게 여기지 않는다"는 말이 이를 두고 한 말입니다.

천지를 움직이고 다스리는 큰 경륜은 호방한 사고에서 나오는 것이 아니라 깊은 연못가에 서고 얇은 얼음을 밟을 때와 같이 신중하고 조심하는 데서 나옵니다.

屋漏 옥루_방의 서북쪽 귀퉁이로 집안에서 가장 깊숙하여 어두운 곳. 일반적으로 사람이 보이지 않는 으슥한 곳을 지칭.

80

어버이는 자식을 우애하고 아들은 어버이에게 효도하며

형은 아우를 감싸고 아우는 형을 공경함이 지극한 경지에 이르러도

누구나 당연히 여기고 털끝만큼도 감격하는 마음을 갖지 않는다.

만일 베푸는 자가 스스로 덕이 있다고 여기고

받는 자가 감사하는 마음을 품으면

이는 길 가는 사람들의 일이요 길거리의 도일 뿐이다.

父慈子孝兄友弟恭　縱做到極處
부자자효형우제공　종주도극처

俱是合當如是　着不得一毫感激的念頭,
구시합당여시　착부득일호감격적염두

如施者任德　受者懷恩　便是路人　便成市道矣.
여시자임덕　수자회은　편시노인　편성시도의

여시如是는 여차如此로 쓰기도 한다.

만해 강의

어버이가 자식을 자애롭게 기르고, 자식이 어버이를 효도로 섬기고, 형이 아우를 감싸고, 아우가 형을 공경하는 것은 사람의 도리로 마땅히 해야 할 일입니다. 자애, 효도, 우애, 공경이 최고의 경지에 이르렀다 하더라도, 그것은 자연스럽고도 당연한 일일 뿐 조금도 감격할 일이 아닙니다. 자애와 사랑을 베푸는 어버이나 형이 자신이 무슨 특별한 은혜를 베푸는 것이라 여기고 효도와 공경을 행하는 자식과 아우가 자신이 행하지 않아도 될 덕을 행하는 것처럼 여긴다면, 즉 베푸는 자가 스스로를 덕이 있는 사람이라 생각하고 받는 자가 베푸는 자의 은혜에 감사하는 마음을 품으면 이것은 거리의 행인이 하는 일이요 시장바닥의 모리배가 하는 짓이지 어찌 부자간, 형제간의 윤리라 하겠습니까.

任德 임덕__스스로 덕이 있다고 여김.
懷恩 회은__고맙게 여기는 마음을 품음.

81

더웠다 추웠다 하듯 잘 변하는 모습은 가난한 자보다 부귀한 자가 더 심하고,
시기심은 잘 모르는 사이보다 골육간이 더 심하다.
이러한 처지에 놓이게 되었을 때
냉정한 마음으로 대처하고 평정심으로 다스리지 않으면
하루 종일 번뇌 속에 빠져 있지 않은 날이 드물게 된다.

炎凉之態　富貴更甚於貧賤,　妬忌之心　骨肉尤狠於外人,
염량지태　부귀경심어빈천　투기지심　골육우흔어외인

此處若不當以冷腸　禦以平氣　鮮不日坐煩惱障中矣.
차처약부당이냉장　어이평기　선불일좌번뇌장중의

만해 강의

덥고 서늘함은 계절의 변화인데 인정이 날씨처럼 잘 변하는 모습은 가난한 사람보다 부귀한 사람이 더 심합니다. 혈연간에 질투하는 마음이 일어나면 혈연관계가 없는 사람들 간에서보다 더 잔인해집니다. 이것은 일반적인 모습이라서 사람이 불행히 이러한 경우에 처하면 냉정한 마음과 평정한 기량으로 문제를 해결해야 합니다. 그렇지 못하면 날마다 번뇌에 시달리게 될 것입니다.

狠 흔_잔인함.
冷腸 냉장_냉정한 마음.
平氣 평기_평온한 기량.

82

공로와 과오는 조금도 혼동해서는 안 된다.
혼동하면 사람들이 나태한 마음을 품게 된다.
은혜와 원수는 너무 분명하게 가리지 말아야 한다.
분명히 가리면 사람들이 이반할 생각을 품는다.

功過不宜小混　混則人懷惰隳之心,
공과불의소혼　혼즉인회타휴지심
恩仇不可太明　明則人起携貳之志.
은구불가태명　명즉인기휴이지지

의宜는 용容으로 쓰기도 한다.

만해 강의

공로와 죄과는 섞이지 않도록 확실히 구분해서 공에는 상을 주고 과실은 나무라야 합니다. 만일 공과를 혼동하여 공이 있어도 포상을 하지 않으면 부지런히 힘쓰는 마음이 사라지고, 잘못이 있어도 벌하지 않으면 조심하는 마음이 해이해져 나태해집니다. 은덕과 원한은 지나치게 구별 짓지 말고 똑같이 따듯하게 대우해야 합니다. 만일 은덕과 원한을 엄격하게 구분해서 나에게 원한 진 사람에게 가혹하게 대우하면, 나에게 원한 진 일이 있는 사람들이 모두 보복을 받을까 두려워하여 배반하려는 마음을 갖게 됩니다. 한나라 고조가 천하를 얻고 나서 먼저 가장 원수라 할 옹치雍齒를 제후에 임명함으로써 많은 장군과 신하들의 의심과 두려움을 풀어 주어 배반할 마음을 예방했습니다. 그는 이러한 도를 잘 알고 있었던 것입니다.

惰墮 타휴__나태함.
携貳 휴이__사이가 나빠짐. 휴는 떨어질 휴.

83

악은 잘 숨겨지지 않고 선은 잘 드러나지 않는다.
따라서 악을 드러내면 화가 얕고 숨기면 화가 깊으며,
선을 드러내면 공이 작고 숨기면 공이 크다.

惡忌陰　善忌陽,
악기음　선기양

故惡之顯者禍淺　而隱者禍深
고악지현자화천　이은자화심

善之顯者功小　而隱者功大.
선지현자공소　이은자공대

만해 강의

악한 일은 숨기를 기피하고 선한 일은 드러나길 꺼립니다. 악한 일이 드러나면 법의 제재를 받거나 남의 충고를 받아 개선하기 쉬우므로 미치는 화가 작습니다. 악한 일을 숨기면 외부의 제재를 받지 않고 점점 커져서 헤아리기 힘든 큰 죄악이 되어서 심각한 재앙을 입게 됩니다. 이와 반대로 선한 일은 밖으로 드러내면 공이 작고 숨기면 공이 큽니다. 예를 들어 백 번 싸워 백 번 이긴 공보다 싸우지 않고 이긴 공이 더 나은 것이 이런 경우입니다.

忌陰 기음_음지를 기피하다. 숨겨지길 꺼린다.
忌陽 기양_양지를 기피하다. 드러나길 꺼린다.

84

덕은 재능의 주인이고 재능은 덕의 종이다.

재능이 있고 덕이 없으면

집안에 주인은 없고 종이 집안일을 처리하는 것과 같으니

도깨비처럼 미쳐 날뛰지 않겠는가.

德者才之主　才者德之奴,
덕자재지주　재자덕지노

有才無德　如家無主而奴用事矣　幾何不魍魎猖狂.
유재무덕　여가무주이노용사의　기하불망매창광

매魎자 다음에 이而자가 있는 책도 있다.

만해 강의

덕과 재능을 비교하면 덕은 주인과 같고 재능은 그가 부리는 종과 같습니다. 재능만 있고 덕이 없으면 주인 없는 집안에서 종이 집안일을 제멋대로 처리해서 도깨비가 미쳐 날뛰듯 혼란을 일으키는 것과 같게 됩니다. 덕이 없는 사람이 재능만 믿고 일을 처리하면 낭패 보는 수가 많으니 재능 있는 사람은 덕을 닦아야 합니다.

魍魎 망매__도깨비.
猖狂 창광__미쳐 날뜀.

85

사군자가 가난하여 재물로 남을 구제하지 못하더라도
남이 어리석은 것을 보고 말 한마디로 깨우쳐주고
남이 위급하고 곤경에 처한 것을 보고 말 한마디로 위기를 벗어나게 해주면
이것도 역시 무한한 공덕이 된다.

士君子　貧不能濟物者,
사군자　빈불능제물자

遇人痴迷處　出一言提醒之,
우인치미처　출일언제성지

遇人急難處　出一言解救之,
우인급난처　출일언해구지

亦是無量功德.
역시무량공덕

만해 강의

사군자가 가난해서 재물로 남을 돕지는 못할지라도 우매한 사람을 만났을 때 한마디 말로 어리석음을 깨우쳐주고, 위급하고 곤란한 처지에 있는 사람을 만났을 때 한마디 말로 위기와 곤란에서 벗어나게 해주면 이것은 중생을 위해 괴로움을 없애고 기쁨을 주는 것이니 이것도 역시 대단한 공덕입니다.

提醒 제성__잊어버린 것을 깨우쳐줌.

86

자신을 탓하는 사람은 부딪치는 일마다 모두 약과 침이 되고,
남을 탓하는 사람은 일어나는 생각마다 모두 무기가 된다.
하나는 모든 선이 나갈 길을 열고
다른 하나는 모든 악의 물길을 트니,
양쪽이 하늘과 땅의 차이가 난다.

處己者 觸事 皆成藥石 尤人者 動念 卽是戈矛,
처기자 촉사 개성약석 우인자 동념 즉시과모
一以闢衆善之路 一以濬諸惡之源 相去霄壤矣.
일이벽중선지로 일이준제악지원 상거소양의

처處는 반反으로 쓰기도 한다.

만해 강의

무슨 일이든 실패한 뒤에 원인을 내 안에서 찾고 자신을 책망하는 사람은 어떤 일을 대하든 약과 침이 병을 고치고 몸을 보양하듯 자신의 과실을 없애고 지혜와 덕을 기릅니다. 자신에게서 문제의 원인을 찾아내지 않고 하늘을 원망하고 남을 탓하는 사람은 생각이 한 번 일어날 때마다 사람을 해치는 창과 같이 됩니다. 앞의 것은 모든 선의 통로를 열어주는 것이고 뒤의 것은 모든 악의 근원에 물길을 터주는 것입니다. 둘 사이에 하늘과 땅 만큼의 차이가 나니 어찌 신중하지 않을 수 있겠습니까.

處己 처기__실패의 원인을 자기에게서 찾음.
藥石 약석__약과 돌침.
尤人 우인__남을 탓함.
濬 준__물길을 내어 물이 흐르게 함.
戈矛 과모__창.
霄壤 소양__하늘과 땅.

87

사업과 문장은 몸이 노쇠하면 따라서 소멸하나
정신은 언제까지든 더욱 새로워진다.
공명과 부귀는 세상을 따라 옮겨 다니나
기개와 절개는 천년이 지나도 하루같이 변하지 않는다.
군자는 정신과 절개를 사업이나 문장, 부귀공명과 바꾸려 해서는 안 된다.

事業文章隨身消毀　而精神萬古如新,
사업문장수신소훼　이정신만고여신

功名富貴逐世轉移　而氣節千載一日,
공명부귀축세전이　이기절천재일일

君子信不當以彼易此也.
군자신부당이피역차야

만해 강의

아무리 위대한 사업과 신묘한 문장이라도 몸이 죽으면 죽은 몸을 따라 닳아지고 소멸하지만, 성인과 위인의 활기찬 정신은 오랜 세월이 흘러도 사라지지 않고 더욱 새로워집니다. 아무리 화려한 부귀공명도 운세에 따라 바뀌지만 충신, 열사의 삼엄한 절개는 천년이 지나도 변하지 않아 겨우 하루가 지난 듯 합니다. 군자는 건전한 정신과 절개를 사업, 문장, 부귀공명과 바꾸지 말아야 합니다.

氣節 기절__기개와 절개.
信 신__실로.

88

어망을 치니 기러기가 어망에 걸리고,

사마귀가 먹이를 찾는데 참새가 뒤에서 사마귀를 노린다.

기미 속에 기미가 숨어있고 변고 밖에서 변고가 생기니

사람의 지혜를 어떻게 믿겠는가.

魚網之設　鴻則罹其中　螳螂之貪　雀又乘其後,
어망지설　홍즉리기중　당랑지탐　작우승기후

機裏藏機　變外生變　智巧何足恃哉.
기리장기　변외생변　지교하족시재

만해 강의

그물을 친 것은 물고기를 잡으려는 살해의 징조인데 기러기가 여기에 걸리니 이것은 물고기를 잡으려는 살해의 기미 안에 기러기를 잡으려는 살해의 기미가 숨어 있는 것입니다. 사마귀가 벌레를 잡아먹는 것은 변고인데 참새가 뒤에서 사마귀를 잡으려 하니 이것은 벌레의 변고 밖에 사마귀의 변고가 생기는 것입니다. 이처럼 징조 속에 징조가 숨어 있고 변고 밖에 또 변고가 있으니 기러기와 사마귀가 아무리 약다고 한들 어찌 기미 속의 기미와 변고 밖의 변고에 대처하겠습니까. 사람이 하는 일의 기미와 변고도 이와 같으니 인간의 지혜라 해도 믿을 만한 것이 못 됩니다.

罹 리_걸리다.
螳螂 당랑_사마귀.
機 기_기미, 징조. 25쪽 참조.
智巧 지교_지혜의 정교함.

89

인격을 형성하는 데 진실하고 간절한 마음이 조금도 없으면
조각상을 만든 것 같이 일마다 모두 공허하다.
세상을 살아가는데 원활한 마음의 작용과 흥취가 없으면
나무 인형과 같아서 가는 곳마다 막힘이 있다.

作人無一點眞懇的念頭　便成個花子　事事皆虛,
작인무일점진간적염두　편성개화자　사사개허

涉世無一段圓活的機趣　便是個木人　處處有礙.
섭세무일단원활적기취　편시개목인　처처유애

두 개의 일-자가 없는 책도 있다.

만해 강의

인격을 수련할 때 진실하고 간절한 마음이 전혀 없으면 이는 의식이 없는 조각상과 같아서 일마다 허망하고 아무 효과가 없습니다. 세상 살아가는 동안에 원활한 마음의 작용과 흥취가 없으면 감정과 의식이 없는 하나의 나무 인형처럼 되어 곳곳에서 장애에 부딪칩니다. 좋은 인격을 형성하고 세상을 살아가려면 진실한 마음과 원활한 기취를 함께 갖고 있어야 합니다.

作人 작인_인격을 형성함.
花子 화자_인형.
涉世 섭세_강물을 건너듯 험한 세상을 살아감.
機趣 기취_마음의 작용과 흥취.

90

일이 급하게 진행되면 밝혀지지 않던 것도

간혹 너그럽게 처리하면 스스로 밝혀지는 경우가 있으므로

조급히 몰아세워 분노를 재촉하지 말아야 한다.

사람을 부릴 때 따르지 않던 자도

내버려 두면 혹 스스로 따르기도 하니,

너무 각박히 대해 완고함을 키우지 말라.

事有急之不白者　寬之或自明　毋躁急以速其忿,
사유급지불백자　관지혹자명　무조급이속기분

人有操之不從者　縱之或自化　毋操切以益其頑.
인유조지부종자　종지혹자화　무조절이익기완

만해 강의

사고를 조사할 때 서두르고 윽박지르면 자백하지 않던 자가 너그럽게 천천히 하면 자백하거나 자연스럽게 사고의 경위가 밝혀지는 경우가 있습니다. 조급히 윽박지르면 도리어 상대의 분노와 원한을 사서 조사에 어려움이 생기기 쉽습니다. 그러므로 조급히 하여 분노를 재촉하지 말아야 합니다.

남을 교화할 때 엄격히 단속하면 말을 잘 듣지 않는 자도 너그럽게 봐주고 자유롭게 내버려 두면 저절로 감화되는 경우가 있습니다. 엄격하게 단속하면 오히려 악감정을 일으켜 고집스럽게 저항하게 만들기 쉬우니 지나치게 구속하여 완악함을 키우지 말아야 합니다.

操切 조절__법을 엄하게 지켜 백성을 억누름.

91

절의가 청운을 업신여길 정도이고

문장이 흰 눈처럼 고결해도

덕성으로 도야하지 않으면

마침내 개인적 혈기와 말초적 기예로 전락한다.

節義傲靑雲　文章高白雪　若不以德性陶鎔之
절의오청운 문장고백설 약불이덕성도용지

終爲血氣之私　技藝之末.
종위혈객지사 기예지말

예藝는 능능으로 쓰기도 한다.

만해 강의

늠름한 절의가 청운을 우습게보고 우아한 문장이 백설보다 고결하더라도 도덕의 품성으로 키우고 융화된 것이 아니라면 절의는 개인적인 혈기로, 문장은 말초적인 기예로 전락하게 됩니다. 무인이나 협객의 일시적인 절의와 시인들의 화려하고 실속 없는 문장이 이런 종류입니다.

節義 절의_절개와 의리.
陶鎔 도용_굽고 녹임. 도야함.

92

일에서 물러나려면 세력이 융성할 때 물러나야 하고,
거처할 곳을 정할 때는 남들이 원하지 않는 곳에 정해야 한다.
덕을 신중히 실천하려면 지극히 작은 일에서 신중해야 하고,
은혜를 베풀려면 갚지 못할 사람에게 베풀어야 한다.

謝事　當謝於正盛之時,　居身　宜居於獨後之地,
사사　당사어정성지시　거신　의거어독후지지

謹德　須謹於至微之事　施恩　務施於不報之人.
근덕　수근어지미지사　시은　무시어불보지인

만해 강의

맡은 직책에서 물러나려면 자신의 세력이 한창 융성할 때 물러나야 합니다. 그래야 높은 것이 극에 달해 다시 쇠퇴하는 회한을 면할 수 있고, 극한까지 가지 않고 여유를 두어 유종의 미를 거둘 수 있습니다. 이익과 탐욕의 장소에 거처할 때는 남들이 탐내지 않는 뒷자리에 있으면 남들의 시기를 받지 않고 안전하게 지낼 수 있습니다. 덕행을 조심스럽게 실천할 때에는 극히 작은 일까지도 신중하게 처리하면 빠짐 없이 덕을 베풀어 선행을 완전하게 할 수 있습니다. 은혜를 베풀 때 보답할 수 없는 사람에게 베풀면 은혜가 진실하고 덕이 오래 갑니다.

獨後之地 독후지지__홀로 뒤에 처진 곳.
謹德 근덕__덕을 조심스럽게 실천함.

93

덕은 사업의 터가 된다.
터가 단단하지 않고 집이 견고한 경우는 없다.
마음은 수행의 뿌리가 된다.
뿌리를 내리지 않고 가지와 잎이 무성한 나무는 없다.

德者事業之基　未有基不固　而棟宇堅久者,
덕자사업지기　미유기불고　이동우견구자

心者修行之根　未有根不植　而枝葉榮茂者.
심자수행지근　미유근불식　이지엽영무자

수행修行을 후예後裔로 쓰기도 한다.

만해 강의

덕과 사업을 비교하면 덕은 기초와 같고 사업은 집과 같습니다. 기초가 튼튼하여 고정되어 있지 못하면 집이 견고할 수 없습니다. 이와 마찬가지로 도덕이 확고하지 못한 사람이 이룬 사업은 오래 가지 못합니다. 사업을 이루려면 먼저 덕을 세워야 합니다. 마음과 수행을 비교하면 마음은 나무의 뿌리와 같고 수행은 가지나 잎과 같습니다. 뿌리를 깊이 내리지 않고서 가지와 잎이 무성한 나무는 없습니다. 이와 마찬가지로 심성을 수양하지 못한 사람은 수행이 제대로 되지 않습니다. 행실을 바르게 하려면 먼저 마음을 수양해야 합니다.

棟宇 동우 _ 용마루와 처마. 집을 뜻함.

94

도道는 공중의 사물이므로
사람마다 그에게 맞는 도로 이끌어 들여야 하고,
배움은 일상의 음식과 같으므로
마주치는 일마다 경계하며 조심하는 자세로 임해야 한다.

道是一件公衆的物事　當隨人而接引,
도시일건공중적물사　당수인이접인

學是一個尋常的家飯　當隨事而警惕.
학시일개심상적가반　당수사이경척

件은 중重으로 쓰기도 한다.

만해 강의

도道는 사유물이 아니라 자유롭게 가져가고 널리 사용하는 공중의 사물이므로 사람에 따라 누구라도 맞아들여 도에 맞추어 살게 해야 합니다. 학문이란 일정한 과정만 배우고 다른 것은 버리는 것이 아니라 늘 먹고 마시는 밥이나 차와 같은 것입니다. 일상의 일에서 어떤 일에건 경계하고 조심하는 것이 곧 배움의 길입니다.

接引 접인＿가까이 이끌어 들임.
警惕 경척＿경계하고 삼감.

95

부지런함이란 덕을 실천하는 데 민첩한 것인데
세상 사람은 부지런함을 빙자하여 탐욕만 충족시킨다.
검소함이란 재물에 마음을 두지 않는 것인데
사람들은 검소함을 빙자하여 인색함을 치장한다.
군자의 몸을 보호하는 부적이
소인의 이익을 추구하는 도구로 전락하니 애석한 일이다.

勤者敏於德義　而世人借勤　以濟其貪,
근자민어덕의　이세인차근　이제기탐

儉者淡於貨利　而世人假儉　以飾其吝,
검자담어화리　이세인가검　이식기린

君子持身之符　反爲小人營私之具矣　惜哉.
군자지신지부　반위소인영사지구의　석재

탐惏은 빈貧으로 쓰기도 한다.

만해 강의

부지런하다는 것은 덕의 큰 뜻을 실천하는 데 민첩하여 게으름 피우지 않는 것을 말하는데 사람들은 부지런함을 빙자하여 구차하게 재화를 향한 탐욕을 충족시킵니다. 검소하다는 것은 재물에 욕심이 없고 사치한 마음이 없는 것을 말하는데 사람들은 검소를 빙자하여 재화를 축적하려는 인색함을 그럴 듯하게 꾸밉니다. 덕을 실천하는 데 민첩한 부지런함과 재물에 마음을 두지 않는 검소함은 군자가 자신을 지키는 부적과 같은 것인데 소인들이 이것을 가져다 욕심을 채우고 인색함을 가리고 사리사욕을 추구하는 도구로 전락시키니 참으로 슬픈 일입니다.

德義 덕의 _ 덕의 바른 뜻.
持身 지신 _ 몸을 보전함.
營私 영사 _ 사욕을 추구함.

96

남의 허물은 용서해야 하지만 자신의 허물은 용서해서는 안 되고,
자신이 겪는 곤욕은 참아야 하지만 남이 겪는 곤욕은 참지 말아야 한다.

人之過誤宜恕　而在己則不可恕,
인지과오의서　이재기즉불가서

己之困辱宜忍　而在人則不可忍.
기지곤욕의인　이재인즉불가인

의宜는 당當으로 쓰기도 한다.

만해 강의

남의 잘못은 용서하여 자신의 도량을 키워야 하지만 자신에게 잘못이 있으면 깊이 자책하여 잘못된 것을 고치고 새롭게 나아가야 합니다. 자신이 겪는 곤란과 치욕은 견뎌내어 처음에 세운 뜻이 변하지 않도록 해야 하지만 남이 곤욕을 겪고 있는 것을 보면 방관하지 말고 힘을 다해 도와주어야 합니다.

97

은혜를 베풀 때는 처음에는 박하게 하고 뒤에 후하게 해야 한다.

먼저 후하게 베풀고 나중에 박하게 베풀면 사람들이 은혜를 잊는다.

위엄은 처음에는 엄하게 하고 뒤에 너그럽게 해야 한다.

먼저 너그럽게 하고 나중에 엄하게 하면 사람들이 가혹하다고 원망한다.

恩宜自淡而濃　先濃後淡者　人忘其惠,
은의자담이농　선농후담자　인망기혜

威宜自嚴而寬　先寬後嚴者　人怨其酷.
위의자엄이관　선관후엄자　인원기혹

만해 강의

남에게 은혜를 베풀 때는 처음에는 박하게 하고 뒤에 점차 후하게 해야 합니다. 만일 처음에 후하고 나중에 박하게 하면 은혜를 받는 사람의 감동이 점점 식어 감사하는 마음을 잊게 됩니다. 위엄을 보일 때는 처음에는 엄격하게 하고 뒤에 점차 너그럽게 해야 합니다. 만일 처음에 너그럽게 하고 나중에 엄격하게 하면 위엄에 복종하는 사람들의 마음이 점차 빗나가 가혹하다고 원망합니다.

宜 의_당연히 … 해야 함.
酷 혹_가혹함.

98

사군자가 권력의 요로에 있을 때는
지조와 행실이 엄정하고 명확해야 하며,
마음가짐이 온화하고 편안해야 한다.
조금이라도 남들을 추종하여 비열한 무리에 가까이 가지 말고,
너무 과격하게 하여 독충과 같은 무리를 자극하지 말아야 한다.

士君子　處權門要路　操履要嚴明　心氣要和易,
사군자　처권문요로　조리요엄명　심기요화이

毋少隨而近腥羶之黨　亦毋過激而犯蜂蠆之毒.
무소수이근성전지당　역무과격이범봉채지독

만해 강의

사군자가 권세 있고 핵심적인 지위에 있게 되면 지조와 행실을 엄격하고 공정하게 해야 합니다. 마음과 기상은 온화하고 평이하게 해서 잠시라도 남들을 추종하거나 비열한 무리를 가까이 하지 말아야 합니다. 만일 비열한 무리와 가까이 지내면 지조를 잃고 행실이 타락하게 됩니다. 또 자신의 기개를 내세워 남들의 사악한 점을 과격하게 공격하여 벌이나 전갈 같은 소인들의 독침에 쏘이는 일을 저지르지 않아야 합니다. 만일 소인들의 독침을 건드리면 중상모략의 해를 당하게 됩니다.

操履 조리__마음으로 지키는 지조와 몸으로 행하는 행실.
腥羶 성전__생선 비린내와 고기 누린내. 즉 더러운 냄새가 나는 야비한 무리.
蜂蠆 봉채__벌과 전갈. 즉 위험한 독을 품은 악독한 무리.

99

사기꾼을 만나면 성실한 마음으로 감동시키고,

포악한 사람을 만나면 온화한 기운으로 훈화하고,

사악하고 바르지 못한 사람을 만나면 명분, 의리, 기개, 절개로써 격려한다.

이렇게 하면 세상에서 내가 포용하고 교화시키는 범위에서 벗어날 사람이 없다.

遇欺詐的人　以誠心感動之,
우기사적인 이성심감동지

遇暴戾的人　以和氣薰蒸之,
우폭려적인 이화기훈증지

遇傾邪私曲的人　以名義氣節激礪之,
우경사사곡적인 이명의기절격려지

天下無不入我陶鎔中矣.
천하무불입아도용중의

鎔은 冶로 쓰기도 한다.

만해 강의

사기꾼을 만나면 성실하고 거짓 없는 마음으로 대해 그가 속이려던 생각을 접고 성의와 진실을 취하게 합니다. 포악무도한 사람을 만나면 온화한 태도로 대해 맑은 향기가 악취를 변화시키듯 나의 온화한 기풍으로 그를 감화시켜 포악한 마음을 버리게 합니다. 사악함으로 기울어지고 개인적 욕심으로 심사가 뒤틀린 사람을 만나면 명분과 의리, 기개와 절개로 격려해 공정하고 정직하게 만듭니다. 이렇게 하면 천하에 어떠한 사람이라도 나의 교화에 감응하여 기질을 변화시키지 않을 수 없을 것입니다.

傾邪 경사__사악함으로 기울어져 있음.
私曲 사곡__개인적인 욕심으로 인해 마음이 바르지 못한 상태.
名義 명의__명분과 의리.
氣節 기절__기개와 절개.
陶鎔 도용__도자기를 굽고 철을 녹이듯 자질을 갈고 닦음. 도야.

100

옛말에 "산에 오르려면 험한 길을 견뎌내야 하고,
눈을 밟으려면 위험한 다리를 견뎌내야 한다"고 했다.
견뎌낸다는 말 하나에 지극히 깊은 뜻이 있다.
험악한 인정과 위험한 세상에서 견뎌낸다는 말 하나를 굳게 지니고 살지 않으면
가시덤불에 걸리고 함정에 빠지지 않을 사람이 얼마나 되겠는가.

語云　登山耐險路　踏雪耐危橋　一耐字極有意味,
어운　등산내험로　답설내위교　일내자극유의미

如傾險之人情　坎坷之世道　若不得一耐字　撑持過去,
여경험지인정　감가지세도　약부득일내자　탱지과거

幾何不墮入榛莽坑塹哉.
기하불타입진망갱참재

만해 강의

옛말에 "산에 오르려면 험한 길을 참고 걸어야 하고 눈을 밟고 가려면 위태로운 다리를 참고 건너야 한다"고 했습니다. 산에 오르는 사람이 길이 험하다고 두려워 물러서면 산에 오를 수 없습니다. 용기를 내어 험난함을 견디고 정상에 올라야 주위의 탁 트인 경치와 발아래의 연무를 감상할 수 있을 것입니다. 또 눈을 밟고 가다 위태로운 다리를 만났을 때 위축되어 나아가지 않으면 건너편에 이르지 못할 것입니다. 분발하여 어떠한 고난이라도 참고 건너가야 목적지에 도착해 소기의 목적을 달성할 것입니다.

따라서 견딜 내耐 자는 지극히 깊은 뜻을 담고 있습니다. 산길처럼 험악한 인정을 만나고 눈 덮인 다리처럼 위태로운 세상을 살아갈 때 견딘다는 말 한마디를 굳게 지니고 가지 않으면 위험과 곤란을 통과하여 낙원에 이르지 못하고 가시덤불과 함정과 같은 고통에 빠질 것입니다. 오직 굽힐 줄 모르는 용기로 위험과 곤란을 견뎌내야 만족스러운 결과에 이를 것입니다.

坎坷 감가_길이 험함.
榛莽 진망_가시나무 덤불. 헤쳐 나가야 할 장애물.
坑塹 갱참_구덩이와 참호. 곳곳에 도사리고 있는 함정.

101

관직에 있을 때 마음에 새겨 두어야 할 말 두 가지가 있다.

"공정하면 판단이 현명해진다"

"청렴하면 위엄이 생긴다"

가정에서 마음에 새겨 두어야 할 말 두 가지가 있다.

"용서하면 감정이 평온해진다"

"검소하면 필요한 것이 충족된다"

居官有二語　曰惟公則生明　惟廉則生威,
거관유이어　왈유공즉생명　유렴즉생위

居家有二語　曰惟恕則平情　惟儉則足用.
거가유이어　왈유서즉평정　유검즉족용

평정平情은 정평平情으로, 족용足用은 용족用足으로 쓰기도 한다.

만해 강의

관직에 있는 사람이 항상 지켜야 할 말이 있습니다. "공정하면 지혜가 생기고, 청렴하면 위엄이 생긴다"는 말입니다. 업무를 처리할 때 개인적인 감정에 의해 판단력이 흐려지는 일 없이 공정하면 현명하게 일을 처리하는 공적을 낳습니다. 또한 청렴하여 뇌물에 욕심내지 않으면 사람들 앞에서 조금도 부끄러운 점이 없어서 정정당당한 위엄이 생깁니다.

가정에서 항상 지켜야 할 말이 있습니다. "용서하면 감정이 평온해지고, 검소하면 필요한 것이 충족된다"는 말입니다. 내 마음의 좋고 싫음을 가지고 남의 마음을 헤아려 집안사람들이 괴로워하는 일을 시키지 말고, 대수롭지 않은 잘못은 너무 심하게 책망하지 말고 너그럽게 용서하면 마음이 평온합니다. 또 사치하지 않고 검약을 실천하여 비용을 절감하면 필요한 것들이 충족될 것입니다.

따라서 관직에서는 공정함과 청렴함이, 가정에서는 용서와 검약이 실로 유일의 법문입니다.

102

부귀한 처지에서는 빈천함의 고통을 알아야 하고,
젊은 시절에는 노년의 괴로움을 생각해야 한다.

處富貴之地　要知貧賤的痛癢,
처부귀지지　요지빈천적통양

當少壯之時　須念衰老的辛酸.
당소장지시　수념쇠로적신산

만해 강의

자신이 부귀할 때는 가난하고 비천한 삶이 얼마나 고통스러운지 알 필요가 있습니다. 부귀를 누리는 사람이 빈천함의 고통을 모르면 실정에 어두워 자선의 마음과 박애의 덕을 갖지 못합니다. 그래서 주위 사람들에게 원한을 사서 부귀를 오래 누리지 못합니다. 부귀는 하늘의 구름처럼 계속 변하고 이동해서 정해진 기한이 없습니다. 나는 새도 떨어뜨릴 정도의 부귀를 누리는 사람도 언제 객지를 떠도는 빈천한 사람이 될지 알 수 없습니다. 그러므로 아무리 부귀한 사람이라도 빈천함의 고통을 이해하여 자선을 행하고 박애의 덕을 기르며, 항상 부귀가 한 군데 머물지 않음을 염두에 두어 조심하고 절약해야 할 것입니다. 이렇게 현재 누리는 복을 남용하지 않음으로써 복이 오래가도록 해야 합니다.

  건강하고 혈기왕성한 젊은 시절에는 미리 노후에 겪을 고초를 예상하여 절도 있는 생활을 함으로써 노년에 건강을 유지할 수 있도록 노력해야 합니다.

痛癢 통양_아프고 가려움.
辛酸 신산_맵고 심. 고초.

103

소인과는 원수가 되지 말라.

소인은 제 스스로 적을 만든다.

군자에게는 아첨하지 말라.

군자는 원래 사사로운 은혜를 만들지 않는다.

休與小人仇讎　小人自有對頭,
휴여소인구수　소인자유대두

休向君子諂媚　君子原無私惠.
휴향군자첨미　군자원무사혜

만해 강의

소인을 미워하여 원수를 삼지 말아야 합니다. 소인은 일의 곡직을 떠나 적대적 대응을 해서 내가 그를 원수로 삼으면 그는 나에 대해 열 배, 스무 배의 해를 끼치기 때문입니다. 그러므로 소인은 원수로 만들지 말고 포용하는 것이 좋습니다. 군자에게는 아첨하지 말아야 합니다. 군자는 본래 공명정대하여 올바르지 못한 개인적인 은혜를 만들지 않기 때문입니다. 그러니 아첨한들 무슨 이익이 있겠습니까.

休 휴__~하지 말라는 금지의 뜻.
對頭 대두__대적. 상대를 적수로 삼음.

104

심신을 단련할 때는 백번씩 단련하는 쇠와 같이 해야 한다.
급히 성취하려 하면 깊은 수양을 이루지 못 한다.
일의 실행은 무거운 활을 쏘는 것처럼 해야 한다.
가볍게 시작하면 큰 공을 이룰 수 없다.

磨礪當如百鍊之金　急就者非邃養,
마려당여백련지금　급취자비수양

施爲宜似千鈞之弩　輕發者無宏功.
시위의사천균지노　경발자무굉공

만해 강의

심신의 수련은 백번씩 단련하는 쇠처럼 치밀하게 연마해야 조금도 흠이 없게 될 것입니다. 만일 하루아침의 수련으로 급히 성취하려고 하면 깊이 있는 수양이 아니라서 황폐해지기 쉽습니다. 일의 시행은 무겁고 강한 쇠뇌를 쏠 때처럼 충분한 준비를 하여 실수가 없게 한 뒤에 시작해야 할 것입니다. 만일 준비를 소홀히 한 채 시작하면 방향이 빗나가 큰 공을 세울 수 없습니다.

施爲 시위__시행함.
邃養 수양__깊은 수양. 수는 깊다는 뜻.
弩 노__쇠뇌. 쇠뇌는 여러 개의 화살을 동시에 발사할 수 있게 만든 활.
宏功 굉공__큰 공.

105

공로와 업적을 세우는 사람은 마음을 비우고 원만히 한 선비 중에 많고, 일을 망치고 기회를 잃는 사람은 반드시 집요한 사람 중에 있다.

建功立業者　多虛圓之士,
건공입업자　다허원지사

僨事失機者　必執拗之人.
분사실기자　필집요지인

만해 강의

커다란 업적을 세우는 사람들 중에는 허원虛圓한 사람이 많습니다. 허원한 사람이란 마음을 비워서 가슴속에 거리낄 것이 없고 원만하고 자재하여 사물에 얽매이는 일이 없는 사람을 말합니다. 이런 사람은 선을 실천하고 기회를 포착하여 공로와 업적을 이룹니다. 사업을 망치고 기회를 잃는 사람은 반드시 집요한 사람입니다. 이런 사람은 한군데 집착하여 사리에 통달하지 못하고 편협하고 포용력이 없습니다. 이 때문에 일을 망치고 기회를 잃습니다. 세상에 나가 큰 일을 하려는 사람은 허원함을 배우고 집요함을 버려야 합니다.

虛圓 허원_마음이 비워지고 원만함.
僨事 분사_일을 그르침.

106

일이 뜻대로 되지 않음을 걱정하지 말고, 마음에 흡족함을 기뻐하지 말라. 오랫동안 편안한 것을 믿지 말고, 초기의 곤란을 꺼리지 말라.

毋憂拂意 毋喜快心 毋恃久安 毋憚初難.
무우불의 무희쾌심 무시구안 무탄초난

만해 강의

자신의 뜻대로 안 되는 일은 심신을 단련하는 도가니와 같습니다. 이러한 일을 잘 활용하여 나의 아둔한 결점을 고치고 밝은 지덕을 완성하면 뒤에 일이 마음대로 될 때가 있을 것이므로 일이 뜻대로 안된다고 근심할 필요가 없습니다. 마음을 즐겁게 하는 일은 의지와 기개를 해이하게 만들고 나태에 빠지게 하여 마침내 상심하는 결과를 낳기 쉬우므로 마음을 즐겁게 하는 일에 만족하지 말아야 합니다.

오랫동안 편안한 것을 믿고 위험을 예방하기를 잊으면 갑자기 일이 발생했을 때 위험에 빠지기 쉬우므로 오랫동안 편안하다고 하여 그것을 믿고 있지 말아야 합니다. 무슨 일이든 처음에는 다소 곤란을 겪은 후에야 일의 성과를 이룰 수 있습니다. 불굴의 의지로 곤란을 이겨내고 용맹정진하면 최후의 성공을 얻을 것이므로 처음의 어려움을 꺼리지 말아야 합니다. 천하만사는 변동이 무상해서 성공과 실패가 정해진 것이 아니므로 어떠한 경우에 처하더라도 눈앞의 상황에 구애받지 말고, 사물의 공통된 이치에 의거해 자신의 의무를 다해야 합니다.

拂意 불의_뜻에 거스름. 즉 자기 뜻대로 안 됨.
快心 쾌심_마음을 흡족하게 함. 즉 마음 먹은 대로 일이 진행됨.

107

음주와 연회를 즐기는 일이 잦은 집은 좋은 집안이 아니고,
화려한 명성을 듣는 습관에 익숙한 선비는 훌륭한 선비가 아니며,
명예와 지위에 대한 생각이 간절한 사람은 좋은 신하가 아니다.

飮宴之樂多　不是個好人家,
음연지락다　불시개호인가

聲華之習勝　不是個好士子,
성화지습승　불시개호사자

名位之念重　不是個好臣工.
명위지념중　불시개호신공

공工은 사士로 쓰기도 한다.

만해 강의

좋은 집안은 예절을 숭상하고 이웃에 은덕을 베풀기를 좋아합니다. 음주와 연회를 즐기는 일이 많은 집은 좋은 집안이 아닙니다. 훌륭한 선비는 몸가짐을 내실 있게 함을 배웁니다. 노래를 좋아하고 화려함을 숭상하는 선비는 훌륭한 선비가 아닙니다. 좋은 신하는 덕을 지켜 충성을 다합니다. 명성과 이익, 관직을 탐하는 생각이 많은 사람은 좋은 신하가 아닙니다. 고개를 들어 오늘날 조선의 상류사회를 보면 이것이 유일무이한 대법문임을 알 수 있습니다.

臣工 신공_맡은 업무가 있는 사람. 신하.
聲華 성화_좋은 평판. 여기에서는 노래와 화려함으로 해석했다.

108

어진 사람은 마음이 관후하여

복이 두텁고 경사가 오래 가며 일마다 너그러운 기상을 보인다.

비루한 사람은 생각이 촉박해서

복이 박하고 혜택이 짧게 가며 일마다 조급한 모습이 된다.

仁人心地寬舒　便福厚而慶長　事事成個寬舒氣象,
인인심지관서　편복후이경장　사사성개관서기상

鄙夫念頭迫促　便祿薄而澤短　事事成個迫促規模.
비부염두박촉　편록박이택단　사사성개박촉규모

성成은 득得으로 쓰기도 한다.

만해 강의

인자한 사람은 마음이 관후하고 편안해서 널리 사람들을 포용하기 때문에 누리는 복이 두텁고 경사스러운 일이 오래 갑니다. 그리하여 모든 일에 너그럽고 편안한 기상을 이루게 됩니다. 이와 반대로 비루하고 인색한 사람은 생각이 조급해 외부 사물의 시기를 받기 때문에 복이 적고 혜택이 오래 가지 않으며 일마다 조급한 모습이 됩니다. 그러므로 생각을 한번 적용할 때마다 세 번씩 거듭 생각하여 너그럽고 편안한 쪽으로 나아가야지 조급해서는 안 됩니다.

109

사람을 부릴 때는 각박하게 대하지 말아야 한다.
각박하게 대하면 보답을 바라는 자가 떠나 버린다.
벗을 사귈 때는 아무나 함부로 사귀지 말아야 한다.
함부로 사귀면 아첨하는 자가 모인다.

用人不宜刻　刻則思效者去,
용인불의각　각즉사효자거

交友不宜濫　濫則貢諛者來.
교우불의람　남즉공유자래

만해 강의

사람을 부릴 때는 각박하게 대하지 말아야 합니다. 사람이 남의 일을 하는 것은 공로에 대한 보수를 바라기 때문인데, 각박한 대우로 인해 보수가 적으면 보수를 바라던 사람이 실망하고 떠나 버립니다. 친구를 사귈 때는 어진 이를 가까이 하고 악한 이를 멀리 해야 합니다. 선악을 가리지 않고 누구하고나 친분을 맺으면 아첨을 하는 자가 모여 들어 나의 판단력이 흐려져 앞길에 화가 미칩니다.

思効 사효 _ 결과를 기대함.
濫 람 _ 어지럽힘.
貢諛 공유 _ 아첨을 바침.

110

대인을 경외하지 않을 수 없다.

대인을 경외하면 방일한 마음이 없어진다.

평범한 백성 또한 경외하지 않을 수 없다.

평범한 백성을 경외하면 세력을 믿고 횡포를 부린다는 말을 듣지 않는다.

大人不可不畏　畏大人　則無放逸之心,
대인불가불외　외대인　즉무방일지심

小民亦不可不畏　畏小民　則無豪橫之名.
소민역불가불외　외소민　즉무호횡지명

만해 강의

경외한다는 것은 공경하고 조심한다는 뜻입니다. 덕이 있고 지위가 높은 대인을 경외하면 항상 공경하는 마음을 지니게 되어 방일한 마음이 사라집니다. 덕이 없고 지위가 낮은 평범한 사람도 또한 경외하지 않을 수 없습니다. 평범한 사람을 경외의 마음으로 대하면 항상 근신하는 실천을 하게 되어 교만하고 횡포를 부린다는 평판을 듣지 않습니다. 대인을 능멸하고 평범한 사람을 업신여기면 방일하거나 횡포를 부리는 실수를 저지르게 됩니다.

豪橫 호횡 __ 세력을 믿고 제멋대로 함.

111

일이 뜻대로 잘 되지 않거든 나보다 못한 사람을 생각하라.

그러면 원망하고 탓하는 마음이 사라진다.

마음이 게을러지고 황폐해지거든 나보다 나은 사람을 생각하라.

그러면 정신이 저절로 분발해 일어난다.

事稍拂逆　便思不如我的人　則怨尤自消,
사초불역　편사불여아적인　즉원우자소

心稍怠荒　便思勝似我的人　則精神自奮.
심초태황　편사승사아적인　즉정신자분

만해 강의

무슨 일이든 마음대로 되지 않으면 반감이 일어나 하늘을 원망하고 남을 탓하기 쉽습니다. 이런 때는 나보다 못한 사람, 즉 일이 뜻대로 안 되는 어려움이 나보다 더 심한 사람을 생각하면 원망이 저절로 사라지게 됩니다. 예컨대 가난을 벗어나는 일이 뜻대로 안되면 하늘이 무엇 때문에 나를 빈천하게 만드는가 하는 원망과 부자들이 어질지 못해 나를 도와주지 않는다는 원망을 갖기 쉽습니다. 이런 때에 나보다 더 가난한 사람을 생각하면 나는 오히려 풍족한 처지라는 것을 깨닫게 되어 원망이 절로 사라질 것입니다.

 마음이 나태해져 부지런히 일할 마음이 사라지면 정신이 해이해지고 황폐해지기 쉽습니다. 이럴 때 나보나 나은 사람 즉, 나보다 처지가 더 좋은데도 근면한 사람을 생각하면 정신이 저절로 분발하여 근면할 마음이 생깁니다.

怠荒 태황__게으르고 황폐해짐.

112

들뜬 기분에 가볍게 승낙하지 말고,
취기에 기대어 성내지 말고,
유쾌하다 하여 일을 많이 벌이지 말고,
권태를 느껴 하던 일의 마무리를 소홀히 하지 말라.

不可乘喜而輕諾　不可因醉而生瞋
불가승희이경락　불가인취이생진

不可乘恢而多事　不可因倦而鮮終.
불가승회이다사　불가인권이선종

회恢는 쾌快로 쓰기도 한다.

만해 강의

일시적으로 기쁨에 들떠 경솔히 허락하면 허락한 일을 나중에 실천하지 못하는 폐단이 있습니다. 그러므로 들뜬 기분에 경솔히 승낙하지 말아야 합니다. 술에 취해 화를 내면 도가 지나쳐 후회하는 일이 많습니다. 그러므로 취기에 기대어 화를 내지 말아야 합니다. 잠시 만족한 기분에 심신이 상쾌해지면 객기가 생겨 이것저것 많은 일을 시도하게 됩니다. 이렇게 벌인 일들은 복잡하고 산만하여 좋은 결과를 얻기 어렵고 중도에 위축돼 버리기 쉽습니다. 그러므로 기분이 상쾌할 때를 타서 일을 벌이지 말아야 합니다. 일을 시작할 때는 제대로 하다가 차츰 게을러져 제대로 끝마무리를 하지 못하는 사람이 많습니다. 그렇게 되면 높은 산을 쌓는 데 한 삼태기만큼의 흙이 부족해 이전까지의 공이 수포로 돌아가게 됩니다. 그러므로 권태로 인하여 일을 마무리짓지 못하게 되는 일은 없어야 합니다. 들뜸, 취기, 유쾌함, 권태 등을 느낄 때 더욱 근신하여 각종의 폐단이 일어나지 않도록 해야 합니다.

恢 회_넓음. 여유 있음.
瞋 진_화냄.
鮮終 선종_마무리를 잘 못함.

113

낚시는 세속을 떠난 사람에게 어울리는 일이지만
물고기를 살리고 죽이는 권능을 가지는 것이고,
바둑은 깨끗한 놀이지만 전쟁하는 마음을 일으킨다.
일을 좋아함이 일을 줄여 의지에 맞게 함만 못하고,
재능이 많음은 재능이 없어서 참됨을 보전하는 것만 못하다.

釣水逸事也　尙持生殺之柄　奕棋淸戱也　且動戰爭之心,
조수일사야　상지생살지병　혁기청희야　차동전쟁지심

可見喜事不如省事之爲適　多能不如無能之全眞.
가견희사불여생사지위적　다능불여무능지전진

만해 강의

물가에서 물고기를 낚는 것은 속세를 떠난 은자隱者의 일이지만 물고기를 살리고 죽이는 일이어서 은둔해 사는 본뜻을 해칩니다. 바둑은 세속을 떠난 맑고 한적한 유희지만 승부를 다투는 놀이라서 싸우기 좋아하는 마음을 일으켜 맑고 한적함에서 멀어지게 합니다. 이렇게 보면 의욕이 지나쳐 본래 의도에 어긋나게 되는 것이 일을 줄여서 의지에 맞게 하느니만 못하고, 재능이 많아서 심신을 수고롭게 함이 재능이 없어서 타고난 참모습을 보전하는 것만 못합니다.

逸事 일사_세속을 떠난 은자들의 일.
淸戱 청희_맑은 유희. 즉 세속을 떠난 사람들의 유희.
省事 생사_일을 덜어냄.

114

새가 지저귀는 소리나 벌레 우는 소리도 모두 마음을 전하는 비결이며,
꽃잎이나 풀빛까지도 도를 드러내는 문장이 아닌 게 없다.
배우는 사람은 천연의 심기를 청명하게 하고 가슴속을 맑게 하여
사물에 접촉할 때마다 깨달음을 얻어야 한다.

鳥語蟲聲　總是傳心之訣　花英草色　無非見道之文,
조어충성　총시전심지결　화영초색　무비현도지문

學者要天機淸徹　胸次玲瓏　觸物皆有會心處.
학자요천기청철　흉차영롱　촉물개유회심처

만해 강의

전심傳心의 비결이란 불교 용어로 우주의 큰 도와 만물의 진리가 다 한 마음에 갖추어져 있다는 말입니다. 부처는 "사물이 마음 밖에 따로 존재하는 것이 아니다心外無物"라고 했는데, 이는 마음이 모든 진리와 일의 근원이 됨을 말한 것입니다. 그래서 옛 성인은 자신의 마음을 깨닫고 남의 마음을 깨우쳐 주는 것을 유일한 종교적 목표로 삼았습니다. 그러나 마음을 깨닫는 것은 결코 말이나 글에 있는 것이 아닙니다.

수레와 배를 만드는 기술도 정밀하고 오묘한 지점에 이르러서는 부자간에도 전수하지 못합니다. 부처가 49년 동안 설법한 내용이 구름처럼 많아서 헤아릴 수 없이 많은 경전이 만들어졌고 여러 고승대덕들의 경전 주석서가 눈송이처럼 많이 나왔지만, 이것은 다 옛 사람들이 쓰고 남긴 찌꺼기에 지나지 않습니다. 사람들이 말이나 글에 집착해서 마음과 힘을 다하고도 진리를 깨닫지 못하는 사태가 벌어집니다. 그래서 선가禪家에서는 "글자를 쓰지 않고 가르침 밖에서 따로 전한다"는 뜻의 '불립문자 교외별전不立文字 敎外別傳'을 주장합니다. '이심전심以心傳心' 즉, "마음에서 마음으로 전한다"고 하는 것이 바로 이것입니다.

그런데 마음은 형체가 없는데 무엇에 의거해 마음을 전하겠습니까? 의거할 것이 있어서 그것을 방법으로 삼으면 이 역시 언어와 문자로 전락해버리고 마음을 전하는 비결이 되지 못합니다. 마음을 전하는 비결은 마음을 스스로 수양해

訣 결_비결.
天機 천기_천연의 심기.
胸次 흉차_흉중. 가슴속.
玲瓏 영롱_곱고 투명한 모양.
會心處 회심처_마음에 깨달음을 주는 곳.

서 저절로 깨닫는 것 외에 다른 길이 없습니다.

그러나 마음 밖에 다른 사물이 없는 것으로 말한다면 자기 마음을 제외하면 우주만물 중에 하나도 마음을 전하는 비결이 되지 못하지만, 만물이 다 하나의 몸체라고 보면 삼라만상 중에 마음을 전하는 비결이 아닌 것이 없습니다. 따라서 새와 벌레의 울음소리도 모두 마음을 전하는 비결이고, 꽃의 아름다움과 풀의 푸르름도 도를 드러내 보여주는 글이라고 할 수 있습니다.

향엄선사香嚴禪師가 죽비소리를 듣고 도를 깨달은 것, 영운선사靈雲禪師가 복숭아꽃을 보고 깨달음을 얻은 것, 뉴턴이 떨어지는 사과를 보고 만유인력을 주장하게 된 것, 와트가 끓는 물을 보고 증기기관을 만든 것이 모두 그것을 증명합니다. 죽비소리, 복숭아 꽃, 떨어지는 사과, 끓는 물은 누구나 다 듣고 보는 것이지만 모든 사람이 다 깨닫지 못하고 수천 년의 세월과 수만 리의 영역 중에 깨닫는 사람이 따로 있으니, 이것은 깨달음이 외부 사물에 있는 것이 아니라 자신의 마음에 있기 때문입니다.

고요하여 보고 듣는 것이 없을 때 저절로 깨닫지 못하고, 각각 하나의 외부 사물에 감응하여야 깨닫게 되는 것은 자신의 마음이 따로 존재하지 않고 만물과 통해 있기 때문입니다. 한 마음이 곧 만물이고 만물이 곧 한 마음이니, 어느 것을 택하고 어느 것을 버리겠습니까. 배우는 자는 번뇌의 혼탁함을 비우고 천연의 심기를 맑은 물처럼 청명하게 만들고 가슴속을 옥처럼 영롱하게 해서 어떠한 사물에 접하든지 자기 마음에 깨달음을 얻어야 할 것입니다.

115

사람들은 글자가 있는 책은 읽을 줄 알지만
글자가 없는 책은 읽을 줄 모르며,
현이 있는 거문고는 탈 줄 알지만
현이 없는 거문고는 탈 줄 모른다.
형체는 사용하고 정신은 사용하지 않으니,
어찌 거문고와 책의 참맛을 터득하겠는가.

人解讀有字書　不解讀無字書,
인해독유자서　불해독무자서

知彈有絃琴　不知彈無絃琴,
지탄유현금　부지탄무현금

以跡用　不以神用　何以得琴書佳趣.
이적용　불이신용　하이득금서가취

佳는 지之로 쓰기도 한다.

만해 강의

글자는 사물의 상태와 인류의 사상을 나타내는 부호이고, 책은 그 부호로 그린 도면에 불과합니다. 부호와 도면의 원본인 우주의 온갖 형상과 수많은 인간사는 실로 종횡무진하며 품격과 오묘함을 극한 살아있는 책입니다. 부호인 글자만 되뇌고 정신의 참모습을 간파하지 못하면, 그것은 '기계적 학문'이 될 것입니다. 글자 없는 책을 읽는다는 것은 살아있는 눈으로 정신의 참모습을 이해하는 것입니다. 예를 들어 한나라의 사마천은 20세에 강회江淮 지방을 유람했는데, 산천 풍물의 정신을 생생하게 포착해서 자신의 문장을 수련했습니다. 나중에 《사기史記》를 저술할 때 그렇게 포착해 놓았던 정신을 문장에 담아 만고의 명문을 낳았습니다. "《사기》, 이 책 하나가 명산대천에 존재한다"는 말까지 전하게 했으니 이것은 사마천이라는 대문장가가 산천 풍물의 문자 없는 책을 읽은 결과입니다.

세상 사람들은 글자 있는 책만 읽고 글자 없는 책은 읽지 못하며 현이 있는 거문고만 타고 현이 없는 거문고는 탈 줄 모르는데 거문고의 현은 남이 튕겨 주어야 소리를 내는 피동적 존재에 불과합니다. 현으로 소리를 내면 범부의 귀를 즐겁게 할 뿐입니다. 절묘함을 극한 소리 없는 가락은 현이 아니라 오래된 오동나무에 존재하는 것입니다. 도연명이 현이 없는 거문고를 어루만지며 "거문고에 깃든 흥취만 얻으면 그만이지 무엇 하러 현 위에 소리를 수고롭게 하리"라고 하는 시를 지었는데, 이는 그가 현 없는 거문고의 소리를 알고 있었다는 뜻입니다.

한 걸음 나아가 말하면 험준한 산과 광활한 바다에서 들을 수 있는 오묘한 자연의 곡조는 현과 오동나무를 모두 떠난 자연에 존재합니다. 그러므로 그저 글자가 있는 책만 읽고 현이 있는 거문고만 타는 사람은 형체는 사용하고 정신은 사용하지 못하는 것이니 어찌 거문고와 책의 오묘한 참 취미를 알 수 있겠습니까.

116

산하와 대지도 이미 작은 티끌인데
하물며 티끌 중의 티끌은 얼마나 작겠는가.
사람의 몸도 또한 거품이나 그림자에 불과한데
하물며 그림자 밖의 그림자는 말할 것도 없다.
최상의 지혜가 아니면 분명한 깨달음이 있을 수 없다.

山河大地已屬微塵　而況塵中之塵,
산하대지이속미진　이황진중지진

血肉身軀且歸泡影　而況影外之影,
혈육신구차귀포영　이황영외지영

非上上智　無了了心.
비상상지　무요료심

만해 강의

천지도 만들어지고 파괴됨이 있습니다. 산하와 대지는 하나하나의 티끌이 쌓여서 이루어진 티끌의 집합체입니다. 그러므로 파괴될 때는 집합체가 분산되어 다시 티끌로 돌아갑니다. 산하, 대지와 같은 광대한 물체도 파괴를 면하지 못하여 티끌로 돌아가는데 하물며 티끌 중의 티끌인 인간, 즉 산하와 대지 속에서 잠시 살았다 사라져버리는 인간이 어찌 티끌로 돌아감을 면할 수 있겠습니까.

사람의 육신은 고작 백 년밖에 유지하지 못하고 일단 죽으면 그림자같이 사라지는데 하물며 그림자 중의 그림자인 사람에게 속한 부귀공명이 어찌 영구히 보존되겠습니까. 우주만물 중에 한 가지도 영원한 것이 없는데 어찌 구구한 사물에 집착하여 소요자재하지 못하게 되겠습니까. 최고의 밝은 지혜가 아니면 명료한 깨달음이 있을 수 없습니다.

泡影 포영__거품과 그림자.
上上智 상상지__최고의 지혜.
了了心 요료심__명료히 깨달은 마음.

117

돌이 부딪쳐 일어나는 빛 속에서 길고 짧음을 다투니 얼마나 긴 세월이겠으며, 달팽이 뿔 위에서 자웅을 겨루니 얼마나 큰 세계이겠는가.

石火光中　爭長競短　幾何光陰,
석화광중　쟁장경단　기하광음

蝸牛角上　較雌論雄　許大世界.
와우각상　교자논웅　허대세계

만해 강의

인생 백 년을 장구한 시간에 비교하면 돌이 맞부딪쳐서 섬광이 일어나는 시간처럼 짧습니다. 이같이 짧은 기간에 길고 짧음의 득실을 다투어보았자 그것이 얼마만한 시간이겠습니까. 《장자》에 "달팽이의 왼 뿔에 촉씨觸氏라는 나라가 있고 오른 뿔에 만씨蠻氏라는 나라가 있다. 두 나라가 때때로 땅을 다투어 싸우니, 쓰러진 시체가 수만이다. 패주하는 적을 쫓다가 보름 후에는 되쫓긴다"라고 했습니다. 이것은 좁은 세상에서 인간이 구구히 이해득실을 따져 서로 싸우고 죽이는 것을 풍자한 우화입니다.

달인의 눈으로 보면 이 세계가 달팽이의 뿔과 같이 작고, 영웅호걸들의 큰 전쟁도 만씨와 촉씨의 싸움과 같을 뿐입니다. 청허淸虛 화상의 시에 "만국의 도성이 개미 둑과 같고, 숱한 호걸이 초파리 같구나"라고 한 것이 이런 뜻입니다. 달팽이의 뿔 위에서 자웅을 겨루니 그것이 얼마나 넓은 세계이겠습니까. 달관한 마음으로 우주의 영원함을 간파하면, 백 년 동안의 삶 속에서 자웅을 겨루고 이해득실을 따지는 일이 어찌 구차하게 느껴지지 않겠습니까.

石火 석화_돌이 부딪쳐 나는 불.
蝸牛 와우_달팽이.
許 허_무엇. 하何와 같은 뜻.
청허淸虛_서산대사西山大師. 조선 중기의 승려. 임진왜란이 일어나자 왕명에 따라 전국에서 승병을 모집했다. 자신은 문도 1500명을 이끌고 나가 명 나라 군사와 함께 평양을 탈환했다. 유정惟政, 사명대사 등 걸출한 문도를 많이 배출했다. 문집에 《청허당집淸虛堂集》이 있다.

118

시간의 길고 짧음이 생각에 달려 있고, 공간의 넓고 좁음이 마음에 달려 있다. 그러므로 심기心機에 여유가 있는 사람에게는 하루가 천년보다 길게 여겨지고, 뜻이 큰 사람에게는 좁은 집도 하늘과 땅 사이보다 넓게 느껴진다.

延促由於一念　寬窄係之寸心,
연촉유어일념　관착계지촌심

故機閒者　一日遙於千古　意寬者　斗室廣於兩間.
고기한자　일일요어천고　의관자　두실광어양간

만해 강의

시간이 지연되거나 촉박한 것은 해와 달에 달려 있는 것이 아니라 사람의 생각에 달려 있고, 공간의 넓고 좁음도 막거나 통하게 하는 데 좌우되는 것이 아니라 사람의 마음에 달려 있습니다. 그러므로 심기가 여유 있고 한적한 사람은 짧은 하루를 보내기가 천고의 오랜 시간을 지내는 것보다 길게 생각돼 조급하고 분주한 태도를 보이지 않고, 뜻이 큰 사람은 아주 작은 집에 살아도 그 집이 하늘과 땅 사이보다 넓게 여겨져 좁다는 생각을 하지 않습니다. 시간과 공간은 원래부터 정해진 그대로인데 길거나 짧고, 넓거나 좁은 차이가 나는 것은 사람이 생각 속에서 그렇게 설정해 놓기 때문입니다. 어찌 자신의 마음으로 스스로를 바쁘고 옹색하게 해 긴 시간을 짧게 만들고 넓은 공간을 좁게 만들어야 하겠습니까.

機閒 기한__심기, 즉 마음의 작용이 한가로움.
斗室 두실__아주 작은 집.

119

불꽃같은 권세에 아부하여 받는 화는 매우 참혹하고 또한 매우 빠르며,
고요한 데 살며 편안함을 지키는 맛은 가장 담박하고 또한 가장 오래 간다.

趨炎附勢之禍　甚慘亦甚速,
추염부세지화　심참역심속

棲恬守逸之味　最淡亦最長.
서염수일지미　최담역최장

만해 강의

불꽃과 같이 왕성하게 타오르는 권세를 쫓아다니는 사람은 화를 당함이 몹시 참혹하고 신속합니다. 권세가를 쫓아다니는 사람은 명예와 이익에 대한 욕망이 강해서 자신의 의지와 기개를 잃고 아첨하면서 온갖 부도덕한 행위로 한 때의 욕망을 달성하려고 하다가 하루아침에 세력을 잃고 참혹한 화를 당하기 때문입니다. 티끌로 가득한 이 세상의 명예와 이익을 뜬구름과 같이 여기고 깨끗하고 고요함을 지키며 살면 그 삶의 멋이 담박하고 오래 갈 것입니다.

趨炎附勢 추염부세 _ 불꽃을 쫓아가고 권세를 따라감.
棲恬守逸 서염수일 _ 고요함에 깃들어 살며 청일함을 지킴.

120

색욕이 불같이 일어나도 병이 났을 때에 생각이 미치면
식은 재처럼 흥이 식고,
명예와 이익이 엿처럼 달기는 하나 죽음에 생각이 미치면
그 맛이 밀랍을 씹는 것 같다.
그러므로 사람이 항상 죽음과 병을 염두에 두면
환영과 같은 업을 소멸시키고 도를 추구하는 마음을 키울 수 있다.

色慾火熾　而一念及病時　便興似寒灰,
색욕화치　이일념급병시　편흥사한회

名利飴甘　而一想到死地　便味如嚼蠟,
명리이감　이일상도사지　편미여작랍

故人常憂死慮病　亦可消幻業　而長道心.
고인상우사여병　역가소환업　이장도심

만해 강의

사람이 혈기가 왕성할 때는 색에 대한 욕망이 불같이 타오르지만, 병이 들어 피로하고 괴로울 때를 생각하면 흥취가 사라져 버려 식은 재와 같이 됩니다. 온갖 욕구가 일어나 마음을 가리면 명예와 이익의 맛이 엿과 같이 달지만, 죽을 때를 생각하면 그 맛이 밀랍을 씹는 것처럼 무미건조합니다. 그러므로 사람이 항상 죽음과 병을 염두에 두면 색욕이나 명예, 이익 등 환상과 같은 업을 짓는 일을 끝내고 곧은 지조와 미덕의 진실한 도의 마음을 키울 수 있습니다.

嚼蠟 작랍_밀랍을 씹음.
幻業 환업_환상과 같은 업.

121

얻기를 탐하는 사람은 금을 받으면 옥을 얻지 못해 한탄하고,

후작을 받으면 공작을 얻지 못해 원망하며,

권세가 있고 부유하면서도 스스로 걸인 같은 태도를 마다하지 않는다.

만족할 줄 아는 사람은 보잘것없는 나물국을 산해진미보다 맛있게 먹고,

삼베옷을 가죽 옷보다 따뜻하게 여기며,

일반 백성이라도 왕공에게 굽신거리지 않는다.

貪得者分金恨不得玉　封侯怨不授公　權豪自甘乞丐,
탐득자분금한부득옥　봉후원불수공　권호자감걸개

知足者藜羹旨於膏粱　布袍煖於狐貉　編民不讓王公.
지족자여갱지어고량　포포난어호학　편민불양왕공

봉후封侯를 봉공封公으로, 수공授公을 수후授侯로 쓰기도 한다.

만해 강의

많이 얻기를 탐하는 사람은 금을 나누어 주어도 옥을 얻지 못한 것을 원망하고, 후작에 봉해져도 공작을 얻지 못한 것을 원망합니다. 부귀하고 권세 있는 지위에 있어도 항상 만족하지 못하여 구차하게 걸인과 같은 생각과 태도를 가지고 있습니다. 반대로 만족할 줄 아는 사람은 명아주로 만든 맛없는 국이라도 고기나 찰진 밥보다 맛있게 생각하고, 거친 삼베옷이라 하더라도 여우와 오소리의 가죽으로 만든 옷보다 따뜻하게 생각하여 조금도 불만이 없으며, 작위가 없는 평민의 처지에 있어도 마음이 평안하여 존귀한 왕이나 귀족 앞에서도 겸손하게 양보하지 않습니다. 불경에 "만족을 아는 자는 땅바닥에 누워도 안락하고, 만족을 모르는 자는 천당에 있어도 마음이 편치 않다"고 한 말이 이것입니다. 인간의 고락은 부귀나 빈천에 있는 것이 아니라 자신의 마음에 달려 있는 것이니 부귀를 추구하는 데 급급하지 말고 마음을 다스리는 데 힘써야 합니다.

侯 후_다섯 등급의 작위 가운데 두 번째. 첫 번째는 공公.
乞丐 걸개_거지의 생활.
藜羹 여갱_명아주국. 보잘것없는 음식.
膏粱 고량_살진 고기와 좋은 곡식. 진귀한 음식. 고膏는 살진 고기. 량粱은 조의 일종으로 알이 굵고 향기가 나는 곡식. 중국에서는 조를 귀하게 여겼으므로 좋은 곡식의 의미로 사용됨.
狐貉 호학_여우와 오소리 가죽으로 만든 옷.
編民 편민_호적에 편입된 일반 백성. 즉 평민.

122

산림은 아름다운 곳이나 일단 현혹되면 시장터가 되고,
글과 그림을 즐기는 것은 우아한 일이지만
일단 탐하는 어리석음에 빠지면 장사꾼의 일이 된다.
마음이 오염이나 집착에서 멀어지면 욕망의 세계도 신선이 사는 곳이 되고,
마음에 얽매임이 있으면 쾌락의 세계도 비참한 곳이 된다.

山林是勝地　一營戀　便成市朝,
산림시승지 일영련 편성시조

書畵是雅事　一貪痴　便成商賈,
서화시아사 일탐치 편성상고

盖心無染着　欲境是仙都　心有係牽　樂境成悲地.
개심무염착 욕경시선도 심유계견 낙경성비지

욕경欲境은 욕계欲界로, 계견係牽은 계련係戀으로, 비지悲地는 고해苦海로 쓰기도 한다.

만해 강의

산림은 속세를 벗어난 경치 좋은 곳이지만 연연하고 집착하면 속세를 탐내고 아까워하는 것이나 마찬가지가 되어 산림도 명예와 이익을 탐하는 시장처럼 됩니다. 산림과 시장이 겉보기에는 다르지만 탐내고 아까워하는 대상이라는 점에서 같기 때문입니다. 글씨와 그림은 욕심을 떠난 운치 있는 일이지만 이익을 탐하는 어리석은 생각이 들면 운치는 사라지고 끝 모르고 영리를 쫓는 상인의 것이 돼 버립니다. 마음에 탐욕과 집착이 없으면 이욕의 세계도 신선의 세계가 되고, 마음에 얽매임이 있으면 즐거운 곳도 처량한 곳이 됩니다.

營戀 영련__미혹되고 그리워하다. 영戀은 미혹되다의 뜻.
市朝 시조__사람이 많이 모이는 곳. 조朝는 모인다는 뜻.
商賈 상고__장사꾼. 고賈는 장수.
係牽 계견__얽매이고 끌려감.

123

시끄럽고 혼잡한 때에는
평소에 기억하고 있는 것도 잊어버리고,
깨끗하고 평안한 곳에서는
옛날에 잊어버린 일도 어슴푸레하게 머릿속에 떠오른다.
조용하고 시끄러움이 조금만 달라져도 혼미함과 명확함이 확연히 나뉜다.

時當喧雜 則平日所記憶者 皆漫然忘去,
시당훤잡 즉평일소기억자 개만연망거

境在淸寧 則夙昔所遺忘者 又怳爾現前,
경재청녕 즉숙석소유망자 우황이현전

可見靜躁稍分 昏明頓異.
가견정조초분 혼명돈이

시당時當은 당시當時로 쓰기도 한다. 이異자 아래 야也자가 있는 책도 있다.

만해 강의

시끄럽고 혼잡한 때에는 평소에 명료히 기억하고 있던 것도 다 잊어버립니다. 외부 환경이 시끄럽고 혼잡하면 마음과 정신도 같이 혼란스럽게 되기 때문입니다. 깨끗하고 조용한 상황에서는 이미 오래전에 잊고 있던 일도 홀연히 생각이 납니다. 이것은 외부 환경이 맑고 편안해지면 마음과 정신이 명징해지기 때문입니다. 고요함과 시끄러움이 조금만 달라지면 혼미해 잊어버림과 환히 드러남이 확연하게 나뉘므로 사람은 시끄럽고 혼잡함을 떠나 맑고 편안함을 지켜야 합니다.

漫然 만연_막막히.
夙昔 숙석_좀 오래된 옛날.
怳 황_어슴푸레함.
靜躁 정조_조용함과 시끄러움.

124

속세에서 벗어나는 길은 세상을 잘 헤쳐 나가는 데 있으므로
굳이 사람과 관계를 끊고 세상을 등질 필요는 없다.
깨달음의 공은 마음을 다하는 데 있으므로
굳이 욕망을 끊고 마음을 냉정하게 가질 필요는 없다.

出世之道　卽在涉世中　不必絶人以逃世,
출세지도　즉재섭세중　불필절인이도세

了心之功　卽在盡心內　不必絶慾以灰心.
요심지공　즉재진심내　불필절욕이회심

涉世 섭세__험한 세상을 헤쳐나감.
了心 요심__마음을 깨달음.
灰心 회심__차가운 재와 같은 마음.

만해 강의

속세를 벗어나는 것은 속세의 탐욕과 집착에서 마음이 떠나는 일이지, 신체가 세상에서 벗어나 인간 사회와 인연을 끊는 것이 아닙니다. 도를 닦는 사람이 속세를 벗어나는 길이 세상 밖에 있다고 여기고 깊은 산중에 은둔하여 사회적 관계를 영원히 단절하고 각종 염세적 수행을 하는 것은 잘못입니다. 왜냐하면 산림과 장터가 동일한 속세인데 장터를 떠나 산림에 들어간들 무엇을 버리고 무엇을 얻겠습니까. 산림이 속세를 벗어난 곳이라고 가정하더라도 속세의 탐욕과 집착을 벗어나기 위해 속세를 벗어나려는 탐욕과 집착을 가지면 속세의 탐욕과 집착이나 출세간의 탐욕과 집착이 모두 탐욕과 집착이기는 마찬가지인데 어찌 탐욕과 집착에서 벗어나고자 하는 근본 취지에 부합되겠습니까. 그러므로 인간 세상의 사회적인 관계를 끊어버리고 산림의 고적함에 탐닉하여 목석과 같은 생활을 영위하는 것은 속세를 벗어나는 길이 아닙니다. 속세를 벗어나는 길은 속세의 모든 일을 헤쳐 나가는 데 있으며 속세에 있되 속세에 탐닉하지 않는 것입니다. 예컨대 연꽃은 진흙 속에서 피되 진흙에 물들지 않고 도리어 선명한 꽃을 피우며 미묘한 향을 발산합니다. 이것은 진흙에 있어도 진흙에서 벗어나는 것입니다. 속세를 벗어나는 길을 찾는 사람은 연꽃에게서 배워야 합니다.

깨닫는 마음, 즉 요심了心이라고 하는 것은 자기 마음의 본성을 명료히 깨닫는 것입니다. 깨달음의 공은 마음을 다하여 수련하는 데 있습니다. 사람의 감정과 욕망을 끊어버리고 감정도 없는 마른 나무처럼 되거나 심기가 어두워져 조금도 온기가 남아있지 않은 식은 재와 같이 되면 안 됩니다. 망상을 말끔히 씻어내고 마음의 움직임을 생생하게 살리면 깨달음의 공을 얻을 수 있습니다.

125

내가 영화를 바라지 않으면

이익과 녹봉의 유혹을 무엇 하러 걱정하겠으며,

내가 출세를 다투지 않으면

관직이 위태로운 것을 무엇 하러 두려워하겠는가.

我不希榮　何憂乎利祿之香餌,
아불희영　하우호이록지향이

我不競進　何畏乎仕官之危機.
아불경진　하외호사관지위기

만해 강의

한 나라 때 병서인 《삼략三略》에 "향기로운 미끼 아래엔 반드시 죽는 물고기가 있고, 후한 상 뒤에는 반드시 용맹스러운 사람이 있다"고 했습니다. 향기로운 미끼는 물고기를 잡는 도구이고 이익과 녹봉은 사람을 낚는 미끼입니다. 동서고금의 역사를 살펴보면 이익과 녹봉을 탐내다가 충의와 절조를 잃고 오랜 세월 치욕을 받은 자가 얼마나 많습니까. 이것은 일신의 영달을 꾀하려는 마음이 앞섰기 때문입니다. 내가 영화를 원하지 않으면 무엇 때문에 이익과 녹봉이라는 미끼에 걸려들 것을 우려하겠습니까.

관위와 작위의 진급을 도모하고 권위를 얻기 위해 가혹한 경쟁으로 풍파를 일으키면 예측하지 못한 위기를 낳게 됩니다. 근대에 각국에서 내각을 조직하거나 선거를 치를 때 각 정당간의 치열한 경쟁 중에 간혹 시기로 인해 살해의 참극이 빚어지기도 하는데 이것이 그런 경우입니다. 만일 출세를 다투지 않는다면 관직의 위기를 무엇 때문에 두려워하겠습니까.

利祿 이록 _ 이익과 녹봉.
香餌 향이 _ 향기로운 미끼. 즉 유혹.

126

세상 사람들이 '나'를 너무 진지하게 인식하여
갖가지 애착과 번뇌가 생긴다.
옛사람이
"내가 있다는 것을 알지 못하면 어찌 사물의 귀함을 알리오"라고도 했고
또 "이 몸이 내가 아님을 알면 번뇌가 어떻게 침입하겠는가"라고도 했다.
실로 핵심을 꿰뚫는 말이다.

世人只緣認得我字太眞　故多種種嗜好種種煩惱,
세인지연인득아자태진　고다종종기호종종번뇌

前人云　不復知有我　安知物爲貴
전인운　불부지유아　안지물위귀

又云知身不是我　煩惱更何侵,　眞破的之言也.
우운지신불시아　번뇌경하침　진파적지언야

만해 강의

세상 사람들이 '나'를 너무 진지하게 인식해서 갖가지 애착과 번뇌가 생깁니다. 그래서 옛사람이 "내가 있는 것을 모르면 다른 사물의 귀중함을 어떻게 알겠으며, 신체가 내가 아닌 것을 알면 번뇌가 나에게 어떻게 침입하겠는가"라고 했습니다. 이것은 바로 핵심을 꿰뚫는 말입니다. 왜냐하면 내 신체는 지地, 수水, 화火, 풍風 등 여러 가지 요소의 집합체이므로 생로병사의 원칙에 따라 갑자기 생겨났다가 갑자기 사라지는 것이니 진실한 내가 아닙니다. 그런데 세상 사람들은 이렇게 덧없는 '거짓 나'를 영구불변한 '참 나'로 보고 이에 집착하여 갖가지 애착과 번뇌를 일으킵니다. 자아의 무상함을 간파하고 무아無我의 이치를 깨달으면 사물에 대한 감정이 모두 사라져 마음속의 번뇌와 외부세계의 귀천을 구분하는 마음이 모두 사라질 것입니다. 내가 없으면 사물도 없고 사물이 없으면 나와 사물 사이에 생기는 좋고 싫은 감정이 모두 사라지기 때문입니다. 개인주의적으로 나에 집착하여 모든 공적인 이익을 외면하는 사람이 몇 시간이나 자신을 보전하겠습니까. 무아라는 말이 참으로 핵심을 꿰뚫는 말입니다.

緣 연__말미암다. '~으로 인해'의 뜻.
破的 파적__과녁을 꿰뚫음.

127

두 눈으로 서진西쯤의 가시덤불 숲을 보면서도 빛나는 칼날을 자랑하고, 북망산의 여우나 토끼에게 바쳐질 몸이면서도 황금을 아낀다. 옛말에 "사나운 짐승은 굴복시키기 쉬워도 사람의 마음은 항복시키기 어렵고, 계곡을 채우기는 쉬워도 사람의 마음을 만족시키기는 어렵다"고 했는데 옳은 말이다.

眼看西晉之荊榛　猶矜白刃　身屬北邙之狐兔　尙惜黃金,
안간서진지형진　유긍백인　신속북망지호토　상석황금

語云猛獸易伏　人心難降　谿壑易塡　人心難滿　信哉.
어운맹수이복　인심난항　계학이전　인심난만　신재

전塡은 만滿으로 쓰기도 한다.

만해 강의

서진西晉 사람 삭정索靖이 나라가 망할 것을 알고 대궐 문 앞에 있는 구리로 만든 낙타를 가리키며 "네가 반드시 우거진 잡목 속에 서 있게 될 것이다"라고 말했는데 그의 말처럼 서진은 망했습니다. 세상 사물은 아무리 융성해도 반드시 쇠망하게 됩니다. 부강하고 태평하던 서진도 하루아침에 무너져 도성 안에 잡목이 우거지게 됐습니다. 필부의 용기를 어떻게 믿겠습니까. 망국의 흔적인 서진의 잡목 숲을 보고도 필부가 용기를 내어 빛나는 칼날을 번득여보지만 그 용기가 얼마나 가겠습니까.

또한 사람이 태어나 죽지 않는 사람이 어디 있겠습니까. 곧 죽어서 북망산에 묻혀 여우와 토끼의 먹이가 될 것을 알면서도 영원히 살 것처럼 황금을 아껴 영원히 살 궁리를 하니 참으로 어리석은 일이 아닐 수 없습니다. 옛말에 "맹수는 다스리기가 쉽지만 사람의 마음은 항복시키기 어렵고, 깊고 넓은 골짜기는 채우기 쉽지만 사람의 마음은 만족시키기 어렵다"고 했는데 옳은 말입니다. 이것은 인간의 객기와 같은 용기와 욕망이 한이 없음을 지적한 말입니다.

荊榛 형진_가시나무와 개암나무. 잡목 숲을 말함.
谿壑 계학_계곡, 골짜기.
塡 전_메우다.

128

무너진 섬돌에 여우가 잠들고 황폐한 누각에 토끼가 내달리지만
이곳은 한때 가무를 즐기던 곳.
노란 국화에 찬 이슬이 맺히고 시든 풀이 안개에 가려 희미하지만
옛날에는 이곳이 모두 전쟁터.
흥함과 쇠함이 어찌 영원하겠으며 강함과 약함이 따로 정해져 있겠는가.
이것을 생각하면 우리의 마음도 차갑게 식는다.

狐眠敗砌　兎走荒臺　盡是當年歌舞之地,
호면패체　토주황대　진시당년가무지지

露冷黃花　烟迷衰草　悉屬舊時爭戰之場,
노랭황화　연미쇠초　실속구시쟁전지장

盛衰何常　强弱安在　念此　令人心灰.
성쇠하상　강약안재　염차　영인심회

만해 강의

무너진 섬돌에서 여우가 잠들고 황폐해진 누각에서 토끼가 뛰어노니 참으로 황량한 풍경입니다. 그러나 예전에는 이곳이 화려한 치장을 한 미녀와 재사들이 모여 흰 이를 드러내며 노래를 부르고 고운 손을 들어 춤을 즐기던 곳입니다. 찬 이슬이 노란 국화에 맺히고 푸른 안개가 시든 풀에 서려 있으니 쓸쓸함이 그지없습니다. 그러나 이곳은 옛날에 영웅호걸들이 호령하며 수많은 깃발과 무기들이 삼엄하게 늘어섰던 전쟁터입니다. 한때의 부귀며 옛날의 강성함이 홀연히 구름처럼 흩어지니 성쇠가 어찌 계속될 것이며 강약이 어디 있겠습니까. 절세 호걸의 영화와 천고 영웅의 권능을 망망한 우주의 어디에서 다시 찾을 수 있겠습니까. 이것을 생각하면 명리를 추구하는 마음이 자연히 사라지고 차가운 재처럼 식습니다.

砌 체 _ 섬돌.
荒臺 황대 _ 황량한 누대.

129

활짝 갠 하늘에 밝은 달이 있는 어느 하늘을 날 수 없을까마는
불나방은 유독 밤의 등불 속으로 뛰어든다.
맑은 샘, 푸른 대나무 그 어느 것인들 먹을 수 없을까마는
올빼미는 기껏 썩은 쥐를 즐긴다.
아! 이 세상에서 불나방과 올빼미처럼 되지 않는 사람이 얼마나 될까?

晴空朗月　何天不可翶翔　而飛蛾獨投夜燭,
청공낭월　하천불가고상　이비아독투야촉

淸泉綠竹　何物不可飮啄　而鴟鴞偏嗜腐鼠,
청천녹죽　하물불가음탁　이치효편기부서

噫世之不爲飛蛾鴟鴞者　幾何人哉.
희세지불위비아치효자　기하인재

죽竹은 훼卉로 쓰기도 한다.

만해 강의

맑은 하늘과 환한 달빛 아래 광활하고 청명한 공간 속에 만물이 맘껏 활개치며 어디든 갈 수 있는데 불나방은 유독 밤의 등불에 뛰어들어 타죽으니 이는 불나방이 스스로 자초한 일입니다. 맑은 샘물이 끊임없이 샘솟고 푸른 대나무 열매가 수도 없이 널려 있어 먹고 마시는 데 부족함이 없는데 올빼미는 유독 썩은 쥐만 찾고 다른 먹이를 먹을 줄 모르니 이는 올빼미 자신의 탓입니다. 세상 사람들이 광대한 천지에서 거주와 음식을 자유롭게 하지 못하고 하잘것없는 명예와 재물만 탐하며 일생을 보내다가 결국에는 재앙과 낭패에 빠지게 되는 것이 마치 불나방이나 올빼미의 어리석은 삶과 같습니다. 이 세상에 불나방이나 올빼미의 신세가 되지 않을 사람이 몇 사람이나 될지 알 수 없으니 심히 애석한 일입니다.

翱翔 고상_빙빙 돌며 남. 새가 날개를 위아래로 흔드는 것을 고翱라고 하고 날개를 움직이지 않고 나는 것을 상翔이라고 한다.
蛾 아_나방.
飮啄 음탁_새가 물을 마시고 음식을 쪼음.
鴟鵂 치효_올빼미.

130

권력과 부귀가 용처럼 날뛰고 영웅들이 호랑이처럼 싸워도
냉정한 눈으로 보면 파리가 누린내를 찾아 모여들고
개미가 피를 놓고 다투는 것과 같다.
시비를 따지는 일이 벌 떼처럼 일어나고
이해득실이 고슴도치의 털처럼 일어나도
냉정한 감정으로 대하면 풀무가 쇠를 녹이고
뜨거운 물이 눈을 녹이듯 사라져 없어진다.

權貴龍驤　英雄虎戰　以冷眼視之　如蠅聚羶　如蟻競血,
권귀용양　영웅호전　이냉안시지　여승취전　여의경혈
是非蜂起　得失蝟興　以冷情當之　如冶化金　如湯消雪.
시비봉기　득실위흥　이냉정당지　여야화금　여탕소설

여승취전 여의경혈如蠅聚羶　如蟻競血의 승과 의를 바꾸어 여의취전 여승경혈如蟻聚羶　如蠅競血로 쓰기도 한다.

만해 강의

권세와 부귀를 누리는 사람이 독룡처럼 날뛰며 세력을 다투고 영웅들이 맹호처럼 싸우며 승부를 가리는 일이 당사자들의 생각에는 천하대사를 행하는 것 같겠지만, 권세와 승부에 초연한 달인의 냉엄한 안목으로 보면 마치 파리가 누린내 나는 음식 주위에 모여 서로 다투고 개미가 피 냄새가 나는 음식 주위에 모여 싸우는 것과 같이 말할 수 없이 추해 보입니다. 또 시비곡직을 가리는 일이 벌 떼처럼 일어나고 이해득실을 따지는 일이 고슴도치의 털처럼 일어나 서로 복잡하게 얽혀 그 실마리를 찾기 어려울 지경이 되어도, 도인의 냉정한 감정으로 보면 풀무가 쇠를 녹이고 끓는 물이 눈을 녹이는 것처럼 복잡한 시비득실이 모두 사라져 마음을 방해하지 못합니다.

驤 양_뛰다.
蠅 승_파리.
羶 전_육류에서 나는 누린내.
蟻 의_개미.
蝟 위_고슴도치.
독룡毒龍_중국 서부 추운 지대의 산속 연못에 산다는, 독이 있는 용.

131

자신이 중심이 되어 사물을 변화시키는 사람은
얻어도 기뻐하지 아니하고 잃어도 근심하지 아니하며
대지 위를 마음껏 소요한다.
사물에 지배당하는 사람은
뜻대로 되지 않으면 미워하고 뜻대로 되면 애착을 가져
털끝만한 것에도 속박된다.

以我轉物者　得固不喜　失亦不憂　大地盡屬逍遙,
이아전물자　득고불희　실역불우　대지진속소요

以物役我者　逆固生憎　順亦生愛　一毫便生纏縛.
이물역아자　역고생증　순역생애　일호편생전박

호毫는 모毛로 쓰기도 한다.

만해 강의

자신이 주체가 되어 외부사물을 변화시키는 사람은 사물을 얻어도 기뻐하지 않고 사물을 잃어도 근심하지 않아서 광대한 대지에 소요자재합니다. 그것은 사물이 다가오면 얻고 사물이 떠나면 잃는 식으로 득실을 사물에 일임해서 마음속에 희비를 갖지 않기 때문입니다. 이와 반대로 사물을 위해 나를 사역하는 사람은 사물의 조종을 받아 역경에 처하면 원망하고 순경에 처하면 애착을 느껴 사소한 일에도 얽매입니다. 이같이 사물에 대한 집착 때문에 외부의 여건에 따라 마음속에 애증이 생깁니다.

纏縛 전박 _ 얽고 묶음. 속박됨.

132

태어나기 전에 어떤 모습이었을지,
죽은 뒤에 어떤 행색이 될지
한번 생각해보라.
그러면 만 가지 생각이 타버린 재처럼 식고
오직 하나, 본성만이 고요히 남으리니
스스로 사물을 초월하며
형상이 나뉘기 전의 세계에 소요하게 된다.

試思未生之前有何象貌　又思旣死之後有何景色,
시사미생지전유하상모　우사기사지후유하경색

則萬念灰冷　一性寂然　自可超物外而遊象先.
즉만념회랭　일성적연　자가초물외이유상선

후유後有의 유有를 작作으로 쓰기도 하며 이而자가 없는 책도 있다.

만해 강의

사람은 태어난 후 모습이 나타나는 것이니, 태어나기 전에는 무슨 모습이 있겠습니까. 그러므로 태어나기 전에 어떤 모습일지 생각하면 대소나 미추의 분별이 사라집니다. 사람은 생존하고 있는 중에나 행색이 있는 것이니 죽은 후에 무슨 행색이 있겠습니까. 그러므로 죽은 후의 행색을 생각하면 빈부강약의 각종 행색이 모두 사라질 것입니다. 태어나 죽기 전까지의 구구한 삶에 참된 것이 무엇이 있겠습니까. 이것을 생각하면 불꽃처럼 타오르는 천만 가지 망상이 홀연히 식고 고요하고 유일한 참 본성이 드러날 것입니다. 그러면 만물의 태어남을 초월하고, 만 가지 형상이 나뉘기 전의 세계에서 소요자재하게 될 것입니다.

象先 상선_형상의 이전. 즉 형상이 나뉘기 전.

133

노끈으로 톱질을 해도 나무가 베어지고
물방울이 떨어져 돌에 구멍이 뚫으니
도를 배우는 자는 꾸준히 노력해야 한다.
물은 도랑이 되고
열매가 익으면 꼭지가 떨어지듯이
도를 얻으려는 사람은 하늘의 움직임에 모두 맡겨야 한다.

繩鋸木斷　水滴石穿　學道者須要努力,
승거목단　수적석천　학도자수요노력

水到渠成　苽熟蔕落　得道者一任天機.
수도거성　고숙체락　득도자일임천기

요노력要努力은 가역색加力索으로 쓰기도 한다.

만해 강의

가는 노끈으로 톱질을 해도 쉬지 않고 계속하면 단단한 나무가 잘라집니다. 작은 물방울도 오랜 세월 계속해서 돌 위에 떨어지면 단단한 돌이 뚫어집니다. 도를 배우는 사람도 게을러지거나 중간에 그만 두지 말고 꾸준히 노력해야 합니다. 물이 모여 도랑을 이루고 열매가 익어 꼭지가 떨어지는 것은 자연의 형세입니다. 도를 익히는 것도 이와 같아서 공력을 쌓아 원만함에 이르면 자연스럽게 도를 깨우치게 됩니다. 사람은 다만 공력을 쌓을 뿐이고 도를 깨닫고 못 깨닫는 결과는 천기에 맡기고 기대하지 말아야 합니다. 큰일을 도모하는 사람도 마음을 다해 의무를 행할 따름이지 성패의 결과는 물어볼 것이 못됩니다.

鋸 거_톱으로 켜다.
苽 고_줄이라고 하는 식용 풀.
天機 천기_하늘의 움직임.

134

인생은 본래 인형극이다.
좌지우지하는 권한을 손에 쥐고서
한 가닥 줄도 헝클어지지 않게 하고
감고 폄을 자유롭게 하고,
움직이고 멈추는 것을 내 맘대로 하여
조금도 남에게 조종을 받지 않고
이 무대를 초월한 위치에 서야 한다.

人生原是傀儡
인생원시괴뢰

只要把柄在手　一線不亂　卷舒自由　行止在我
지요파병재수　일선불란　권서자유　행지재아

一毫不受他人提掇　便超此場中矣.
일호불수타인제철　편초차장중의

원시原是를 원시일原是一로, 파병把柄을 근체根蔕로 쓰기도 한다.

만해 강의

우주는 만물이 등장하는 극장이고 인간은 꼭두각시입니다. 꼭두각시는 사전에 나무인형이라고 나옵니다. 인형의 각 기관에 줄을 연결하고 사람이 손가락으로 줄을 조종하여 각종의 동작을 연출하는 것입니다. 여기서 꼭두각시라고 하는 것은 조종하는 사람까지 합한 꼭두각시의 전체 역할을 통칭하는 것입니다. 꼭두각시의 역할이 극의 중심이므로 우주의 대극장에서 중심이 되는 인생을 꼭두각시에 비유한 것입니다. 인생이 꼭두각시라면 가장 중요한 줄을 자기 손에 쥐고 줄 하나도 흐트러지지 않게 하고, 풀고 말기를 자유롭게 하고, 가고 멈춤을 내 뜻대로 해서 조금도 타인의 간섭을 받지 않고 이 극장에서 초월한 위치에 있어야 할 것입니다.

傀儡 괴뢰_꼭두각시.
柄 병_도구의 손잡이. 사물이나 일을 좌지우지할 수 있는 힘.
提掇 제철_이끌고 들어올림.

135

권세와 이익의 화려함에
가까이 하지 않는 자는 깨끗하지만
가까이 하되 물들지 않는 자는 더욱 깨끗하다.
성교한 지혜를
알지 못하는 사람은 훌륭하지만
알면서도 사용하지 않는 사람은 더욱 훌륭하다.

勢利紛華　不近者爲潔　近之而不染者爲尤潔,
세리분화　불근자위결　근지이불염자위우결

智械機巧　不知者爲高　知之而不用者爲尤高.
지계기교　부지자위고　지지이불용자위우고

만해 강의

권력과 이익이 얽혀 있는 곳에서는 탐욕과 사치가 넘쳐 지조와 덕을 잃기 쉽습니다. 이러한 곳에 가지 않는 사람은 청렴하다고 할 수 있습니다. 그러나 권세와 이익이 얽혀 있는 곳에 가까이 가되 탐욕과 사치에 물들지 않고 지조와 덕을 지키는 사람은 더욱 청렴하다고 할 수 있습니다. 또 정교한 지혜는 남을 속이고 함정에 빠뜨리는 권모술수로 사용될 뿐이므로 이것을 모르는 사람은 훌륭하다고 할 수 있습니다. 그러나 이것을 알면서도 행하지 않는 사람은 더욱 훌륭하다고 할 수 있습니다.

紛華 분화_어지럽게 화려함.
智械 지계_지혜의 틀.
機巧 기교_솜씨가 매우 정교함.

136

천지는 고요하여 움직이지 않으나
기氣의 움직임은 잠시도 쉬지 않는다.
해와 달은 밤낮으로 바삐 달리나
그 빛은 오랜 세월이 지나도 변하지 않는다.
그러므로 군자는 한가한 때에 긴박한 마음을 가져야 하고
바쁜 때에 여유를 즐길 줄 알아야 한다.

天地寂然不動　而氣機無息少停,
천지적연부동　이기기무식소정

日月晝夜奔馳　而貞明萬古不易,
일월주야분치　이정명만고불역

故君子閑時要有喫緊的心思,　忙處要有悠閑的趣味.
고군자한시요유끽긴적심사　망처요유유한적취미

만해 강의

천지의 형체는 고요하여 움직이지 않지만 천지 안의 기의 움직임은 항상 순환하여 잠시도 쉬지 않습니다. 해와 달은 밤낮으로 달려 멈추는 때가 없지만 태양빛과 달빛은 오래도록 변치 않습니다. 사람도 천지와 일월을 본받아 고요함 속의 움직임, 움직임 속의 고요함을 실천해야 합니다. 한적하여 고요할 때는 혼몽한 상태에 있지 말고 또렷하고 긴박한 마음으로 정신을 활기차게 만들어야 합니다. 또 바쁘고 번잡하게 활동할 때는 황망함에 매몰되지 말고 평온하고 냉정한 여유를 즐겨 참 주재를 정양케 해야 합니다.

 천지가 움직이지 않고 일월이 바삐 달린다는 것은 천동설 개념에서 파악한 것으로 지금의 지동설과는 맞지 않지만, 이것은 과학 이론이 아니라 사람 행위에 비유해서 한 말이니 비유의 의미를 잘 음미해야 할 것입니다.

氣機 기기_기氣의 움직임.
貞明 정명_바른 빛. 정貞은 바르다正의 뜻.
喫緊 끽긴_긴박함.

137

공명과 부귀를 탐하는 마음을 놓아 버려야
범속한 세계에서 벗어날 수 있으며,
도덕과 인의의 마음을 놓아 버려야
성인의 경지에 들어갈 수 있다.

放得功名富貴之心下　便可脫凡,
방득공명부귀지심하　편가탈범

放得道德仁義之心下　纔可入聖.
방득도덕인의지심하　재가입성

만해 강의

부귀공명은 탐욕을 부르는 일이므로 부귀공명을 추구하는 마음이 남아 있으면 각종 감정에 물들어 세속의 범부가 됩니다. 그러므로 부귀공명을 탐하는 마음을 없애버리면 범부의 경계를 벗어납니다. 인의도덕의 마음은 선량한 마음이지만 한번 이것에 얽매이면 인의도덕의 노예가 되어 활발하고 자유로운 본성을 발휘하는 데 방해가 됩니다. 그러므로 인의도덕을 추구하는 마음을 놓아버리고 자연스럽게 도덕에 합치하면 성인의 경지에 오를 것입니다. 공자는 "일흔 살에는 마음이 하고자 하는 대로 쫓아가도 정도를 넘지 않는다"고 했는데, 마음이 하고 싶은 대로 쫓아간다는 것은 인의도덕의 마음에 구애되지 않는다는 것을 의미합니다. 선가의 말에 "부처를 따르는 데도 집착하지 않고 법을 추구하는 데도 집착하지 않고 승려가 되고자 하는 데도 집착하지 않는다"고 한 것이 이런 뜻입니다.

脫凡 탈범__범속한 세계에서 벗어남.
入聖 입성__성인의 경지에 들어감.

138

길한 사람은 행동이 편안한 것은 물론이고
잠잘 때의 영혼도 온화한 기운을 띤다.
흉한 사람은 언행이 난폭한 것은 물론이고
목소리와 웃음소리에도 살생의 기미를 담고 있다.

吉人無論作用安詳　卽夢寐神魂無非和氣,
길인무론작용안상　즉몽매신혼무비화기

凶人無論行事狠戾　卽聲音笑語渾是殺機.
흉인무론행사흔려　즉성음소어혼시살기

만해 강의

길한 사람이란 유덕한 사람입니다. 유덕한 사람은 일을 하는 데 편안하고 자세함은 물론이고 평상시 잠잘 때의 영혼에서도 따뜻한 기운이 느껴집니다. 흉한 사람이란 악독한 사람입니다. 악독한 사람은 의식적으로 하는 언행이 난폭한 것은 물론이고 평상시의 말소리나 웃음소리에도 살기가 들어 있습니다.

安詳 안상_편안하고 상세함.
狠戾 혼려_말과 행동이 매우 거침.

139

남들의 처지는 한결같기도 하고 한결같지 못하기도 한데
나만 홀로 한결같을 수 있겠는가.
나의 인정과 도리는 남에게 순종하기도 하고 순종하지 못하기도 하는데
남들만 항상 내게 순종하길 바라겠는가.
이같이 서로 비교해 보는 것도
또한 하나의 방편법문이 될 것이다.

人之際遇　有齊有不齊　而能使己獨齊乎,
인지제우　유제유부제　이능사기독제호

己之情理　有順有不順　而能使人皆順乎.
기지정리　유순유불순　이능사인개순호

以此相觀對治　亦是一方便法門.
이차상관대치　역시일방편법문

만해 강의

사람이 만나는 환경은 모든 점을 다 갖추기 어려워, 한결같은 경우도 있고 그렇지 못한 경우도 있습니다. 예컨대 부귀를 갖추었지만 질병에 시달리는 사람도 있고, 명예는 있지만 몹시 가난한 사람도 있습니다. 이러한 일이 세상에 흔히 있는데, 어찌 자기 혼자만 모든 것을 갖춘 만족스러운 처지에 있길 바라겠습니까. 또 자신의 인정은 사물에 대해 순종하기도 하고 그렇지 못하기도 하면서 어찌 남들에게만 내 뜻에 순종하길 바라겠습니까. 이것과 저것, 남과 나를 서로 비교, 참작하여 나의 처지에 결함이 있으면 남의 처지에도 불우함이 있음을 보아 근심하지 말아야 할 것입니다. 남이 나의 마음에 어긋나게 하면 나의 인정과 도리에도 남을 따르지 못하는 경우가 있음을 생각하여 참고 용서해야 합니다. 이것이 마음을 편안히 다스리는 방편법문입니다.

際遇 제우_기회를 만남.
情理 정리_인정과 도리.
方便法門 방편법문_방편은 불교용어로 중생을 구제하고 깨달음으로 이끌기 위한 일시적인 수단. 법문은 진리에 이르는 문.

140

의기欹器는 가득 차면 엎어지고

박만撲滿은 비어 있음으로써 온전해진다.

그러므로 군자는 무위에 살지언정 유위에 살지 않으며,

모자란 곳에 거처할지언정 완전한 곳에 거처하지 않는다.

欹器以滿覆　樸滿以空全,

의기이만복　박만이공전

故君子寧居無　不居有　寧處缺　不處完.

고군자영거무　불거유　영처결　불처완

만해 강의

의기欹器는 모양이 비뚤어져 한쪽으로 기울어진 금속제 그릇입니다. 물을 부어 가득 채우면 기울어 엎어진다고 합니다. 노 나라 환공의 묘에 이 그릇이 있었는데, 공자가 보고 "이것은 옛날 사람이 가득 채움을 경계하기 위해 만들어 놓은 것"이라고 하면서 제자를 시켜 물을 부어 보게 했습니다. 과연 물이 가득 차니까 그릇이 갑자기 기울어 엎어졌습니다. 그래서 의기는 가득 차면 엎어진다고 한 것입니다.

박만撲滿이란 흙으로 만든 그릇입니다. 속이 텅 비고 한쪽에 구멍이 있어서 동전을 저축하는데 씁니다. 이것은 속이 비어 있기 때문에 사용할 수 있는 것이지, 속이 비어 있지 않으면 아무 짝에도 쓸 데가 없어서 버려질 것입니다. 그래서 박만은 속이 비어야 완전해진다고 한 것입니다.

그러므로 군자는 박만과 같이 마음을 비워 무위에 살지언정 유위에서 살지 말 것이요, 몸을 의기와 같이 다 차지 않고 여분이 있는 처지에 둘지언정 가득 차서 빈 곳이 없는 처지에 두지 말아야 합니다. 이것은 불경의 "아공我空" 즉 나는 실체가 없다는 말과 주역의 "가득 차면 이지러짐이 뒤따라온다"는 말과 노자의 "허무虛無"를 합하여 덕을 수양하고 생명을 온전히 하는 도를 말한 것입니다.

欹器 의기_중국 주나라 때에 임금을 경계하기 위하여 기울게 만들었다는 그릇. 물이 가득 차면 엎어지고, 비면 기울어지고, 알맞게 들어 있어야만 반듯하였다고 한다.
撲滿 박만_흙으로 벙어리저금통처럼 만든 것.
寧居無不居有 영거무불거유_없음에 살지언정 있음에 살지 않는다. 여기서는 무위에 살지언정 유위에 살지 않는다로 해석했다.

141

명예욕의 뿌리를 뽑아 버리지 못한 사람은

비록 천승의 나라를 가볍게 보고 한 바가지의 물을 달게 여길지라도

모두 세속의 감정에 오염되고,

색기가 융화되지 못한 사람은

비록 사해를 윤택하게 하고 만 대를 이롭게 할지라도

마침내 쓸데없는 재주가 되고 만다.

名根未拔者　縱輕千乘　甘一瓢　總墮塵情,
명근미발자　종경천승　감일표　총타진정

客氣未融者　雖澤四海　利萬世　終爲剩技.
객기미융자　수택사해　이만세　종위잉기

만해 강의

주나라 때 군사용 수레 천 대를 내는 나라를 '천승千乘의 나라'라고 했는데, 이는 인구가 많고 영토가 넓은 제후국을 말합니다. 또 공자의 제자 안회顏回가 도시락 하나의 밥, 표주박 하나의 물로 가난한 마을에 살아도 마음이 편안하고 도를 즐겼다 해서, 한 바가지의 물은 빈곤을 뜻하는 말이 되었습니다. 명예를 추구하는 마음의 뿌리를 뽑아 버리지 못한 사람은 비록 천승의 나라가 누리는 부귀를 가볍게 여기고 한 바가지의 물을 마시는 청빈을 감수하더라도 이것을 이용하여 청렴하고 고결하다는 명예를 널리 얻고자 합니다. 천승의 부귀를 가벼이 여기고 한 표주박 물을 달게 받는 일이 모두 명예를 널리 얻고자 하는 수단에 지나지 않으므로, 이는 도리어 세속적인 감정에 물든 것입니다.

또 객기가 융화되지 못한 사람은, 비록 그 혜택이 온 천하에 미치고 만대에 걸쳐 이익을 누리게 하는 큰 공적을 이루었다 하더라도, 그것은 결국 하나의 쓸데없는 재주에 지나지 않습니다. 거친 객기로 인하여 이룬 공적은 진정한 덕이 못 되기 때문입니다. 그러므로 진정한 군자는 마음속에 사사로운 욕심이나 속된 기운을 조금도 남겨 놓지 않습니다.

千乘 천승_천 대의 수레.
剩技 잉기_쓸데없는 재주.

142

고요한 가운데 생각이 맑으면 마음의 참모습을 보고,

한가한 가운데 기상이 차분하면 참된 마음의 작용을 알아내고,

담박한 가운데 의지와 취향이 온화하면 마음의 참맛을 얻는다.

마음을 살피고 도를 깨닫는 데는 이 세 가지만한 것이 없다.

靜中念慮澄徹　見心之眞體,

정중염려징철　견심지진체

閑中氣像從容　識心之眞機,

한중기상종용　식심지진기

淡中意趣冲夷　得心之眞味,

담중의취충이　득심지진미

觀心證道　無如此三者.

관심증도　무여차삼자

만해 강의

고요한 가운데 생각이 맑으면 잡념이 사라져 마음의 참모습을 보게 되고, 한가한 가운데 기상이 차분해지면 객기가 없어져 참된 마음의 작용을 알게 되고, 담박한 가운데 의지와 취향이 온화해지면 헛된 욕심이 사라져 마음의 참맛을 얻게 됩니다. 마음을 살피고 도를 터득하는 요체는 이 세 가지만한 것이 없습니다.

眞機 진기__참된 마음의 움직임.
意趣 의취__의지와 취향.
冲夷 충이__온화함.

143

고요함 속에서 고요한 것은 진정한 고요함이 아니다.
움직이는 곳에서 고요할 수 있어야 비로소 성품의 참모습이 된다.
즐거운 곳에서 즐거움은 진정한 즐거움이 아니다.
괴로움 속에서 즐거울 수 있어야 비로소 마음의 참된 움직임을 보게 된다.

靜中靜　非眞靜　動處靜得來　纔是性天之眞境,
정중정　비진정　동처정득래　재시성천지진경

樂處樂　非眞樂　苦中樂得來　纔見心體之眞機.
낙처락　비진락　고중락득래　재견심체지진기

만해 강의

번잡한 속세를 떠나 인적이 끊긴 심산유곡의 적막한 환경에서 고요함을 얻는 것은 고요한 환경을 따라서 고요한 것이지 스스로 이루어낸 진정한 고요함이 아닙니다. 포연이 하늘을 가리고 총성과 함성이 가득한 소란 속에서도 정숙할 수 있어야 이것이 본성 그대로의 진정한 고요함입니다. 또 하는 일마다 잘 풀려 영달하게 되는 유쾌한 곳에서 쾌락을 즐기는 것은 자기의 욕망이 유쾌한 환경의 감응을 받아 즐기는 것이지 스스로 만들어낸 참 즐거움이 아닙니다. 굶주림과 추위 같은 곤경이 뼈에 사무치는 절박한 역경에 처해서도 조금도 근심하지 않고 태연자약할 수 있어야 비로소 마음의 진정한 즐거움과 오묘한 작용을 볼 수 있습니다.

144

남의 작은 허물을 꾸짖지 말고,

남의 비밀을 드러내지 말고,

남의 과거를 염두에 두지 말라.

이 세 가지를 실천하면

덕을 기를 수 있고 해악을 멀리할 수 있다.

不責人小過　不發人陰私　不念人舊惡,
불책인소과　불발인음사　불념인구악

三者可以養德　亦可以遠害.
삼자가이양덕　역가이원해

만해 강의

남이 사소한 잘못을 저질러도 그것을 시시콜콜 따지지 말고, 남이 숨기는 일이 있어도 그것을 공개적으로 폭로하지 말고, 남이 예전에 잘못한 일이 있더라도 그것을 오래 염두에 두고 있지 말아야 합니다. 이 세 가지를 지키면 자신의 덕을 함양할 수 있고 또한 외부 환경에서 오는 해악을 막을 수 있습니다.

陰私 음사__비밀.
遠害 원해__해악을 멀리함.

145

쇠락하는 모습은 번성하고 충만할 때 이미 나타나고
생명을 일으키는 사물의 변화는 시들어 떨어질 때 이미 존재한다.
그러므로 군자는 편안할 때 마음을 굳게 잡아 환란에 대비해야 하고,
변고를 당하면 백 번을 참아내 성공을 도모해야 한다.

衰颯的景象　就在盛滿中　發生的機緘　卽在零落內,
쇠삽적경상 취재성만중 발생적기함 즉재영락내

故君子居安　宜操一心以慮患　處變　當堅百忍以圖成.
고군자거안 의조일심이여환 처변 당견백인이도성

만해 강의

세상의 사물은 운명이 일정하게 정해져 있지 않습니다. 번성한 뒤엔 쇠퇴하고 쇠퇴한 뒤엔 번성하며 끝없이 변화합니다. 그러므로 쇠락의 징조가 이미 번성함 속에 있다고 할 수 있습니다. 꽃은 활짝 만개했을 때 이미 시드는 모습을 내포하고 있으며, 사람은 건강하고 부유할 때 노쇠하고 빈궁함의 싹을 감추고 있습니다.

새로운 것을 태어나게 하는 기의 운행은 시들어 떨어지는 것 속에 존재합니다. 풀은 찬 서리를 맞으며 시들어갈 때 이미 한여름의 녹음을 만들어낼 씨앗을 품고 있고, 사람은 실패하고 곤궁할 때 이미 뜻을 얻고 성공할 싹을 기르고 있는 것입니다. 이같이 만사와 만물이 모두 끊임없이 변화하여 머물지 않는 속성을 가지고 있으므로 군자는 편안한 곳에 거처해도 나태해지지 말고 불의의 환난에 미리 대처해야 할 것입니다. 혹 실패하는 일이 있더라도 실의하거나 낙망하지 말고 백절불굴의 인내력으로 참아내며 최후의 성공을 도모해야 합니다.

衰颯 쇠삽_쇠락함.
機緘 기함_우주의 조화. 혹은 길흉화복이 전개되는 기제.

146

남에게 속은 것을 알아도 말로 표현하지 않고
남에게 모욕을 받아도 안색을 고치지 않으면,
그 안에 한없는 의미가 담겨 있고
또한 한없는 포용력이 들어 있다.

覺人之詐　不形於言　受人之侮　不動於色,
각인지사　불형어언　수인지모　부동어색
此中有無盡意味　亦有無窮受用.
차중유무진의미　역유무궁수용

무진無盡을 무궁無窮으로 쓰기도 한다.

만해 강의

남에게 속은 것을 알아도 침묵으로 용서하여 말에 드러내지 않으면 이것은 충서忠恕의 도입니다. 남에게 모욕을 받아도 참고 겉으로 분노를 드러내지 않으면 이것은 극기를 연마하는 것입니다. 여기에는 자기 수양 면에서 무궁한 의미가 담겨 있고 남을 대하는 일에서 한없는 포용력이 내재되어 있는 것입니다. 무궁한 의미와 한없는 포용력은 몸소 실천을 통해 체득함으로써만 참뜻을 알 수 있습니다.

147

군자는 눈을 깨끗이 닦아 냉정한 시야를 유지해야 하며

마음을 삼가해 완고한 마음이 경솔히 일어나지 않게 해야 한다.

君子宜淨拭冷眼　愼勿輕動剛腸.

군자의정식냉안　신물경동강장

만해 강의

냉안冷眼이란 냉정한 마음으로 사물을 바라보는 눈을 말합니다. 사람이 무언가를 희구하는 뜨거운 눈, 즉 번뇌의 마음으로 세상을 보면 시야가 편협해져서 사물의 진상을 보지 못합니다. 마치 색안경을 끼고 사물을 보듯이 황색 안경을 끼고 보면 세상이 다 황색으로 보이고 녹색 안경을 끼고 보면 세상이 다 녹색으로 보입니다. 그러나 실제로는 만물이 다 황색도, 다 녹색도 아니고 안경의 색에 따라 나타난 것일 뿐이므로 무색투명한 안경을 끼고 보면 만물의 진상을 볼 수 있습니다. 그러므로 군자는 감정과 욕망에 구애받지 않는 냉정한 눈으로 사물을 공평하게 보아야 합니다.

또한 항상 마음을 삼가 번뇌에 물든 완고한 마음을 경솔히 일으키지 말아야 합니다. 경솔히 번뇌의 마음을 일으키면 사물에 대해 공평한 태도를 취하지 못할 뿐 아니라 급박하게 행동하다가 꺾여 부러지는 화를 당하기 쉽습니다.

淨拭 정식_깨끗이 닦음.
剛腸 강장_굳센 창자. 번뇌에 물든 완고한 마음을 뜻한다.

148

덕은 도량을 따라 발전하고, 도량은 식견으로 말미암아 자라난다.
그러므로 덕을 두터이 하고자 하면 도량을 넓혀야 하고,
도량을 넓히고자 하면 식견을 넓혀야 한다.

德隨量進　量由識長,
덕수량진　양유식장

故欲厚其德　不可不弘其量,
고욕후기덕　불가불홍기량

欲弘其量　不可不大其識.
욕홍기량　불가불대기식

만해 강의

덕은 그 사람의 도량에 따라 키워지므로 도량이 넓으면 덕 또한 두터워집니다. 도량은 그 사람의 학식과 견문에 따라 넓어지므로 학식과 견문이 높고 크면 도량 또한 넓어집니다. 따라서 덕을 두텁게 하려면 먼저 도량을 넓히고 도량을 넓히려면 먼저 학식과 견문을 키워야 합니다.

量 량_도량.
識 식_식견.

149

번잡한 거리에서 사람을 사귐이 산속 노인을 사귐만 못하고,
관청 앞에서 굽실거리는 일이 초라한 집과 친하게 지내는 것만 못하고,
거리에 떠도는 말을 듣는 것이
나무꾼이나 목동의 노래 소리를 듣는 것만 못하고,
요즘 사람들의 허물과 실덕을 말하는 것이
옛 사람들의 훌륭한 언행을 이야기하는 것만 못하다.

交市人　不如友山翁,
교시인　불여우산옹

謁朱門　不如親白屋,
알주문　불여친백옥

聽街談巷語　不如聞樵歌牧詠,
청가담항어　불여문초가목영

談今人失德過擧　不如述古人嘉言懿行.
담금인실덕과거　불여술고인가언의행

만해 강의

시정의 사람들과 교제하면 이익을 추구하는 경박한 일들에 물들기 쉬우므로 산촌의 노인들과 어울리며 질박한 모습을 보는 것이 차라리 낫습니다. 붉은 칠을 한 관청의 문을 드나들며 권세를 휘두르는 고관대작들을 자주 대하면 아첨하는 일에 물들어 지조를 잃기 쉬우므로 초가집에 사는 청빈한 집안이나 고결한 선비들과 친하게 지내며 담박한 지조를 배우는 것이 낫습니다. 거리의 음담패설을 들으면 감정이 비루해지기 쉬우므로 나무꾼이나 목동의 순박한 노래를 듣고 자연의 깨끗한 정취를 느끼는 것이 낫습니다. 요즘 사람들의 허물이나 실덕을 거론하며 남의 단점을 토론하면 사람들의 원한을 사기 쉬우므로 옛 사람들의 훌륭한 언행을 이야기하며 자기 수양에 도움을 받는 것이 낫습니다. 이렇게 스스로 외부 환경의 시비곡직을 가려 자기 수양에 도움을 받으면 저절로 훌륭한 인격을 형성하게 될 것입니다.

市人 시인_시정市井의 무리.
朱門 주문_붉은 대문, 즉 관청.
白屋 백옥_초가, 즉 가난한 집.
過擧 과거_허물이나 실책.

150

남을 믿는 사람은 남들이 모두 그에게 진실하지 않더라도
자기 자신만은 남들에게 진실한 것이다.
남을 의심하는 자는 남들이 모두 그를 속이지 않더라도
자기 자신은 이미 남들을 속인 것이다.

信人者　人未必盡誠　己則獨誠矣,
신인자　인미필진성　기즉독성의

疑人者　人未必皆詐　己則先詐矣.
의인자　인미필개사　기즉선사의

만해 강의

내가 남을 신뢰하면, 그 신뢰를 받는 사람 중에 모두 진실하지는 못하고 나를 속이는 사람도 있을 것입니다. 그렇다 하더라도 내가 남을 믿는 마음은 홀로 진실할 것입니다. 이와 반대로 내가 남을 의심하면 의심받는 사람 중에는 모두 속이지는 않고 정직한 사람도 있을 것입니다. 그러나 내가 남을 의심하는 마음은 먼저 상대방을 속인 것입니다.

151

착한 일을 하면 그 이익이 당장 눈에 보이지 않더라도
풀 속의 동아 열매가 자라듯이 모르는 사이에 이익이 자라고,
악한 일을 하면 그 손실이 당장 눈에 보이지 않더라도
뜰 앞의 봄눈이 녹듯 모르는 사이에 손실이 커진다.

爲善不見其益　如草裡東苽　自應暗長,
위선불견기익　여초리동고　자응암장

爲惡不見其損　如庭前春雪　當必潛消.
위악불견기손　여정전춘설　당필잠소

만해 강의

선행을 하면 그 이익이 눈에 보이지 않아도 보지 못하는 사이에 자라납니다. 마치 풀 속에 묻혀 자라는 동고가 자라는 것이 눈에 보이지는 않지만 못 보는 사이에 저절로 자라고 있는 것과 같습니다. 또 악행을 했을 때 손실이 눈에 보이지는 않지만 보지 못하는 사이에 손실이 점점 커집니다. 마치 뜰 앞의 봄눈이 녹는 모습이 보이지는 않지만 몰래 녹아 사라지는 것과 같습니다. 따라서 눈앞에 이익이 보이지 않는다고 하여 선행을 안 할 수 없고, 손해가 즉시 나타나지 않는다고 하여 악행을 삼가하지 않을 수 없습니다.

東苽 동고_동과冬瓜, 동아. 수박과 비슷한 타원형의 과일.

152

오래 사귄 친구를 만날 때는
마음가짐과 태도를 더욱 새롭게 해야 하고,
남이 보지 않는 은밀한 일을 처리할 때는
마음의 자취를 더욱 명료히 드러내야 하고,
쇠락하고 곤궁해진 사람을 대할 때는
예의와 은혜를 더욱 융숭히 베풀어야 한다.

遇故舊之交　意氣要愈新,
우고구지교　의기요유신

處隱微之事　心迹宜愈顯,
처은미지사　심적의유현

待衰朽之人　恩禮當愈隆.
대쇠후지인　은례당유륭

만해 강의

사람들은 새로 사귄 사람에게는 신중히 대하지만 오래 사귄 친구에게는 소홀히 대하기 쉽습니다. 이 점을 성찰하고 오래 사귄 친구를 대할 때 정을 친밀히 하고 기상을 새롭게 하여 소홀히 대하는 실수를 예방해야 할 것입니다. 또 사람들은 여러 사람들 앞에서는 일을 공명정대하게 처리하고자 하지만 남이 보지 않는 곳에서는 자기를 속이는 짓을 하기 쉽습니다. 이러하기를 삼가해 남이 보지 않는 곳에서 은밀한 일을 처리할 때 마음의 자취를 더욱 명료하게 드러내고 자기를 속이는 일을 하지 않도록 해야 합니다. 또 세력이 왕성한 사람을 대할 때는 예를 다하여 대우하고 쇠락하고 곤궁해진 사람을 대할 때는 멸시하기 쉽습니다. 이러하기를 경계하여 곤궁해진 사람을 대할 때 은의와 예의를 더욱 융숭히 해야 자기도 모르는 사이에 사람을 멸시하는 실수를 저지르지 않을 것입니다.

意氣 의기__정의情意와 기상. 즉 친구에 대한 우정과 활달한 기상.
心迹 심적__마음의 자취.
衰朽 쇠후__쇠락하고 곤궁함.

153

속됨을 벗어날 수 있으면 그것이 곧 기인이지만
일부러 기이한 것을 숭상하는 사람은
기인이 아니라 이상한 사람이 된다.
더러움에 섞이지 않으면 이것이 곧 청정이지만
세속과 인연을 끊고 청정을 추구하는 사람은
청정한 것이 아니라 결벽이 심한 것이다.

能脫俗　便是奇　作意尙奇者　不爲奇　而爲異,
능탈속　편시기　작의상기자　불위기　이위이

不合汚　便是淸　絶俗求淸者　不爲淸　而爲激.
불합오　편시청　절속구청자　불위청　이위격

만해 강의

범속한 세계를 벗어난 사람이 곧 기인입니다. 그러나 의도적으로 기이한 것을 찾으면 기인이 아니라 비정상인 사람이 됩니다. 사람이 세속에 오염되지 않으면 청정한 사람입니다. 그러나 세속을 거부하고 청정을 추구하는 사람은 청정한 것이 아니라 결벽이 심한 사람입니다.

作意尙奇 작의상기__의도적으로 기이한 것을 숭상함.
絕俗求淸 절속구청__세속과 인연을 끊고 청정함만을 추구함.
激 격__과격함. 한 가지 면을 지나치게 추구함.

154

내가 고귀하게 되어 남이 나를 떠받드는 것은
높은 관冠과 큰 허리띠를 받드는 것이고,
내가 비천하게 되어 남이 나를 업신여기는 것은
초라한 베옷과 짚신을 업신여기는 것이다.
그렇다면 사람들이 본래의 나를 받드는 것이 아닌데 내가 어찌 기뻐하며,
본래의 나를 업신여기는 것이 아닌데 내가 어찌 노여워하랴.

我貴而人奉之　奉此峩冠大帶也,
아귀이인봉지　봉차아관대대야

我賤而人侮之　侮此布衣草履也,
아천이인모지　모차포의초리야

然則原非奉我　我胡爲喜, 原非侮我　我胡爲怒.
연즉원비봉아　아호위희　원비모아　아호위노

만해 강의

세상 인정은 사람의 귀천에 따라 대우가 달라집니다. 남이 나를 대할 때는 내 처지가 좋든 나쁘든 똑같이 대우해야 마땅한데, 내가 귀하게 되었을 때에는 공손하게 대하고 내가 비천하게 되었을 때에는 경멸합니다. 이것은 나를 대우하는 것이 아니라 내가 부귀한가 비천한가 하는 외부 환경을 대우하는 것입니다. 그렇다면 남이 나를 공경하는 것은 원래의 나를 공경하는 것이 아니라 내가 착용하고 있는 높은 관과 큰 허리띠를 받드는 것인데 공경을 받는 것을 내가 어찌 기뻐할 수 있겠습니까. 남이 나를 업신여기는 것은 원래의 나를 업신여기는 것이 아니라 내가 비천해져서 착용한 베옷과 짚신을 업신여기는 것인데 업신여김을 당하는 것을 내가 어찌 노여워하겠습니까.

峩冠 아관_높은 관.
布衣草履 포의초리_베로 만든 옷과 짚으로 만든 신.

155

일이 없을 때는 마음이 흐려지기 쉬우므로
고요히 지내되 총명함으로써 경계하고,
일이 있을 때에는 마음이 바쁘기 쉬우므로
총명해지도록 하되 고요함으로써 중심을 잡아야 한다.

無事時　心易昏冥　宜寂寂而照以惺惺,
무사시　심이혼명　의적적이조이성성

有事時　心易奔逸　宜惺惺而主以寂寂.
유사시　심이분일　의성성이주이적적

만해 강의

일이 없어 한가할 때는 마음이 식은 재처럼 흐릿해지기 쉽습니다. 이럴 때는 마음을 고요하게 하여 잡념이 일지 않게 하면서 명철한 활기로 마음을 돌아보아 우매해지는 병을 제거해야 합니다. 일이 있어서 바쁠 때는 마음도 사나운 말처럼 날뛰기 쉽습니다. 이럴 때는 정신을 총명하게 하여 흐릿해지지 않게 하되 고요한 본체를 중심으로 삼아 마음이 산란해지는 병을 예방해야 합니다. 이것은 사람이 항상 고요함 속에서 움직임의 기미를 잊지 않고 움직임 속에서 고요함의 본체를 놓치지 않아야 한다는 것입니다.

惺惺 성성__총명하고 분명한 모양.
奔逸 분일__바쁘게 달려감.

156

일을 논의하는 사람은 일 밖에 서서
이해관계의 실정을 낱낱이 파악할 수 있어야 하고,
일을 맡은 사람은 일 속에 들어가
이해관계에 대한 생각을 잊어야 한다.

議事者身在事外　宜悉利害之情,
의사자신재사외　의실이해지정
任事者身居事中　當忘利害之慮.
임사자신거사중　당망이해지려

만해 강의

일을 논의하여 시비를 판단하는 사람은 논의가 되는 일의 밖에 서있어야 객관적이고 냉정한 눈으로 내막을 관찰하여 공평한 결정을 내릴 수 있습니다. 일을 논의하는 사람이 일 안에 들어가 있으면 자신과 그 일 사이에 이해관계가 생겨 사사로운 이익에 편향되기 쉽고, 흔히 "일을 맡은 사람은 헤매기 쉽다"고 하는 폐단이 생겨 진정한 판단을 내리기 어렵습니다. 근대 여러 나라에서 법률을 논의해서 제정하는 입법기관인 의회를 행정기관, 사법기관과 분리시켜 권한을 서로 침해하지 않도록 만들어 놓은 것이 이런 취지입니다.

또한 일을 담당하여 처리하는 사람은 일 속에 몰입해야 이해관계에 집착하지 않고 각종 의구심을 떨쳐버리고 일에 매진할 수 있습니다. 만일 일을 맡은 사람이 일 밖에 서서 그 일을 남의 일처럼 생각하면 일에 대한 성의가 없어져 결국에는 그 일을 완수하지 못하게 됩니다.

議事 의사_일을 의논함.
悉 실_모두 다 앎.
任事 임사_일을 맡음.
利害之慮 이해지려_이해관계에 대한 고려.

157

바쁜 가운데서도 여유가 있으려면
먼저 한가한 때에 마음의 칼자루를 찾아 두어야 하고,
시끄러운 곳에서 고요함을 잃지 않으려면
먼저 고요한 곳을 찾아가 주재를 세워야 한다.
그렇지 않으면 주위 환경에 따라 끌려 다니고
일의 형세에 따라 밀려나지 않는 사람이 없을 것이다.

忙裏要偸閒　須先向閑時　討箇欛柄,
_{망리요투한　수선향한시　토개파병}

鬧中要取靜　須先從靜處　立個主宰,
_{요중요취정　수선종정처　입개주재}

不然未有不因境而遷　隨事而靡者.
_{불연미유불인경이천　수사이미자}

만해 강의

다사다망한 중에도 짬을 내어 한가하고 편안함을 즐길 줄 알려면 먼저 일이 없고 한가한 때 정신을 수련하여 한가함과 다망함 사이를 자유자재로 오갈 수 있는 마음의 칼자루를 찾아내야 합니다. 소란한 곳에서도 냉정한 기상을 유지하려면 먼저 한적하고 고요한 곳을 찾아가 움직임과 고요함 사이를 거침없이 오갈 수 있는 마음의 주재를 확립해야 합니다. 그렇게 하지 못하면 바깥 환경의 변화에 주체적으로 대응하지 못하고 휩쓸리게 됩니다. 영웅이 포연 자욱한 전쟁터에서도 잠깐의 여유를 틈타 시를 읊는 여유를 보이고, 위인이 서릿발 같은 창칼과 우레와 같은 호령 속에 생사의 변을 당해도 마음이 흐트러지지 않고 여유를 갖고 침착하게 대처할 수 있는 것은 모두 한가한 때에 마음의 칼자루를 찾아내고 조용한 곳에서 주재를 세웠기 때문입니다.

偸閒 투한_바쁜 가운데 틈을 냄.
討 토_탐구해 찾음.
欄柄 파병_칼자루. 여기서는 마음을 자유자재로 제어할 수 있는 능력을 말한다.
主宰 주재_주관하여 지배하는 것.
靡 미_쓰러지다. 쏠리다.

158

차라리 소인의 비방을 받을지언정 소인의 아부는 받지 말라.
차라리 군자의 책망을 받을지언정 군자의 포용은 받지 말라.

寧爲小人所忌毁　毋爲小人所媚悅,
영위소인소기훼　무위소인소미열

寧爲君子所責脩　毋爲君子所包容.
영위군자소책수　무위군자소포용

만해 강의

강직한 군자는 간사한 소인의 시기와 비방을 받게 마련이고, 우매한 사람은 소인의 아부에 넘어가기 마련입니다. 차라리 강직하여 소인의 시기와 비방을 받을지언정 우매하여 소인의 아부에 넘어가는 일은 없어야 합니다. 학문이 깊고 덕이 높은 군자는 수재나 학자 등 중상류 사람의 잘못을 보면 책망하고 고치도록 권하지만 아주 어리석고 못난 하류 사람의 잘못을 보면 질책하지 않고 포용합니다. 따라서 차라리 군자의 책망과 가르침을 받는 중류 이상의 사람이 될지언정 군자의 포용을 받는 소인은 되지 말아야 합니다. 우열을 비교하여 차라리 나은 편을 택해야지 못한 편을 택해서는 안 됩니다.

忌毁 기훼 _ 기피하고 비방을 함.
媚悅 미열 _ 아첨하고 환심을 삼.
責脩 책수 _ 책망하고 다스림.

159

남에게 은혜를 입으면 은혜가 깊어도 갚지 않지만
원한이 있으면 사소한 일도 보복하고,
남의 악한 일에 대해 들으면 불확실해도 의심하지 않지만
착한 일에 대해서는 명백해도 의심한다면
이것은 각박함이 극심한 것이니 절대로 경계해야 한다.

受人之恩　雖深不報　怨則淺亦報之,
수인지은　수심불보　원즉천역보지

聞人之惡　雖隱不疑　善則顯亦疑之,
문인지악　수은불의　선즉현역의지

此刻之極薄之尤也　宜切戒之.
차각지극박지우야　의절계지

만해 강의

남에게서 받은 은덕은 많아도 갚지 않고, 남에게서 입은 피해는 별것 아니어도 기어코 보복을 하며, 남의 악한 일에 대해 들으면 분명하지 않아도 의심하지 않고, 남의 착한 일에 대해 들으면 확실해도 믿지 않으면, 이것은 인정이 극도로 각박한 것이니 반드시 깊이 경계해서 이 같은 잘못을 저지르지 말아야 합니다.

雖隱不疑 수은불의__은미隱微해서 확실치 않아도 의심하지 않는다.
刻之極薄之尤 각지극박지우__각박함이 심함.

160

남을 참소하고 헐뜯는 것은 조각구름이 해를 가리는 것과 같아서
오래지 않아 사실이 저절로 밝혀진다.
남에게 아부하는 것은 창틈으로 들어오는 바람이 피부에 스치는 것과 같아서
깨닫지 못하는 사이에 피해를 낳는다.

讒夫毀士　如寸雲蔽日　不久自明,
참부훼사　여촌운폐일　불구자명

媚子阿人　似隙風侵肌　不覺其損.
미자아인　사극풍침기　불각기손

만해 강의

남을 참소하고 비방하는 것은 한 조각의 구름이 햇빛을 가리는 것과 같아서 오래지 않아 저절로 진실이 드러납니다. 조그만 조각구름이 대낮의 햇빛을 가리면 한때 엷은 그늘이 생기지만 이내 바람에 구름이 흩어져 밝은 빛이 비칩니다. 이와 마찬가지로 남이 아무리 나를 비방하고 헐뜯어도 나에게 잘못이 없으면 자연히 진상이 밝혀집니다. 남에게 아첨하는 것은 창틈으로 들어오는 바람이 피부에 스치는 것과 같아서 처음에는 해로움을 깨닫지 못합니다. 조그만 창틈으로 들어오는 바람은 미약해서 별 문제가 없을 듯하지만, 조금씩 스며들어와 큰 질병을 일으키고 혹독한 해를 끼칩니다. 이와 마찬가지로 나에게 아첨하는 자는 달콤한 말 부드러운 태도로 일마다 순종하여 크게 해가 되지 않을 듯이 보이지만, 오래 가까이 하여 물들면 미혹에 빠져 판단을 그르치니 참으로 두려워해야 합니다. 그런데 요즘 사람들 중에는 참소하는 자, 헐뜯는 자를 보면 독사를 보듯 미워하지만 아첨하는 자를 만나면 꿀물과 같이 여겨 좋아하는 이가 많은데 경계해야 할 것입니다.

寸雲蔽日 촌운폐일_작은 구름이 해를 가림.
隙風 극풍_좁은 틈 사이로 불어오는 바람.

161

날이 이미 저물었으나 오히려 안개와 노을이 현란하고,

한 해가 거의 끝나가지만 등자나무와 귤나무가 더욱 향기롭다.

따라서 말로와 만년에 이를수록 군자는 정신을 백 배 가다듬어야 한다.

日旣暮 而猶烟霞絢爛,
일기모 이유연하현란

歲將晩 而更橙橘芳馨,
세장만 이경등귤방향

故末路晩年 君子更宜精神百倍.
고말로만년 군자경의정신백배

만해 강의

해가 서산으로 넘어가 날이 저물었지만 푸른 안개와 붉은 노을이 저녁 햇빛을 받아 찬란한 색채를 자랑하고, 한 해가 다 가고 한겨울이 되었지만 등자나무와 귤나무가 추위를 이기고 싱그러운 향기를 발산합니다. 사람도 이와 마찬가지로 노년기에 들어서도 찬란히 빛날 공을 세워야 합니다. 그러므로 군자는 노인이 되어서도 정신을 백배로 고무시켜 게을러지지 않도록 해야 합니다.

烟霞 연하_연기와 노을.
歲將晚 세장만_한 해가 장차 저물려고 함.

162

최전성기에 있는 사람은 물이 넘칠 듯 말 듯한 것과 같아서
한 방울이라도 보태는 것을 몹시 꺼리고,
위급한 처지에 있는 사람은 나무가 부러질 듯 말 듯한 것과 같아서
약간이라도 건드리는 것을 몹시 꺼린다.

居盈滿者 如水之將溢未溢 切忌再加一滴,
거영만자 여수지장일미일 절기재가일적

處危急者 如木之將折未折 切忌再加一搦.
처위급자 여목지장절미절 절기재가일닉

만해 강의

많은 공을 세우고 이름이 널리 알려져 인생의 절정을 맞이한 사람은 물이 그릇에 가득 차서 넘쳐흐르기 직전과 같습니다. 넘쳐흐를 듯한 물은 한 방울만 더해져도 흘러넘칠 것입니다. 이같이 높은 지위에 있거나 많은 재산을 가진 사람이 아직도 부족하다고 생각해 더 많은 것을 얻고자 하면 도리어 형세가 기울어지게 됩니다. 또 위급한 상황에 몰린 사람은 나무가 거의 꺾일 듯한 상태와 같습니다. 이런 나무는 조금만 힘을 가해도 꺾여 버릴 것입니다. 이같이 위기에 몰린 사람이 조심하며 상세히 살피지 않고 급박하고 과격하게 행동하면 반드시 낭패를 보게 됩니다.

將溢未溢 장일미일_물이 넘칠 듯 말 듯한 상태.
搦 닉_잡다.

163

절의가 있는 사람은 온화한 마음으로 자기를 다스려야
분쟁을 미리 막을 수 있고,
공명을 추구하는 선비는 겸양의 덕으로 자기를 다스려야
질투의 문이 열리지 않는다.

節義之人　濟以和衷　纔不啓忿爭之路,
절의지인　제이화충　재불계분쟁지로

功名之士　承以謙德　方不開嫉妬之門.
공명지사　승이겸덕　방불개질투지문

만해 강의

절개와 의리를 소중히 여기는 사람의 단점은 고지식하고 과격하여 남의 잘못을 보면 화내고 다투기 쉽다는 점입니다. 따라서 온화하고 정성스러운 마음으로 고지식함을 보완하여 분쟁을 막아야 합니다. 공명을 소중히 여기는 선비는 오만한 마음을 품어 자기보다 나은 사람을 보면 시기하기 쉽습니다. 따라서 겸손함으로 오만한 마음을 다스려 질투의 문을 닫아야 합니다.

和衷 화충 __ 마음을 합함. 여기서는 온화하고 정성스러운 마음으로 해석.

164

책을 잘 읽으려면

손발이 춤을 출 정도까지 읽어내야

비로소 언어의 덫에 걸리지 않으며,

사물을 잘 관찰하려면

마음이 융화되고 정신이 화합하는 순간까지 관찰해야

비로소 흔적과 형상에 얽매이지 않는다.

善讀書者　要讀到手舞足蹈處　方不落筌蹄,
선독서자　요독도수무족도처　방불락전제

善觀物者　要觀到心融神洽時　方不泥迹象.
선관물자　요관도심융신흡시　방불니적상

만해 강의

전筌은 물고기를 잡는 통발이고 제蹄는 토끼를 잡는 덫입니다. 책은 이치와 사고를 이해하기 위해 읽는 것입니다. 통발과 덫은 물고기와 토끼를 잡기 위해 설치하는 것입니다. 책 속의 내용을 이해한 다음에는 수단인 글자를 버려야 하고, 물고기나 토끼를 잡은 다음에는 수단인 통발과 덫을 잊어야 합니다. 따라서 책을 잘 읽는 사람은 숙독하고 음미해서 깊은 뜻을 통찰하게 되면 자신도 모르는 사이에 손발이 저절로 춤을 추게 됩니다. 이 정도의 경지에 이르러야 덫과 같은 문자를 천착하는 어리석음에 빠지지 않게 됩니다. 또 사물을 살피는 사람은 사물의 진상을 관찰하여 마음이 융합하고 정신이 화합하는 경지까지 이르러야 겉모습에 얽매이지 않게 됩니다. 어떤 일을 대하든 속에 감추어진 본질을 파악하고 외형에 집착하지 말아야 합니다.

筌蹄 전제_통발과 덫.
心融神洽 심융신흡_마음이 융화되고 정신이 화합함.
迹象 적상_자취와 형상.

165

지인至人이야 걱정할 것도 없고

어리석은 사람은 아는 것이 없어

함께 학문을 논하고 함께 공을 세울 수 있다.

그러나 중간 정도의 재주가 있는 사람은

사려와 지식도 많지만 억측과 시기심도 많아

무슨 일이든 함께 하기가 어렵다.

至人何思何慮　愚人不識不知　可與論學　亦可與建功,
지인하사하려　우인불식부지　가여논학　역가여건공

唯中才的人　多一番思慮知識
유중재적인　다일번사려지식

便多一番臆度猜疑　事事難與下手.
편다일번억탁시의　사사난여하수

만해 강의

지인至人이란 지혜와 덕이 원만하여 지극한 선에 도달한 사람을 말합니다. 지인은 따로 생각하고 염려하지 않아도 자연히 사리에 융합하여 막히고 걸리는 것이 없습니다. 어리석은 사람은 지식이 없어서 스스로 문제를 해결할 능력이 없기 때문에 남의 지도를 받고 거역하지 않습니다. 그러므로 지인은 스승으로 받들 만하며 우매한 사람은 가르치고 이끌어줄 만합니다. 그래서 함께 학문을 논할 만하고 같이 공을 세울 만합니다. 그러나 지인에는 못 미치고 어리석은 사람보다는 조금 나은, 중간 정도의 재능과 지혜를 지닌 사람은 아직 알지 못하지만 알고자 하는 상태에 있으므로 지식과 생각이 많아서 매사에 억측과 의심이 많아 함께 일을 하기 어렵습니다.

臆度 억탁_억측.
猜疑 시의_시기심과 의심.
下手 하수_손을 댐. 착수함.

166

입은 곧 마음의 문이니
엄밀하게 지키지 않으면 마음속의 은밀한 작용이 다 새나간다.
의지는 곧 마음의 발이니
엄격하게 지키지 않으면 그릇된 길로 달려간다.

口乃心之門　守口不密　洩盡眞機,
구내심지문　수구불밀　설진진기

意乃心之足　防意不嚴　走盡邪蹊.
의내심지족　방의불엄　주진사혜

만해 강의

입은 마음속의 생각을 발설하는 곳입니다. 마음이 입을 통해 나가는 것이 사람이 문을 통해 집 밖으로 나가는 것과 같으므로 입은 마음의 문이라고 한 것입니다. 이 입을 신중하고 엄밀하게 지키지 않으면 마음속에 깊이 감추어져 있는 은밀한 작용이 다 새나가 뜻밖의 화를 입게 됩니다. 의지는 마음을 움직이는 실마리입니다. 마음의 본바탕은 사람마다 같으나 의식의 작용에 따라 선악의 차별이 생깁니다. 마음이 의지에 따라 변동하는 것이 사람이 발이 움직이는 대로 이동하는 것과 같기 때문에 의지는 마음의 발이라고 한 것입니다. 이러한 의지를 엄중히 막아 지키지 않으면 사악한 길을 달리게 되어 죄악에 빠지기 쉽습니다. 그러므로 사람은 입과 의지를 엄격히 지켜서 예기치 못한 환난과 죄악을 피해야 합니다.

眞機 진기__마음속의 은밀한 작용.
邪蹊 사혜__사악한 길. 혜는 좁은 길.

167

어린이는 어른의 싹이고 수재는 사대부의 싹이다.

이 때에 화력이 시원찮아

질그릇과 철기에 고루 미치지 못하면

훗날 세상을 살아가고 조정에 설 때 훌륭한 그릇이 되기 어렵다.

子弟者　大人之胚胎　秀才者　士夫之胚胎,
자제자　대인지배태　수재자 사부지배태

此時若火力不到　陶鑄不純,　他日涉世立朝　終難成個令器.
차시약화력부도　도주불순　타일섭세입조　종난성개영기

만해 강의

어린이는 자라서 어른이 될 싹입니다. 수재는 중국에서 과거의 1차 시험에 합격한 사람을 말하는데 이 수재가 후에 사대부로 자라날 싹입니다. 어린이와 수재 시절에 맹렬한 화력을 가하여 질그릇을 만들고 철기를 주조하는 것처럼 엄밀한 교육을 하여 심신을 수련하지 않으면 후에 어른이 되어 세상을 살아가고 사대부가 되어 조정에 설 때 훌륭한 그릇이 되지 못할 것입니다. 사람은 어릴 때 엄격한 가정교육을 받고 수재 때에 진실한 사회의 학문을 널리 익혀서 학문과 실천을 겸비해야 훗날 유용한 그릇으로 자라나게 됩니다.

胚胎 배태_원래 잉태하다의 뜻이지만 앞으로 어른, 사대부로 자랄 가능성을 잉태하고 있다는 뜻에서 싹으로 해석.

168

군자는 환난에 처해도 근심하지 않으나
유흥의 자리에서는 두려워 염려하고,
권력자나 부호를 만나면 두려워하지 않으나
의지할 데 없는 사람을 대하면 놀라듯 마음이 움직인다.

君子處患難　而不憂　當宴遊　而惕慮,
군자처환난　이불우　당연유　이척려

遇權豪　而不懼　對惸獨　而驚心.
우권호　이불구　대경독　이경심

만해 강의

군자는 우환과 재난에 처해 있을 때는 사태를 순순히 받아들이고 힘껏 노력할 뿐 근심하지는 않습니다. 그러나 술과 음악이 흐르는 연회석상에서는 유혹에 빠지고 주색에 물들까 늘 경계합니다. 권력자나 재력가를 만나면 당당하게 최선의 예의로써 대합니다. 그러나 의지할 데 없는 노약자나 빈궁한 사람을 만나면 놀라듯 마음이 움직여 도와줄 방법을 찾게 됩니다.

惕慮 척려__두려워하고 염려하다.
惸獨 경독__의지할 데 없는 사람. 경은 형제가 없는 사람. 독은 아들이 없는 사람.
驚心 경심__마음이 놀라다.

169

복숭아꽃과 오얏꽃이 아무리 고와도
어찌 푸른 소나무와 잣나무의 변함없이 곧음에 비길 것이며
배와 살구가 아무리 달아도
어찌 등자와 귤의 진한 향기에 비길 것인가.
고우나 빨리 지는 것이 오래가는 담박함보다 못하고
빨리 피고 빨리 지는 꽃이 늦게 피어 오래가는 꽃보다 못하다.

桃李雖艶　何如松蒼栢翠之堅貞,
도리수염　하여송창백취지견정

梨杏雖甘　何如橙黃橘綠之馨冽,
이행수감　하여등황귤록지형렬

信乎濃夭不及淡久　早秀不如晚成.
신호농요불급담구　조수불여만성

만해 강의

복숭아꽃과 오얏꽃은 봄날에 아름다운 자태를 한껏 자랑하지만 "꽃의 화려함이 열흘을 못 넘긴다"는 옛말처럼 비바람이 한번 지나가면 낭자하게 낙화하여 뭇 문인들의 감상을 자극합니다. 반면 푸른 소나무와 잣나무는 한여름의 비바람, 한겨울의 찬 서리를 다 견디고도 변함없이 푸른빛을 유지합니다. 그러므로 복숭아꽃과 오얏꽃의 화려함이 소나무와 잣나무의 변함없는 지조만 못합니다.

배와 살구는 맛은 달아도 쉽게 부패하므로 향과 맛을 오래 간직하는 등자와 귤만 못합니다. 이처럼 빨리 사라지는 요염함이 오래 지속되는 담박함보다 못하며, 일찍 나타났다 금방 사라지는 우수함이 늦게 이루어 오래 지속되는 성취보다 못합니다. 사람도 이와 같아서 겉보기에 화려한 재주와 지식은 견고한 절개와 지조만 못합니다. 그러므로 달콤하지만 금방 변해버리는 것에 이욕을 부리기보다는 담박하지만 오래 가는 도덕을 지켜야 할 것입니다.

堅貞 견정_변함없이 곧음.
馨冽 형렬_형렬馨烈. 매우 향기가 강함.

170

바람이 잔잔하고 물결이 고요할 때 인생의 참된 경지를 보며,
취미가 담박하고 소리가 거의 없는 곳에서 마음의 본체를 인식한다.

風恬浪靜中　見人生之眞境,
풍염낭정중　견인생지진경

味淡聲希處　識心體之本然.
미담성희처　식심체지본연
.

만해 강의

육지에 바람이 자고 바다에 파도가 잔잔하여 주위가 모두 고요하고 움직이지 않는 한적한 곳에 있으면 모든 사물과의 관계가 다 없어지기 때문에 성인과 범부, 지혜와 어리석음의 구분이 다 사라져 고요하고 평등한 인생의 참된 경지를 보게 됩니다. 또 취미가 담박하고 소리가 거의 사라져 좋고 싫은 차이가 없어진 곳에서는 헛된 감정의 움직임이 일지 않아 맑고 투명하며 영묘한 마음의 본체를 인식하게 됩니다.

風恬浪靜 풍염낭정__바람이 고요하고 물결이 조용함.
眞境 진경__참 경지.

171

꾀꼬리 울고 꽃이 우거져 산과 골짜기가 아름다워도
이것은 모두 우주의 환영에 불과하며
물이 마르고 나뭇잎이 떨어져 바위가 앙상하고 벼랑이 메마르면
비로소 천지의 참모습을 보게 된다.

鶯花茂而山濃谷艶　摠是乾坤之幻境,
앵화무이산농곡염　총시건곤지환경

水木落而石瘦崖枯　纔見天地之眞吾.
수목락이석수애고　재견천지지진오

만해 강의

봄에 꾀꼬리가 노래하고 꽃이 만발하여 산과 골짜기의 경치가 아름다워 모든 사물이 번성하는 것은 모두 하늘과 땅의 일시적 환상에 불과합니다. 가을이 지나 물이 마르고 나뭇잎이 떨어져 암석과 절벽이 드러나고 숲 속의 만물이 앙상한 제 모습을 드러내면 비로소 천지의 참모습을 볼 수 있습니다. 참모습, 즉 진오眞吾는 진체眞體를 뜻합니다. 주자朱子의 시에 "나무가 떨어지고 물이 다하고 천길 낭떠러지가 메마르니 저 멀리서 나도 참모습을 보리라木落水盡千崖枯 迥然我亦見眞吾"라고 한 것이 이런 뜻입니다. 사람의 일도 이와 같으니 환영과 같은 세상의 출세와 이익에서 벗어나 담박한 도의의 참모습을 보아야 할 것입니다.

鶯花茂 앵화무_꾀꼬리가 울고 꽃이 만발하며 초목이 우거짐.
乾坤 건곤_하늘과 땅. 즉 우주.
水木落 수목락_물이 마르고 나무에 낙엽이 짐.
眞吾 진오_꾸밈이 없는 본연의 모습. 진체眞體.

172

세월은 본래 긴데 바쁜 자가 저 혼자 재촉하고,

천지는 본래 넓은데 비루한 자가 저 혼자 비좁다하고,

바람과 꽃, 눈, 달은 본래 한가로운데 고달픈 자가 저 혼자 번잡하다.

歲月本長　而忙者自促,
세월본장　이망자자촉

天地本寬　而鄙者自隘,
천지본관　이비자자애

風花雪月本閑　而勞攘者自冗.
풍화설월본한　이노양자자용

만해 강의

세월은 끝없이 긴데 분망해하는 사람이 저 혼자 재촉하여 겨를 없이 동분서주하며 일생을 보냅니다. 천지는 넓어서 세상 곳곳에서 마음대로 활보하고 자유롭게 활동할 수 있는데 비루한 사람이 저 혼자 비좁게 여겨 망망한 우주에서 제 한 몸을 용납하지 못합니다. 청풍명월과 홍화백설이 한가로이 소요하여 사람들에게 그윽한 감상거리를 제공하는데 고달픈 사람이 저 혼자 번잡하여 자연의 경치를 번민과 무감각 속에 흘려버립니다.

勞攘 노양 _ 고달픔, 괴로움.
隘 애 _ 좁음.
冗 용 _ 바쁨.

173

더위를 완전히 없앨 수는 없다.
그러나 덥다는 마음을 제거하면
몸은 항상 서늘한 누각 위에 있을 것이다.
곤궁을 완전히 없앨 수는 없다.
그러나 곤궁에 대한 걱정을 물리치면
마음은 항상 안락한 집에 살 것이다.

熱不必除　而除此熱惱　身常在淸凉臺上,
열불필제　이제차열뇌　신상재청량대상

窮不可遺　而遺此窮愁　心常居安樂窩中.
궁불가유　이유차궁수　심상거안락와중

만해 강의

한여름 폭염에 돌과 쇠가 물러지고 토목이 불타듯 뜨거워지면 사람들은 더위를 참지 못하고 서늘한 곳을 찾아가거나 부채를 부치는 등 각종의 방법으로 피하려고 하지만 이렇게 해서는 신체의 열기를 없애지 못할 뿐 아니라 도리어 덥다는 생각만 더 증가시킬 뿐입니다. 따라서 밖의 더위를 제거하려 들지 말고 마음의 더위를 몰아내어 "무더위에 찬 바람을 내보낸다大紅燄裏放寒風"는 옛 시구를 음미하여 냉정한 태도를 유지하면 몸이 언제나 서늘한 누각에 있는 것처럼 조금도 더위를 느끼지 못할 것입니다.

사람이 곤궁한 지경에 빠지면 곤궁을 감당하지 못하여 근심과 고민에 휩싸입니다. 그러나 곤궁은 일시적인 처지에 불과할 뿐 사람의 정신까지 침해하지는 못합니다. 비록 곤궁한 처지에 놓이더라도 곤궁함에 대한 근심을 떨쳐버리면 마음은 항상 안락한 집안에 거처하는 것같이 유유자적할 수 있습니다.

熱惱 열뇌_뜨거운 번뇌.
安樂窩 안락와_편안한 집.

174

고요함을 즐기는 자는 흰 구름, 먼 바위를 보고 현묘한 이치에 통달하고.

영화를 추구하는 자는 맑은 노랫소리, 요염한 춤을 보고 권태로움을 잊는다.

오직 스스로 깨달은 선비만은

시끄러움과 고요함, 번영과 쇠퇴가 따로 없어서

어딜 가든 유유자적하지 않은 곳이 없다.

嗜寂者　觀白雲幽石而通玄,
기적자　관백운유석이통현

趣榮者　見淸歌妙舞而忘倦,
추영자　견청가묘무이망권

惟自得之士　無喧寂　無榮枯　無往非自適之天.
유자득지사　무훤적　무영고　무왕비자적지천

만해 강의

세속의 번화함을 싫어하고 고요함을 좋아하는 사람은 세속을 멀리 떠나 산속의 흰 구름이나 아득한 바위를 보며 스스로 심기를 길러 현묘한 이치를 연구하여 통달합니다. 고요함을 싫어하고 번화한 것을 좋아하는 사람은 맑은 노랫가락이나 요염한 춤을 보면서 심신이 도취되어 권태를 잊습니다. 고요함과 번화함의 두 가지 경계는 서로 다르나 모두 한쪽으로 치우친 병폐가 있어 좋아하고 싫어하며 취하고 버리는 고통이 따릅니다. 오직 세상사에 거리낌이 없는 깨달음을 얻은 선비만이 고요함과 번화함에 대한 좋거나 싫은 감정을 갖지 않고 영화로움과 곤궁함을 가리지 않아서 거리의 번화함 속에서도 한적한 정취를 얻고 산수의 고요함 속에서도 능히 노래와 춤이 주는 여흥을 볼 수 있으므로 어디에 가든 유유자적한 취미를 가질 수 있습니다.

自得之士 자득지사_스스로 깨달은 선비.
喧寂 훤적_시끄러움과 고요함.
自適之天 자적지천_스스로 유유자적한 곳.

175

오래가는 맛은 좋은 술과 차의 진한 맛에 있지 않고
콩을 먹고 물을 마시는 담박함에 있으며
애절한 감회는 쓸쓸하고 고요한 데서 나오는 것이 아니고
피리를 불고 거문고를 타는 데서 나온다.
농염한 곳의 맛은 곧 사라지는 맛이며
담박함 속에서 느끼는 맛만이 진정한 맛임을 알아야 한다.

悠長之趣　不得於醲釅　而得於啜菽飲水,
유장지취　부득어농엄　이득어철숙음수

惆悵之懷　不生於枯寂　而生於品竹調絲,
추창지회　불생어고적　이생어품죽조사

固知濃處味常短　淡中趣獨眞也.
고지농처미상단　담중취독진야

만해 강의

오래가는 청아한 취미는 진한 술을 마시고 향이 강한 차를 마시는 데서 얻어지는 것이 아니라, 콩을 먹고 물을 마시는 담박함 속에서 얻어지는 것입니다. 애절한 감회는 조용한 사색과 외로운 좌선의 고적에서 생기는 것이 아니라, 통소 소리와 거문고 줄을 조절하여 혹은 느리게 혹은 빠르게 울리는 소리가 서로 섞이고 어우러져서 원망하는 듯하고 사모하는 듯한 데서 생깁니다. "천년의 비파가 오랑캐 노래를 타니 분명한 원한이 곡중에 흐른다"는 옛 시구가 바로 이것입니다. 이로써 보건대 진한 술과 향이 강한 차, 통소와 거문고가 있는 곳에서는 즐거움이 짧고, 고적하고 담박한 곳에서는 취미가 진실합니다. 진한 술과 향이 강한 차를 마시며 통소를 불고 거문고를 타는 농염한 곳에서 부질없는 취미를 즐기는 자는 고개를 한번 돌려 보잘것없는 음식을 먹으며 고요히 사고하고 적막히 양생하는 담박함 속에서 유장한 참 취미를 보아야 할 것입니다.

醲釅 농엄_진한 술과 진한 차.
啜菽飮水 철숙음수_콩을 먹고 물을 마심. 형편없는 음식을 말함.
品竹調絲 품죽조사_피리를 불고 거문고를 타다.

176

산림, 샘물, 바위가 있는 자연 속에서 노닐면
티끌처럼 들뜬 마음이 점차 가라앉는다.
시서詩書와 그림들 속에서 한가히 지내면 세속의 기운이 사라진다.
그러므로 군자는 비록 사물을 감상하되 뜻을 손상시키지 말아야 하며,
또한 항상 외부의 사물을 빌어서 마음을 가다듬어야 한다.

徜徉於山林泉石之間　而塵心漸息,
상양어산림천석지간　이진심점식

夷猶於詩書圖畵之內　而俗氣潛消,
이유어시서도화지내　이속기잠소

故君子雖不玩物喪志　亦常借境調心.
고군자수불완물상지　역상차경조심

만해 강의

갖가지 복잡한 일로 가득 찬 속세에서 바쁘게 살다가 가끔 샘물과 바위가 많은 숲속에서 거닐면 세속에 더럽혀졌던 마음이 차츰 가라앉아 맑은 기운을 느끼게 됩니다. 이해가 분분하고 시비가 어지럽게 얽힌 곳에서 바쁘게 살다가 때때로 오묘한 시서화를 접하여 그 멋을 감상하면 속세의 기운이 사라지고 어느 순간 갑자기 우아한 정취를 얻게 됩니다. 그러므로 군자는 비록 시서화 등의 사물을 감상하느라 중심을 잃게 돼서는 안 되지만 외부 사물을 통해 자기 마음을 가다듬는 일도 필요합니다. 근래 대도시에 공원과 도서관을 설치하여 사람들이 자유로이 쉬고 즐길 수 있도록 하는데 이것은 사람들에게 많은 이익이 되며 그중에서도 특히 도덕상의 도움이 가장 큽니다.

徜徉 상양_노닐다. 배회하다.
夷猶 이유_망설이고 주저하는 모양이라는 뜻이 있지만 여기서는 편안하고 한가한 모습.

177

봄날은 날씨가 화창해서 사람의 마음과 정신을 밝고 넓게 만든다.
그러나 가을날 구름이 깨끗하고 바람이 맑고 난초와 계수나무가 향기롭고
물과 하늘이 푸르고 천지가 맑아서
사람의 정신과 몸을 함께 청명하게 만드는 것만 못하다.

春日氣象繁華　令人心神駘蕩,
춘일기상번화　영인심신태탕

不若秋日　雲白風淸　蘭芳桂馥,
불약추일　운백풍청　난방계복

水天一色　上下空明　使人神骨俱淸也.
수천일색　상하공명　사인신골구청야

만해 강의

외부 환경이 사람에 접촉할 때 외부 현상이 변함에 따라 사람의 감상도 변화합니다. 온갖 꽃이 화려하게 피고 새가 지저귀고 나비가 날아다니는 봄날의 기상은 화려하고 번화하여 사람의 마음을 화창하게 만들어 줍니다. 가을철이 되면 하늘의 구름은 눈같이 희고 공기는 맑고 난초와 계수나무는 향기를 전하며 맑은 강물과 하늘빛이 하나가 되어 온 천지가 청명해집니다. 사람이 이러한 환경을 대하면 자연히 정신과 육체가 상쾌해집니다. 그러니 봄날의 화창함이 어찌 가을의 청명함에 미칠 수 있겠습니까. 그러므로 요염함을 좋아하고 호탕한 정서를 가진 사람은 봄을 좋아하고 기개와 지조를 지닌 선비는 가을을 좋아합니다.

駘蕩 태탕_봄의 화창한 모양.
蘭芳桂馥 난방계복_난초가 향기롭고 계수나무가 향기로움.
神骨俱淸 신골구청_정신과 몸이 모두 맑아짐.

178

심기心機가 동요하면

활 그림자도 뱀이나 전갈로 보이고

누운 돌도 엎드린 범으로 보인다.

그 안에 살기殺氣가 섞이기 때문이다.

생각이 고요해지면

석호石虎같이 사나운 사람도 갈매기로 되고

개구리 울음소리도 북소리나 피리소리로 들린다.

접촉하는 것마다 모두 참된 심기를 갖추기 때문이다.

機動的　弓影疑爲蛇蝎　寢石視爲伏虎　此中渾是殺氣,
기동적　궁영의위사갈　침석시위복호　차중혼시살기

念息的　石虎可作海鷗　蛙聲可當鼓吹　觸處俱見眞機.
염식적　석호가작해구　와성가당고취　촉처구현진기

만해 강의

심기가 동요해 의심이 일어나면 대낮에도 귀신이 나타납니다. 활 그림자도 뱀이나 전갈이 아닐까 의심하게 되고 움직이지 않는 바위도 엎드려 있는 호랑이로 보입니다. 이것은 마음속의 마귀가 난동하여 자신을 해칠 살기를 띠기 때문입니다.

활 그림자를 뱀으로 의심한다는 것은 《진서晉書》에 나오는 이야기입니다. "진나라 사람 악광樂廣이 하남령河南令을 지낼 때 관아에 친구들을 불러 연회를 한 일이 있었다. 그런데 자리를 같이 했던 한 친구가 오랫동안 찾아오지 않았다. 사람을 보내 그 까닭을 물어보니 이전의 연회 때 술잔 속에 뱀이 있는 것을 보고 그만 병을 얻었다고 했다. 악광은 벽에 걸어 놓은 활이 그의 술잔에 그림자를 드리운 것을 뱀으로 착각했다는 사실을 알고, 다시 같은 장소에서 연회를 베풀어 그 친구를 초청했다. 이번에도 술잔 속에 활 그림자가 비쳐 뱀처럼 보였다. 악광이 벽에 걸린 활을 가리키며 술잔 속의 뱀이 활 그림자임을 깨우쳐 주었더니 친구가 진상을 알고 병이 금방 나았다."

누워있는 돌을 엎드려 있는 호랑이로 본다는 것은 왕충王充의 《논형論衡》에 나오는 이야기입니다. "초나라의 웅거자雄渠子라는 사람이 어느 날 산에 올라갔다가 누워있는 돌을 엎드려 있는 호랑이로 착각하고 활을 쏘았더니 화살이 돌에 박혔다." 《한서漢書》에도 이와 비슷한 이야기가 있습니다. "한나라 사람인 이광李廣이 어느 날 수렵을 나갔는데 수풀 속의 돌을 보고 호랑이로 착각하여 활을 쏘

機動 기동__심기가 동요함.
蛇蝎 사갈__뱀과 전갈.
眞機 진기__참된 심기.
石虎 석호__후조後趙 때의 세 번째 왕. 첫 번째 왕인 석늑石勒의 조카였는데 석늑의 아들을 죽이고 왕위에 올랐다. 성격이 잔인하여 폭정을 일삼았다.

니 화살이 돌 속에 박혔다." 이것은 다 마음의 기틀이 망동해 살기를 띤 것입니다.

만일 마음과 생각이 모두 고요해지면 석호도 갈매기가 되고 개구리 울음소리도 피리소리로 들릴 것이며 어디에 접촉하든 조금의 살기도 없는 천진 오묘한 계기가 될 것입니다. 석호를 갈매기로 만든다는 말은 《세설世說》에 나옵니다. "진나라 사람인 석늑石勒은 횡포가 심해 사람들은 그를 호랑이처럼 두려워했다. 그러나 석늑은 덕망이 높은 승려 불도징佛圖澄을 대단히 존경했다. 석늑의 조카인 석호와 석늑의 일족이 함께 유흥을 즐기다가 사람들이 모두 불도징의 높은 덕에 감복했다. 이것을 보고 임공林公이라는 사람이 '불도징은 석호를 갈매기로 만들었다'고 말했다." 이것은 덕이 높은 불도징은 어떠한 선악과 만나도 마음이 흔들리지 않으므로 폭정을 일삼는 석호도 그에게 감화를 받아 바다 위의 무심한 갈매기처럼 되었음을 말한 것입니다.

개구리 울음소리도 북소리나 피리소리로 들린다고 하는 말은 《남사南史》에 나옵니다. "공치규孔稚珪가 제나라의 명제 때 남군태수가 되었는데, 자신의 저택 안에 연못을 크게 파고 언덕을 높게 쌓은 후 탁자에 기대 혼자 술잔을 기울이면서도 정원을 청소하지 않아 개구리 울음소리가 시끄러웠다. 어떤 사람이 '자네는 진번陳蕃이 청소하지 않은 것을 흉내내려 하느냐'고 묻자, '아니오. 나는 이

개구리 소리로 양부兩部의 북소리와 피리소리로 삼는 것이지 진번의 흉내를 내려는 것이 아니라오'라고 대답했다." 양부는 음악에서 앉아서 연주하는 좌부坐部와 서서 연주하는 입부立部의 두 가지를 말한 것입니다. 공치규의 말은 마음이 가라앉아 망동하지 않으면 시끄러운 개구리 울음소리도 음악으로 들린다는 뜻입니다.

   심기가 망동하면 어느 사물이든 나에게 적의를 품고, 마음속 생각이 가라앉으면 어느 사물이든 나에게 호의를 보입니다.

진번陳蕃__후한 말의 정치가. 정권의 전횡을 일삼던 외척환관들에 대항해 싸우다 살해됐다. 어렸을 때 아버지의 친구가 놀러왔다가 집 앞마당이 잡초가 무성하고 지저분한 것을 보고 진번에게 "빈객을 맞는데 어째서 청소하지 않았느냐"라고 물었더니 진번이 "대장부가 세상에 나왔으면 천하를 청소해야지 어찌 한갓 집안일에 매여야 하겠습니까"라고 대답했다고 한다.

179

마음속에 욕심이 있는 사람은
차가운 못에서도 물이 끓어오르고
산림에서도 고요함을 보지 못하나,
마음이 비어 있는 사람은
무더위 속에서도 서늘함이 생기고
조정이나 시장에서도 시끄러움을 알지 못한다.

欲其中者 波沸寒潭 山林不見其寂,
욕기중자 파비한담 산림불견기적

虛其中者 凉生酷暑 朝市不知其喧.
허기중자 양생혹서 조시부지기훤

만해 강의

가슴속에 탐욕을 가진 사람은 탐욕이 항상 불꽃처럼 타올라 차가운 연못에서 물이 끓는 것처럼 청정한 곳에 있어도 탐욕이 발동하여 가슴속이 항상 번뇌로 가득 차 있습니다. 그래서 고요한 산속에 있어도 조금도 고요함을 느끼지 못합니다. 마음을 비워 탐욕이 조금도 없는 사람은 혹서에 서늘한 바람이 부는 것처럼 번잡한 조정과 시장에 있어도 항상 냉정하여 시끄러운 줄 모릅니다. 이렇게 보면 더움과 서늘함, 시끄럽고 조용함은 이런 환경이 외부에 따로 있는 것이 아니라 마음에서 이런 차별을 낳는 것일 뿐입니다.

朝市 조시_조정과 시장. 명예와 이익에 대한 경쟁이 심한 곳.

180

꽃이 화분에서 자라면 끝내 생기를 잃고
새가 새장에서 지내면 곧 타고난 본성을 잃는다.
그것은 산속에서 꽃들이 서로 어우러져 화려한 무늬를 이루고
새들이 마음껏 날며 자유로이 지내서
넉넉히 마음에 흡족함을 느끼는 것만 못하다.

花居盆內　終乏生機　鳥入籠中　便減天趣,
화거분내　종핍생기　조입농중　편감천취

不若山間花鳥　錯集成文　翶翔自若　自是悠然會心.
불약산간화조　착집성문　고상자약　자시유연회심

만해 강의

꽃이 화분에서 자라면 자연의 생기를 잃고 새가 새장에 갇혀 사람의 사육을 받으면 본래의 성질을 잃습니다. 사람이 꽃을 화분에서 가꾸는 것은 꽃의 모습을 보고 향기를 즐기기 위한 것이고 새를 새장에 가두어 기르는 것은 새가 지저귀는 소리와 새의 모습을 사랑하기 때문입니다. 그러나 이것은 자유를 속박하여 생명의 움직임과 타고난 본성을 잃게 하는 것이므로 꽃과 새의 본래의 모습을 감상할 수 없습니다. 그러므로 사람들이 동식물원을 관람할 때 부자연스럽고 부자유한 동식물에게서 생기 없고 본성을 잃은 모습을 보며 괴로움을 느끼게 됩니다. 꽃과 새가 마음껏 성장하여 꽃은 서로 어우러져 찬란한 무늬를 이루고 새는 산과 하늘 사이에서 자유로이 날아 꽃과 새의 자연스러운 멋이 한가히 마음에 느껴지는 것에 어찌 비하겠습니까. 꽃과 새도 자유를 속박하면 생기와 본성을 잃게 되는데 하물며 사람이겠습니까. 자유가 아니면 죽음뿐입니다.

生機 생기__생명의 움직임.
天趣 천취__본래 타고난 취향.
翶翔 고상__빙빙 돌며 낢. 새가 날며 날개를 위아래로 흔드는 것을 고라하고 날개를 움직이지 않는 것을 상이라고 함.
悠然 유연__침착하고 한가한 모양.
會心 회심__마음에 맞음.

181

숲에서 나는 솔바람소리와 바위 위에 울리는 샘물소리를
조용한 가운데 들으면 천지자연의 소리를 알게 된다.
풀숲에 잇닿은 안개의 푸른빛과 물에 비친 구름 그림자를
한가한 데서 관찰하면 하늘과 땅 사이에서 최상의 문장을 보게 된다.

林間松韻　石上泉聲　靜裡聽來　識天地自然鳴佩,
임간송운　석상천성　정리청래　식천지자연명패

草際烟光　水心雲影　閒中觀去　見乾坤最上文章.
초제연광　수심운영　한중관거　견건곤최상문장

만해 강의

거문고와 공후는 사람이 만든 악기라서 아무리 오묘한 소리를 낸다 해도 사람이 연주해야 소리가 나지만, 숲에서 들을 수 있는 운치 있는 솔바람소리와 바위 위에서 들리는 샘물소리는 사람의 연주가 필요 없는 자연 그대로의 음악입니다. 고요한 가운데서 이를 들으면 천지자연의 음악을 알게 됩니다. 필묵으로 종이에 쓰고 그린 서화는 인위적인 것이므로 아무리 능숙하게 해도 우열의 차이가 있지만 자연 속의 사물은 저절로 자연의 대문장을 이룹니다. 그러므로 풀숲의 가장자리에서 맴도는 안개의 푸른 빛, 맑은 물속에 비친 구름은 세상의 가장 훌륭한 문장을 이룹니다. 사람들이 거문고나 공후 같은 악기나 몇 편의 문장에 구애되지 말고 음악을 자연에서 듣고 문장을 하늘의 참모습에서 바라보면 저절로 높은 인격이 길러질 것입니다.

鳴佩 명패_패옥을 울리는 소리. 즉 음악을 뜻한다.
草際烟光 초제연광_풀숲 가장자리에서 맴도는 안개의 푸르스름한 빛.
공후箜篌_21개 혹은 13개의 줄이 있는 옛 현악기.

182

물욕에 얽매이면 인생이 슬퍼지고,

본성 안에서 편안해지면 인생이 즐거워진다.

슬픔을 알면 세속의 감정이 사라지고

즐거움을 알면 성인의 경지가 지절로 다가온다.

羈鎖於物欲　覺吾生之可哀　夷猶於性眞　覺吾生之可樂,
기쇄어물욕　각오생지가애　이유어성진　각오생지가락

知其可哀　則塵情立破　知其可樂　則聖境自臻.
지기가애　즉진정입파　지기가락　즉성경자진

만해 강의

외부 사물을 탐하는 욕심에 얽매어 번뇌를 이기지 못하고 늘 괴로워하면 내 삶이 애처로움을 깨닫게 되고 반대로 본성의 진리를 알고 편안히 지내면 내 삶의 즐거운 흥취를 깨닫게 됩니다. 물욕에 얽매임이 애처로운 일인 줄 알면 사물을 탐하는 세속의 감정이 곧 사라집니다. 본성의 참모습에 맞추어 편안히 지내는 것에서 즐거움을 느끼게 되면 본성을 깨닫는 성인의 경지가 저절로 다가옵니다. 성인과 범부의 구별은 다만 물욕과 본성의 차이에 있습니다.

羈鎖 기쇄__얽매이고 갇힘.
夷猶 이유__편안히 지냄.
塵情 진정__세속의 감정.
聖境 성경__성인의 경지.

183

나무는 뿌리로 돌아간 후에야

꽃과 가지와 잎이 헛된 영화였음을 알게 되고,

사람은 관 뚜껑을 덮은 후에야

자녀와 재물이 쓸모없음을 알게 된다.

樹木至歸根而後　知華萼枝葉之徒榮,
수목지귀근이후　지화악지엽지도영

人事至盖棺而後　知子女玉帛之無益.
인사지개관이후　지자녀옥백지무익

만해 강의

나무는 봄, 여름 기간에 꽃과 잎이 무성해서 전성기를 누리다가 가을이 되어 서리를 맞으면 꽃과 잎은 시들고 성장의 기운도 사라져 뿌리로 돌아갑니다. 무성하던 꽃과 가지와 잎사귀들은 흔적도 없이 사라져 한갓 부질없는 환영에 불과했음을 알게 됩니다. 사람은 살아있을 때는 자녀와 재물에 애착을 가져 각종의 속박을 받지만 죽어서 관에 들어가 관 뚜껑을 덮은 뒤에는 모든 인연이 다 끊어져 애착을 느끼던 자녀와 재물이 모두 무의미하게 됩니다.

華萼枝葉 화악지엽__꽃과 꽃받침과 나뭇가지와 잎사귀.

184

모든 소리가 적요한 중에
문득 한 마리 새가 지저귀는 소리를 들으면
곧 많은 그윽한 흥취가 생기고,
모든 초목이 꺾이고 시든 후에
문득 한 그루 빼어난 초목을 보면
곧 무한한 생명의 움직임이 일어난다.
천성은 항상 메말라 있을 수 없고
신묘한 마음의 작용은 촉발되기 쉽다는 것을 알 수 있다.

萬籟寂寥中　忽聞一鳥弄聲　便喚起許多幽趣,
만뢰적요중　홀문일조농성　편환기허다유취

萬卉摧剝後　忽見一枝擢秀　便觸動無限生機,
만훼최박후　홀견일지탁수　편촉동무한생기

可見性天未常枯槁　機神最宜觸發.
가견성천미상고고　기신최의촉발

만해 강의

공허한 산속에 온갖 소리가 끊어져 우주 만물이 침묵하는지 혹은 태어나지도 않았는지 의심스러울 만큼 극도로 적막한 가운데 갑자기 한 마리 새의 지저귐을 들으면 정신이 각성이 되고 수많은 그윽한 흥취가 일어납니다. 가을바람에 수목이 모두 스러지고 헐벗어 황량하게 된 후에 홀연히 소나무나 국화의 빼어난 자태를 보면 시야가 트이고 무한한 생기가 발동됩니다. 이것은 오직 메마르기만 한 곳에서는 그윽한 흥취가 일어나지 않는 것을 의미합니다. 사람의 천성은 항상 메말라 있을 수 없고 신묘한 마음의 작용은 아주 쉽게 촉발됩니다.

萬籟 만뢰__자연계에서 나는 갖가지 소리.
弄聲 농성__소리를 희롱하다. 즉 새의 지저귐.
幽趣 유취__그윽한 흥취.
卉 훼__초목의 총칭.
摧剝 최박__꺾여지고 벗겨짐. 즉 초목이 시든 상태.
擢秀 탁수__빼어나고 우수함.
觸動 촉동__접촉하여 발동시킴.
機神 기신__신묘한 마음의 작용.

185

이치가 고요하면 사물도 고요하므로
사물을 버리고 이치에 집착하는 것은
그림자를 없애되 형체를 남겨 둔 것과 같다.
마음이 공허하면 곧 외부 세계도 공허하므로,
외부 세계를 버리고 마음을 남겨 두는 것은
누린내 나는 음식을 모아놓고 모기를 물리치려는 것과 같다.

理寂則事寂　遣事執理者　似去影留形.
이적즉사적　견사집리자　사거영유형

心空則境空　去境存心者　如聚羶却蚋.
심공즉경공　거경존심자　여취전각예

만해 강의

이치理는 사물의 모태입니다. 따라서 이치가 고요하면 사물은 저절로 고요해집니다. 만일 피상의 사실을 버리고 내용의 이상理想에 집착하면, 이것은 형체를 남겨두고 그림자를 없애려는 것과 같아서 끝내 성공하지 못합니다. 외부 세계는 마음이 만드는 것입니다. 그러므로 마음이 공허하면 외부 세계는 저절로 공허해집니다. 만약 외부 세계만 제거하고 속마음을 남겨두면 마치 비린내 나는 음식을 모아놓고 파리와 모기를 쫓아버리려는 것과 같아서 효과가 없습니다.

송나라의 정명도程明道가 아우 정이천程伊川과 함께 연회에 참석하여 술을 마셨는데, 정명도가 기생과 즐기는 것을 보고 정이천이 못마땅하게 여겨 집으로 돌아왔습니다. 이튿날 형을 찾아가 연회석에서 기녀와 즐긴 것은 옳지 않다고 말하니까, 정명도는 "어제 연회에서 내 마음속에는 기녀가 없었는데, 오늘 네 마음속에는 기녀가 있구나"라고 말했다고 합니다. 정명도는 마음이 비어 외부 세계도 비어 있었지만 정이천은 외부 세계를 버리되 마음을 남겨두었던 것입니다.

遣事執理 견사집리__사물을 버리고 이치에 집착하다.
蚋 예__모기.

186

병이 걸린 후에 건강의 소중함을 생각하고,
난세가 된 후에 태평 시절이 복임을 알면
앞을 내다보는 지혜가 없는 것이다.
행복을 추구하면서 그것이 재앙의 근본임을 자각하고,
삶을 탐하면서 그것이 죽음의 원인임을 깨닫는다면
그것이야말로 뛰어난 식견이다.

遇病而後　思强之爲寶　處亂而後　思平之爲福　非蚤智也,
우병이후　사강지위보　처란이후　사평지위복　비조지야

倖福而知其爲禍之本　貪生而先知其爲死之因　其卓見乎.
행복이지기위화지본　탐생이선지기위사지인　기탁견호

만해 강의

사람이 건강한 때는 건강관리에 주의하지 않다가 질병에 걸려 고통을 느낀 후에야 비로소 건강의 소중함을 알게 됩니다. 태평한 날에는 위기와 재난을 생각하지 못하다가 난세에 처해 곤란을 겪은 후에야 평화롭고 무사함이 얼마나 큰 행복인가를 알게 됩니다. 이러한 것은 모두 앞을 내다보는 지혜가 없는 것입니다. 화복이 잇닿아 있고 생사가 연이어 있어 화가 복의 뒤를 따라오고 삶이 있으면 반드시 죽음이 있음을 깨달아서 행복을 추구할 때에 그 복이 화의 원인이 될 수 있음을 알고, 생명을 탐낼 때에 그 삶이 죽음의 원인이 됨을 안다면 뛰어난 식견이 있다고 할 수 있습니다.

蚤智 조지_일찍 깨닫는 지혜.

187

마음이 넓으면 만종의 봉록도 질그릇처럼 하찮게 여겨지고
마음이 좁으면 곧 한 가닥 터럭도 수레바퀴처럼 크게 느껴진다.

心曠 則萬鍾如瓦缶, 心隘 則一髮似車輪.
심광 즉만종여와부 심애 즉일발사거륜

만해 강의

마음이 넓어 재물과 벼슬을 구하지 않으면 만종의 봉록을 받는 높은 벼슬도 질그릇같이 대수롭지 않게 생각되고, 마음이 좁아서 조그만 이익에도 구애되면 머리털 하나와 같은 극히 작은 물건도 수레바퀴처럼 크게 보여 탐내는 생각을 일으킵니다. 한 세상의 이해와 영욕은 마음 한 번 먹는 데 달려 있습니다.

萬鍾 만종_종鍾은 곡물의 양을 재는 단위로 6곡斛 4두斗에 해당한다. 지금의 도량형으로 환산하면 약 3.5리터.
瓦缶 와부_흙으로 만든 단지. 하찮은 물건을 비유.

188

인생이 너무 한가하면 딴 생각이 슬그머니 일어나고,
너무 바쁘면 본성이 나타나지 않는다.
그러므로 사군자는 심신에 대한 염려도 갖지 않을 수 없지만
또한 풍월의 아취를 즐기지 않을 수 없다.

人生太閒　則別念竊生　太忙　則眞性不現,
인생태한　즉별념절생　태망　즉진성불현

故士君子不可不抱身心之憂　亦不可不耽風月之趣.
고사군자불가불포신심지우　역불가불탐풍월지취

만해 강의

사람이 너무 한가해서 하는 일이 없으면 여러 가지 잡념, 곧 망상이 생겨서 음란하고 방탕함에 빠지기 쉽습니다. 또 너무 바빠서 잠시도 여가가 없으면 몸과 마음이 피로해서 조용한 본성이 발현되지 못합니다. 그러므로 너무 한가하거나 너무 바쁜 것이 다 치우친 폐단이 있습니다. 그러므로 사군자는 항상 몸과 마음에 대한 염려를 품어, 한가함과 바쁨 사이에 알맞음을 지키고 또 가끔 담박한 청풍명월의 고상한 취미에도 젖어서 잡념을 없애고 본성을 길러야 합니다.

竊生 절생 _ 몰래 생겨남.
風月之趣 풍월지취 _ 음풍농월하는 취미.

189

세상 사람은 영예와 이욕에 얽매여
걸핏하면 "티끌 같은 세상이며 고통의 바다"라고 말한다.
구름이 희고 산이 푸르며, 냇물이 흐르고 바위가 우뚝하며
꽃은 새의 지저귐을 맞이하고, 골짜기는 나무꾼의 노래에 화답하니
세상은 티끌이 아니요 고통의 바다도 아니거늘,
스스로가 마음을 더럽히고 괴롭게 함을 알지 못하고 있을 뿐이다.

世人爲榮利纏縛　動日塵世苦海,
세인위영리전박　동왈진세고해

不知雲白山靑　川行石立　花迎鳥咲　谷答樵謳,
부지운백산청　천행석립　화영조소　곡답초구

世亦不塵　海亦不苦　彼自塵苦其心爾.
세역부진　해역불고　피자진고기심이

만해 강의

영달과 이욕에 얽매여 정신없이 살다 보면 몸과 마음이 피로해서 여유 있고 한가로운 흥취를 즐기지 못하므로 입만 열면 이 세상을 속된 세상이니 괴로움의 바다니 말합니다. 그러나 이것은 "모든 것은 다 오직 마음이 만드는 것"이라는 진리를 깨닫지 못했기 때문입니다.

 흰 구름, 푸른 산, 유유히 흐르는 냇물, 우뚝 솟은 바위가 있고, 온갖 꽃이 지저귀는 새를 맞이하며, 골짜기의 산울림은 나무꾼의 노래에 화답하여 이 세상은 형형색색으로 천진난만하고 즐거운 취미가 넘칩니다. 이처럼 이 세상은 원래 진세가 아니고 고해도 아닌데 세상 사람들이 이를 모르고 마음을 스스로 괴롭게 합니다. 참으로 가련한 일입니다.

纏縛 전박＿묶고 속박함.
咲 소＿소꽃의 옛 글자.
樵謳 초구＿나무꾼의 노래.

190

꽃은 반만 핀 것을 보고 술은 조금만 취하게 마시면

그 안에 아름다운 흥취가 있다.

만일 꽃이 난만하게 피고 술이 만취하기에 이르면

곧 추한 모습이 된다.

가득 차고 충만한 곳에 서 있는 사람은 잘 생각해야 한다.

花看半開　酒飮微醉　此中大有佳趣,
화간반개　주음미취　차중대유가취

若至爛熳酕醄　便成惡境矣　履盈滿者宜思之.
약지난만모도　편성악경의　이영만자의사지

만해 강의

꽃은 반쯤 피었을 때 감상하고 술은 약간 취한 상태에서 그만 마시는 것이 좋습니다. 반만 핀 꽃은 아직 피어나지 않은 여향이 아름답고 약간 취한 상태에서 마시는 술은 주흥이 이제 막 올라오는 즐거움이 있어서 그 가운데 여유로운 흥취가 있습니다. 만일 꽃이 난만하게 피고 술이 만취상태에 이르면 꽃은 곧 시들게 되고 만취상태가 광란으로 이어져 곧 씁쓸한 풍경을 연출하게 됩니다. 일과 성공에 대해서도 극도의 충만함에 서있는 자는 세 번 심사숙고하여 해로움을 자초하지 말아야 할 것입니다.

微醉 미취 _ 조금만 취함.
酕醄 모도 _ 술에 만취함.

191

분수에 맞지 않는 복과 이유 없는 횡재는

만물의 조화 안에 놓인 미끼이거나 인간 세상의 함정이다.

높이서 내려다보지 못하면 그 술수에 빠지지 않을 사람이 거의 없다.

非分之福　無故之獲　非造物之釣餌　卽人世之機阱,
비분지복　무고지획　비조물지조이　즉인세지기정

此處着眼不高　鮮不墮彼術中矣.
차처착안불고　선불타피술중의

만해 강의

만물의 조화는 사람에게 화를 내리려고 할 때 미끼로 물고기를 낚는 것처럼 먼저 그 사람에게 일시적인 복을 주어 마음을 교만하고 나태하게 만든 후에 큰 재앙을 내립니다. 세상 사람들은 남을 함정에 빠뜨리려고 할 때 함정을 만들어 짐승을 잡는 것처럼 먼저 그 사람을 달콤한 이익으로 유도하여 의지를 동요시킨 후에 가혹한 재앙으로 몰고 갑니다. 그러므로 분에 넘치는 행운이나 이유 없는 횡재가 갑자기 내게 오면 이것은 만물 조화 중에 사람을 화로 이끄는 미끼 즉 거짓 복이 아니면 인간세상에서 나를 함정에 빠뜨리는 함정, 즉 유혹입니다. 이 같은 곳에 처했을 때 눈높이를 높이고서 피하지 않는다면 그러한 술수에 빠져 고통을 받지 않을 사람이 드물 것입니다.

釣餌 조이_낚싯밥, 미끼.
造物 조물_만물의 조화.
機阱 기정_함정.

192

파도가 하늘에 닿을 듯할 때
배 안에 있는 사람은 두려움을 모르나
배 밖에 있는 사람은 간담이 서늘해진다.
미치광이가 좌중을 욕하면
그 자리에 있는 사람은 놀라지 않으나
자리를 벗어나 밖에서 바라보는 사람은 놀라서 혀를 깨문다.
따라서 군자는 비록 몸은 일 속에 묻혀 있어도
마음은 일에서 벗어나 있어야 한다.

波浪兼天　舟中不知懼　而舟外者寒心,
파랑겸천　주중부지구　이주외자한심

猖狂罵坐　席上不知警　而席外者咋舌,
창광매좌　석상부지경　이석외자색설

故君子身雖在事中　心要超事外也.
고군자신수재사중　심요초사외야

만해 강의

바다에 풍랑이 일어 하늘에 닿을 듯할 때 파도를 헤치고 나가는 배 안에 있는 사람은 별다른 두려움을 느끼지 못하지만 배 밖에 있는 사람, 즉 해안에 있는 사람이 바라보면 풍랑 속에 침몰할 것처럼 보여 간담이 서늘해집니다. 여러 사람이 모인 자리에서 미친 자가 좌중을 욕하고 시끄럽게 해도 함께 앉아 있는 사람들은 그다지 시끄럽다고 느끼지 못하지만 밖에 있는 사람은 깜짝 놀라 혀를 깨물게 됩니다. 이것은 직접 일을 겪는 사람이 국외자의 객관적인 판단력에 미치지 못하기 때문입니다. 그러므로 군자는 일을 처리할 때 몸은 비록 일 속에 있지만 마음은 일 밖에 초월해 있어야 눈앞의 일 때문에 판단력이 흐려지는 사태를 예방할 수 있습니다.

罵坐 매좌_좌중을 향해 욕을 하다.
咋舌 색설_혀를 깨물다.

193

하늘의 운행에 따른 추위와 더위는 피하기 쉬우나
인간 세상의 뜨거움과 서늘함은 없애기 어렵고,
인간 세상의 뜨거움과 서늘함은 없애기 쉬우나
내 마음의 얼음과 숯은 제거하기 어렵다.
내 마음의 얼음과 숯을 제거하면
가슴 가득히 온화한 기운이 넘쳐서
대지를 따라 저절로 봄바람이 불 것이다.

天運之寒暑易避　人世之炎涼難除,
천운지한서이피　인세지염량난제

人世之炎涼易除　吾心之氷炭難去,
인세지염량이제　오심지빙탄난거

去得此中之氷炭　則滿腔皆和氣　自隨地有春風矣.
거득차중지빙탄　즉만강개화기　자수지유춘풍의

만해 강의

계절의 변화로 인한 추위와 더위는 인위적인 노력으로 쉽게 피할 수 있지만 세상의 세태를 따라 좋으면 모이고 고달프면 흩어지는 추세의 열기와 한기는 인정이 변화하는 것이기 때문에 없애기 어렵습니다. 세상의 열기와 한기는 남들의 태도와 인정에 달린 것이기 때문에 내 마음에 집착이 없으면 오히려 없앨 수도 있지만 내 마음에서 생기는 얼음과 숯은 제거하기가 더더욱 어렵습니다. 내 마음의 얼음과 숯이라고 하는 것은 내 마음의 본체가 미혹돼 청정함을 유지하지 못하고 각종의 망상이 마음속에서 서로 충돌하는 것이 마치 얼음과 숯이 서로 용납하지 못하는 것 같음을 말하는 것입니다. 만일 마음속의 얼음과 숯을 제거하여 마음의 본체를 지키면 가슴속에 온화한 기운이 충만하고 어디에 가든 부드러운 봄바람이 불 것입니다. 우주 만물에 대한 사람의 태도는 객관적이기보다는 주관적이며, 의존적이기보다는 자주적이며, 예속적이기보다는 자유로우며, 유물적이기보다는 유심적입니다.

滿腔 만강_온 몸. 강은 인체의 속이 비어 있는 곳을 말함.

옮긴이 후기

《채근담菜根譚》의 채근菜根은 '나물뿌리'라는 뜻이며 담譚은 담談과 마찬가지로 '이야기'를 뜻한다. 책의 제목에 채근이라는 말을 쓴 까닭은《소학小學》에 나오는 왕혁王革의 말에서 추측할 수 있다. 왕혁은 "사람이 나물뿌리를 늘 씹어 먹을 수 있다면 세상의 어떠한 일이라도 못할 게 없다人常咬得菜根 則百事可做"고 했다. 나물뿌리와 같은 험한 음식을 먹고 지내는 일에 익숙해질 수 있으면 세상에 겁날 게 없다는 뜻이다.

청 건륭시기에 복간된《채근담》에 서문을 쓴 삼산三山 통리달천通理達天이란 사람은 "나물의 맛은 뿌리에서 나오므로 나물을 심는 자는 뿌리를 잘 길러야 깊은 맛을 살릴 수 있다. 이 책에서 세간의 맛은 곧 출세간의 맛과 같다고 했는데 이것도 뿌리를 잘 기른다는 말과 같은 뜻이 아니겠는가"라고 했다. '근본을 잘 지켜야 한다'는 것이 채근담이라는 책 제목에 담긴 뜻이라고 본 것이다. 혼탁한 세상에 어울려 살면서도 세상 밖의 정취에 대해 잘 알고 있어야 하고, 세상사에서 벗어나 있으면서도 속세의 온갖 유혹에 대해 익숙히 알고 있어야 한다는 이 책의 취지와도 제목이 잘 어울린다.

채근담이라는 책 제목의 뜻에 대한 저자 본인의 설명은 따로 없다. 저자와 친구 사이였던 우공겸于孔兼이 쓴 머리말에 나온 설명이 아마도 저자의 의도에 가장 가까울 듯하다. 우공겸은 "책 제목은 저자가 풍파에 시달리고 역경을 맛보았음을 추측하게 한다"고 했다. 이어 그는 "몇 마디 말로 머리말을 대신하여 많은 사람들에게 채근에 참된 맛이 있음을 알리고자 한다"고 밝혔다. 우공겸은 왕혁이 말한 것처럼 책 제목에는 나물뿌리와 같은 험한 음식을 먹고 지내는 곤궁함 속에서도 주관을 지킬 줄 아는 정신적인 힘을 가져야 한다는 뜻이 담겼다고 본 것이다.

저자 홍응명에 대해서는 자가 자성自誠이며 호는 환초還初라는 것과 《채근담》 외에도 4권으로 된 《선불기종仙佛奇蹤》을 저술했다는 것 외에는 알려진 사실이 없다. 다만 우공겸이 쓴 머리말에 "친구 홍자성이 와서 채근담을 보여주며 머리말을 써주기를 부탁했다"는 말이 들어있는 것으로 보아 우공겸과 같은 시대의 인물이었던 모양이다. 우공겸은 만력 8년(1580)에 진사가 됐다고 《명사明史》에 기록돼 있으니 홍자성 역시 만력 연간에 활동한 사람이었음을 알 수 있다.

일본에서는 1910년 무렵부터 《채근담》이 인기를 끌면서 많은 출판사에서 다양한 형태로 간행됐다. 광융관光融館에서 발행한 야마다 다카미치〔山田孝道〕의 《채근담강의菜根譚講義》가 《채근담》을 일반인들에게 널리 알리는 역할을 했다. 그 뒤 경문사京文社가 샤쿠 쇼엔釋宗演의 《채근담강화菜根譚講話》를 발간해 큰 인기를 끌었는데 1926년 12월에 초판을 찍은 후 1930년까지 45쇄를 찍었을 정도였다.

일본에서와 달리 정작 중국에서는 《채근담》이 일반인들에게 널리 읽혔던 것 같지 않다. 다만 장개석蔣介石 대만 총통이 《채근담》을 극찬하면서 널리 알리도록 했다는 이야기가 전해진다. 《채근담》의 각 판본에 기재된 내용을 종합해 보면 중국에서는 주로 불가의 사찰을 통해 이 책이 전수된 것 같다. 사람들이 《채근담》을 처음 대할 때는 심드렁했다가 여러 번 읽고나서는 그 깊은 맛에 탄복했다는 말이 여러 기록에 나온다. 그리고 《채근담》이 제대로 평가받지 못하자 그 내용 중 일부가 멸실되면서 전해지는 것을 안타깝게 여긴 사람들에 의해 몇 차례 중간됐던 것으로 보인다.

우리나라에서는 일반인들에게 잘 알려져 있지 않은 《채근담》을 만해 한용운이 처음으로 한글로 번역해 출간했다. 경술국치로 국권을 빼앗긴 때로부터 7년 후이며 만해가 조선의 독립을 주장하며 민족대표 33인과 함께 독립선언문을 작성하기 2년 전인 1917년의 일이다. 이때 간행된 《정선강의 채근담精選講義 菜根譚》은 상당히 인기를 끌어 몇 달 만에 품절이 되었다고 한다.

한용운은 1908년 일본 조동종(曹洞宗, 선종 불교의 일파)의 대학에서 수학할 때 일본인들이 《채근담》을 높게 평가하는 것을 보았을지도 모른다. 그러나 한용운은 일본에서 수많은 종류의 《채근담》이 모두 한결같이 전거로 삼고 있던 것과 전혀 구성이 다른 건륭 59년(1794) 판본을 기본으로 하여 그 내용을 재구성했다. 국내에서는 한용운 이래 지금까지 많은 출판사들이 《채근담》을 간행했지만 《정선강의 채근담》을 제외하면 거의 대부분이 일본에서 나온 것들과 같은 체제를 갖추고 있다.

일본이나 우리나라 대부분의 《채근담》은 전집과 후집으로 나뉘어 있고 "서수도덕자棲守道德者……"로 시작된다. 중국 상해도서관에 소장된 《속수사고전서續修四庫全書》 자부子部 잡가류雜家類에 수록돼 있는 것과 체제와 내용이 거의 같다. 이와 달리 한용운의 《정선강의 채근담》은 "욕주정금미옥적인품欲做精金美玉的人品……"으로 시작하며 수성, 응수, 평의, 한적, 개론의 다섯 편으로 구성돼 있다. 이런 구성은 승려 내림來琳이 건륭 59년(1794) 무렵에 간행한 것과 유사하다. 한용운 스스로 "청나라 건륭시대에 승려 내림이 간행한 광본을 위주로 하고 일본에서 널리 사용되는 약본을 종합 정선하여 편집했다"고 밝혔다. 건륭시기에 복간한 《채근담》이 《속수사고전서》에 실린 《채근담》의 전집, 후집에 들어있는 내용의 거의 대부분을 싣고 더 나아가 《속수사고전서》 판에 실리지 않은 내용까지 싣고 있다는 점에서 앞의 것을 광본, 뒤의 것을 약본이라고 부른 듯하다.

한용운이 《정선강의 채근담》을 집필한 1915년 무렵은 그의 실천적 사상이 왕성한 집필 작업으로 결실을 보던 시기였다. 그는 1910년에 조선 불교가 나아가야 할 방향을 제시한 《조선불교유신론朝鮮佛敎唯新論》을 탈고했다. 이 책은 승려교

육, 포교, 불가의 각종 의식, 사원 주지의 선거법, 사원의 통할, 불교의 대중화 등에서 앞으로 한국 불교가 나아가야 할 방향을 총체적으로 제시한 역작이다.

한용운은 《조선불교유신론》을 탈고한 뒤에는 자신이 제시한 불교개혁의 내용 중 가장 중요한 불교의 대중화를 위해 《고려대장경》을 대중적으로 편집한 《불교대전佛敎大典》을 집필했다. 《고려대장경》 6802권의 내용은 보통사람이라면 평생을 읽어도 다 못 읽을 양이다. 그런데 한용운은 6802권을 낱낱이 열람하여 1000권을 선정하고, 다시 그 가운데서 중요한 구절들만을 가려내어 재구성하고 번역해 일반인들이 읽기 쉽게 만들었다. 한용운은 이렇게 만든 《불교대전》을 1914년에 간행한 데 이어 곧바로 《정선강의 채근담》을 집필했다. 한용운의 나이가 37세였던 1915년의 일이었다.

일제의 노골적인 국권침해가 야기한 위기의식이 한용운으로 하여금 이런 왕성한 집필을 하게 한 계기였던 것 같다. 1910년 8월 한용운은 일제가 조선의 주권을 탈취했다는 소식을 듣고 의분에 떨었다고 한다. 더구나 1911년에는 근대 한국불교 최초의 종단으로 만들어진 원종圓宗의 대표가 일본에 가서 일본의 일개 종파인 조동종과 동맹조약을 체결하는 일까지 벌어졌다. 이 일은 한용운을 비롯한 중진 승려들의 거센 반발로 결국 무산되기는 했으나, 위기에 처한 민족의 기개를 되살리는 일의 절박함을 느끼게 하기에 충분했다. 한용운은 《정선강의 채근담》을 통해 우리 민족 개개인이 절개를 지키고 용기를 내어 위기의 시기를 이겨내길 바랐을 것이다.

위당 정인보는 조선 청년들에게 늘 한용운을 배우라고 권했다. 이 말을 듣고 한용운을 찾아간 김관호라는 청년에게 한용운은 아무런 대꾸도 없이 《정선강의 채근담》를 내어주며 이것을 읽어보고 다시 오라고 했다고 한다. 김관호는 젊어서는 한용운을 스승으로 모셨고, 한용운이 사망한 뒤에는 그의 정신과 행적을 널리 알리는 일에 평생을 바친 사람이다. 한용운이 김관호를 처음 대할 때 보여준 태도로 미루어 한용운은 조선 청년의 정신력을 진작시키기 위해 《정선강의 채근담》을 집필했던 것으로 추측되기도 한다.

한용운은 이 책의 서문에 이렇게 썼다. "홍진이 가득한 속세에서 살아도 떠도는 구름이나 흐르는 강물에 대한 취미를 잃지 말고, 소슬하고 적막한 곳에서 지내면서도 천하를 구제할 뜻을 품고…… 곤궁하고 참담한 지경에 처해서도 솔개가 날고 물고기가 뛰어오르는 자연의 활기에 몸을 맡기고……."

한용운은 그 자신도 이 구절대로 살았지만, 당시 위기에 처해 있던 우리 민족 개개인도 모두 미래를 내다보며 이 구절대로 살아나가기를 원했을 것 같다. 한용운은 담대하게 세상을 대할 수 있는 인격을 닦는 수양서로 《채근담》을 선택했던 것이다. 정신적으로 방황하는 현대인에게도 《채근담》은 따뜻한 위안과 용기를 준다.

1990년대 이후 자기계발서가 독서인들의 인기를 끌어온 이유가 단지 성공을 위한 처세술을 익히려는 것만은 아니었을 터이다. 처세에 성공하면서도 비인간적이고 자기중심적인 방식이 아닌 다른 이들과의 공생과 화합, 그리고 자기 자신의 인격적 완성을 통해 원만하고 발전적인 인생을 꾸릴 수 있기를 바라는 마음도 깔려 있을 것이다. 그렇다면 서구의 경영학적 발상에서 만들어진 자기계발서는 잠시 접어두고, 한용운의 강의를 들으며 동양의 지혜가 담긴 자기수양서 《채근담》을 읽고 되새김질해보는 것도 도움이 되리라 믿는다.

《채근담》에는 우리 내면의 감성을 일깨우는 유불선의 세 가지 사상이 어우러져 있다. 특히 《채근담》의 한용운 버전이라고 할 수 있는 《정선강의 채근담》에는 역경에 올바로 대처하는 방법, 벗을 깊이 있게 사귀는 방법, 세상사에 대처하는 방법과 세상사를 초월하는 방법, 난세에 자신을 지키는 방법, 현상세계를 통찰하는 방법 등 다양한 내용이 간명한 글로 표현돼 있는데다 한용운의 친절한 해설까지 곁들여져 있다. 석전 박한영이 추천사에 쓴 대로 "바람을 맞으며 한 번 읽고, 소나무를 어루만지며 한 번 읽고, 돌을 쓰다듬으며 한 번 읽어 본다면" 삶의 근본으로 돌아가는 길이 혹시 보이지나 않을까.

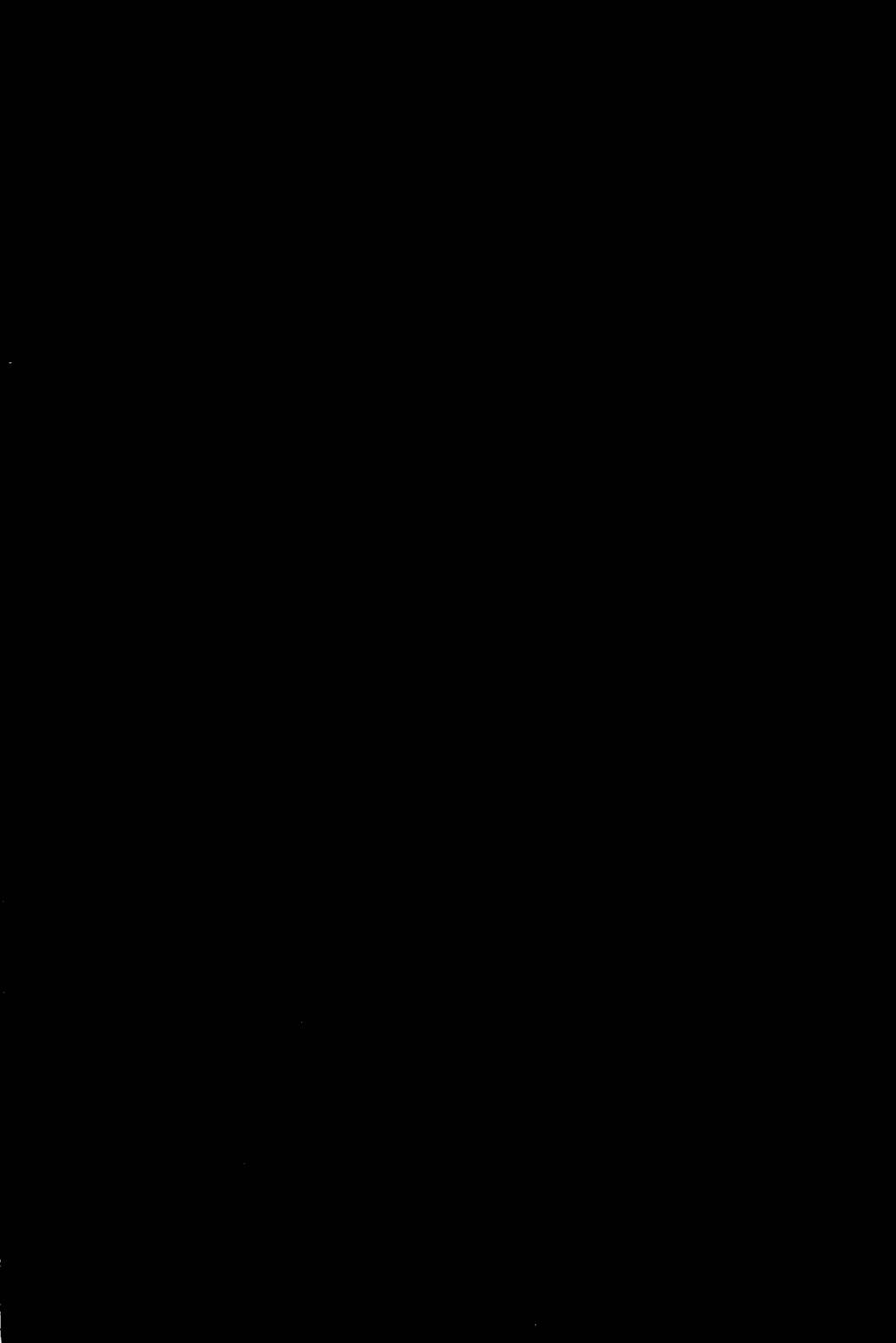

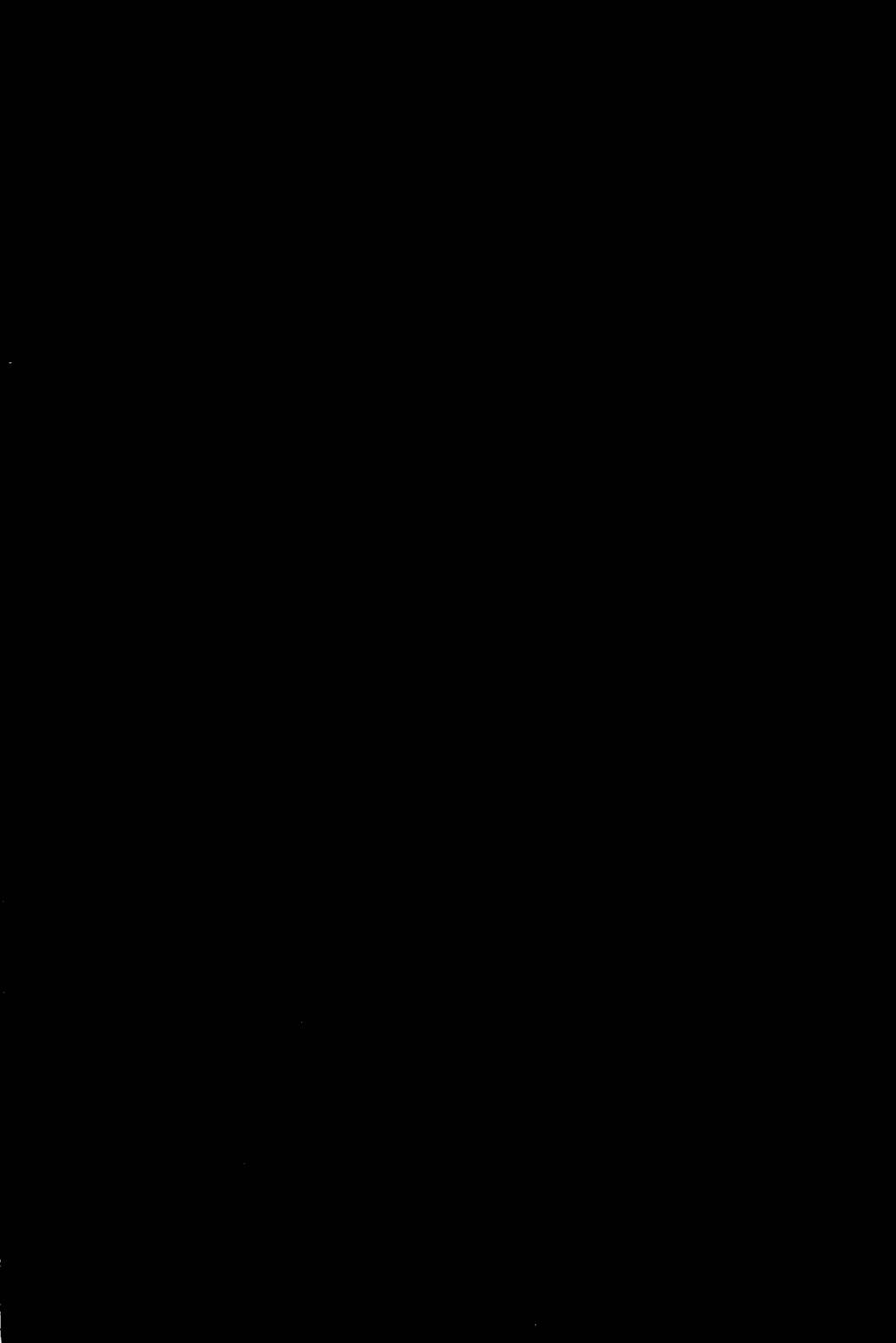